Jürgen und Remo Wiegand

Golf von Neapel

Amalfi – Positano – Sorrent – Capri – Ischia – Vesuv

57 ausgewählte Wanderungen

AF626965

ROTHER
BERGVERLAG

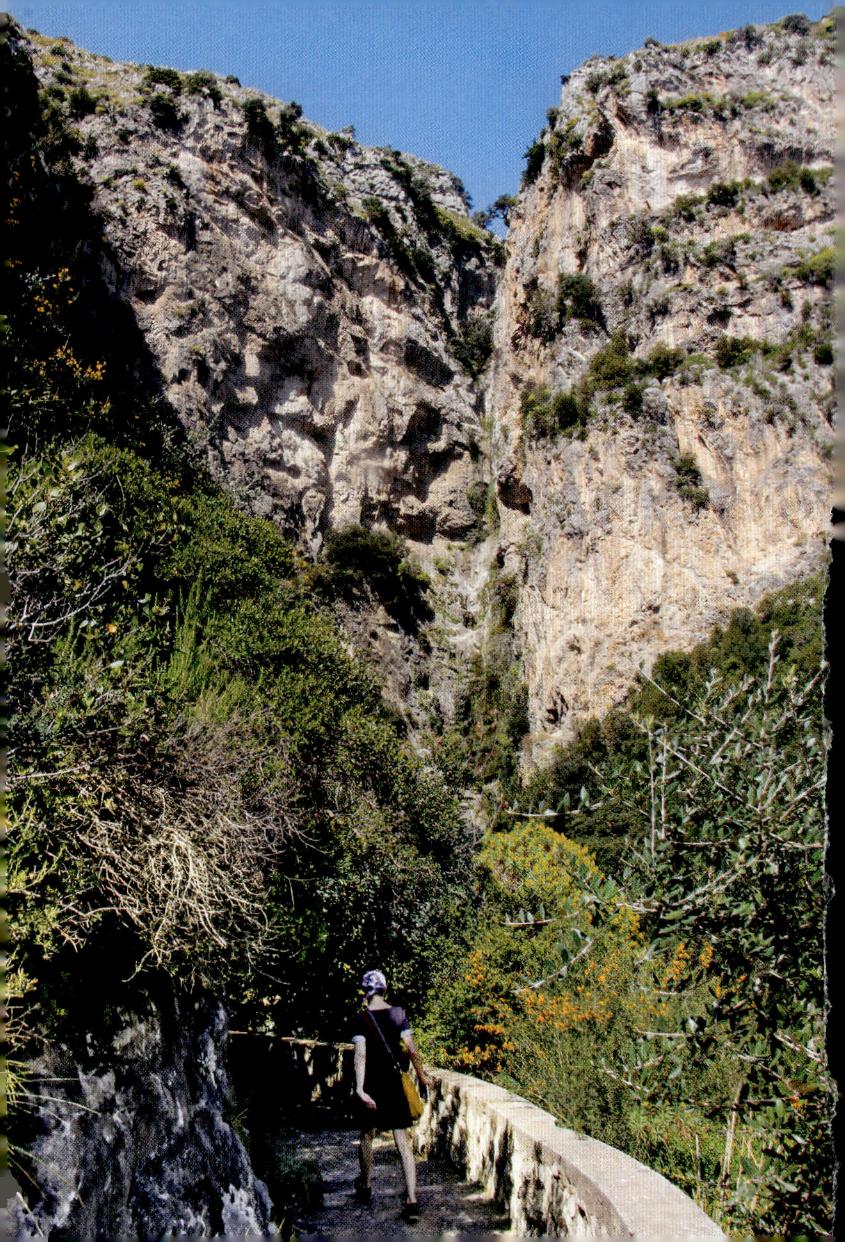

Vorwort

Wer, liebe Leserin und lieber Leser, erwartet im Golf und südlich von Neapel schon ein Wanderparadies? Doch das gibt es: Mit etwa 200 km markierten Wanderwegen und noch einmal so vielen weiteren guten Wegen, mit anspruchsvollen Höhenwanderungen bis auf 1400 m, mit Wegen durch alpin wirkende Waldgebiete, über dramatische Steilküsten oder durch mild gewellte Wein- und Zitronengärten.

Hier ist jedoch nicht nur das Land, wo die Zitronen blühen: Das Wanderparadies bietet als Ziele auch großartige alte Städte wie Amalfi, Positano und Sorrento, in denen Kunstliebhaber auf ihre Kosten kommen. Auf Ischia und Capri erlebt man den besonderen Reiz romantisch gelegener Inseln. Und wenn man genug vom Wandern hat, so kann man sich z. B. am Strand von Maiori sonnen und baden, auf Ischia eines der vielen großen Thermalbäder besuchen oder in Positano fantasievolle Kleider kaufen gehen.

Bis auf die heißen Sommermonate Juli und August laden alle Jahreszeiten zum Wandern ein, vorzugsweise das Frühjahr und der Herbst, aber auch der Winter.

Beim Bearbeiten dieser 8. Auflage haben uns die Rückmeldungen und Verbesserungsvorschläge von Reisenden und von Mitarbeitenden des Verlags sehr geholfen. Die Rolle des hauptverantwortlichen Autors übernehme erstmals ich, Remo Wiegand, tatkräftig unterstützt von meiner Frau Julia Wilson. Mein Vater Jürgen Wiegand, der »Entdecker« des Wandergebiets, ist im März 2024 im Alter von 83 Jahren verstorben. Er wandert jetzt auf seinem himmlischen »Weg der Götter« (vgl. Tour 23). Da der Großteil der Texte nach wie vor auf ihn zurückgeht, bleibt er der offizielle Hauptautor des Buches.

Luzern, im Sommer 2024 Remo Wiegand

Auf dem spektakulären Abstieg von S. Agata in Richtung der Bucht Marina Crapolla.

Inhaltsverzeichnis

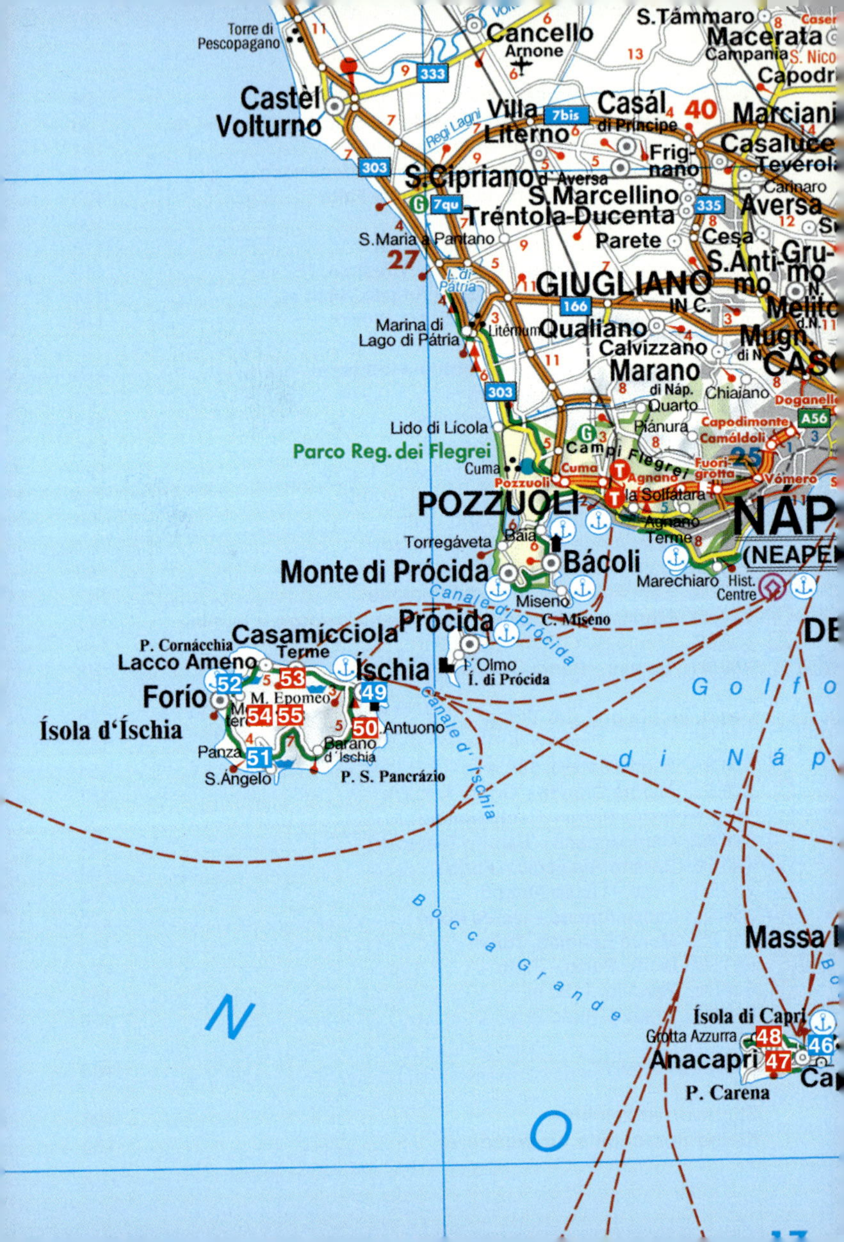

Torre di Pescopagano
Castèl Volturno
Cancello Arnone
S.Tàmmaro
Macerata Campania
S. Nico
Capodr
Villa Literno
Casàl di Principe
Marciani
Casaluce
Teverola
Frignano
S.Cipriano d'Aversa
S.Marcellino
Carinaro
Aversa
Tréntola-Ducenta
Parete
Cesa
S.Maria a Pantano
S.Antimo
Grumo N.
L. di Pàtria
GIUGLIANO IN C.
Melito d.N.
Marina di Lago di Pàtria
Litèrnum
Qualiano
Mugn. di N.
Calvizzano
Marano di Nàp.
Chiaiano
Quarto
Doganella
Pianura
Capodimonte
Camàldoli
Lido di Lìcola
Parco Reg. dei Flegrei
Campi Flegrei
Cuma
Pozzuoli
Agnano
Fuorigrotta
Vòmero
la Solfatara
POZZUOLI
Agnano Terme
NÁP
(NEAPE
Torregáveta
Baia
Bácoli
Monte di Prócida
Marechiaro
Hist. Centre
Miseno
C. Miseno
Canale di Prócida
Prócida
P. Cornácchia
Casamicciola Terme
Lacco Ameno
Íschia
P.Olmo
Í. di Prócida
Forío
M. Epomeo
Ísola d'Íschia
Antuono
Panza
Barano d'Ischia
S.Ángelo
P. S. Pancrázio
Canale d'Íschia
Golfo di Náp
Bocca Grande
Massa
Ísola di Capri
Grotta Azzurra
Anacapri
P. Carena

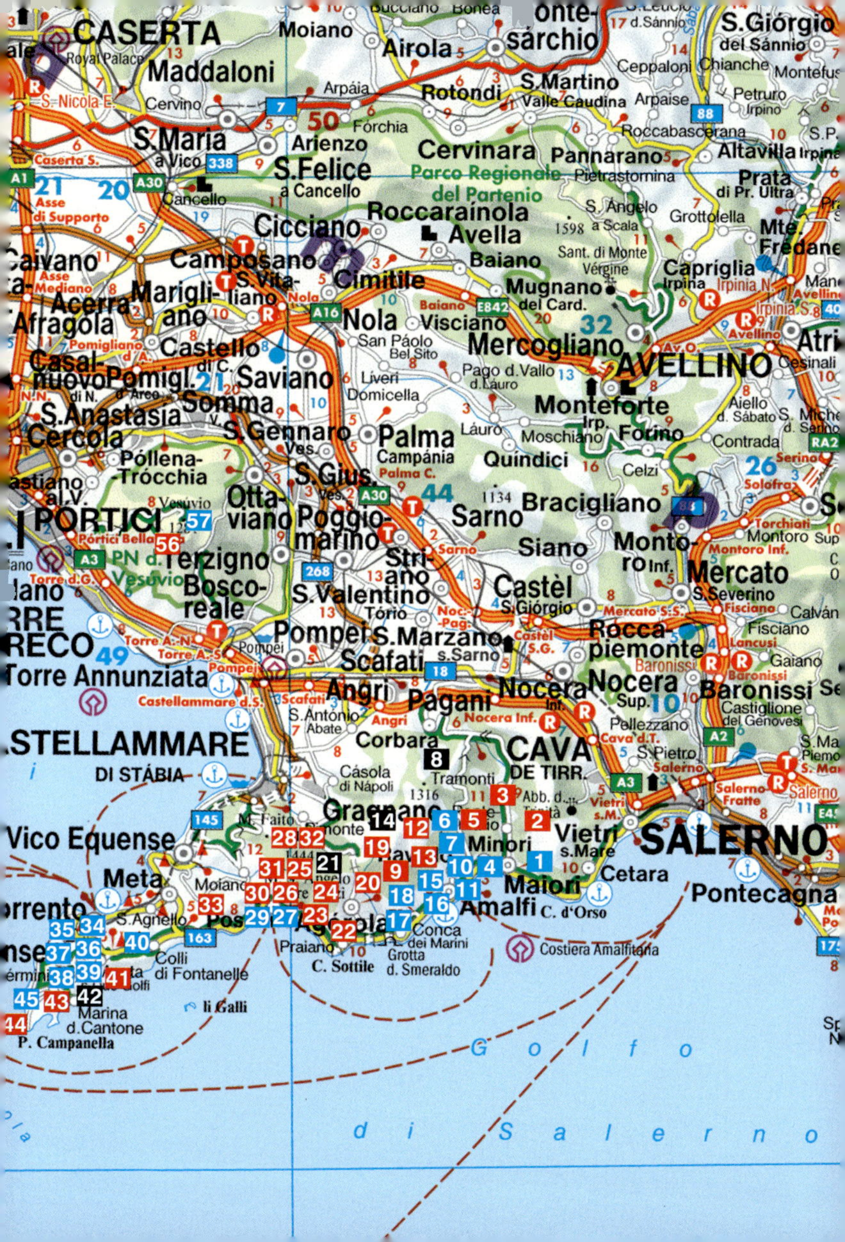
CASERTA
Maddaloni
Moiano
Airola
Montesarchio
S.Giórgio del Sánnio
Rotondi
S.Martino Valle Caudina
Arpaise
Ceppaloni
Chianche
Petruro Irpino
Arpáia
Cervino
S.Nicola
Fórchia
Roccabascerana
S.Maria a Vico
Arienzo
S.Felice a Cancello
Cervinara
Pannarano
Altavilla Irpina
Parco Regionale del Partenio
Pietrastornina
Prata di Pr. Ultra
Caserta S.
Cancello
Asse di Supporto
S. Angelo a Scala
Grottolella
Cicciano
Roccarainola
Avella
Mte. Fredane
Caivano
Camposano
Baiano
Sant. di Monte Vérgine
Cimitile
S.Vitaliano
Caprìglia Irpina
Irpinia N.
Asse Mediano
Marigliano
Acerra
Nola
Mugnano del Card.
Afragola
Baiano
Visciano
Irpinia S.
Avellino
Pomigliano d'A.
Castello di C.
San Páolo Bel Sito
Mercogliano
AVELLINO
Casalnuovo di N.
Pomigl. d'Arco
Saviano
Liveri
Pago d.Vallo d.Lauro
Atripalda
Cesinali
Domicella
Monteforte Irp.
S.Anastasia
Somma V.
Aiello d. Sábato
S. Michele d. Serino
Cercola
S.Gennaro Ves.
Palma Campánia
Lauro
Moschiano
Forino
Contrada
Póllena-Trócchia
Palma C.
Quíndici
Celzi
Serino
Solofra
Ottaviano
S.Gius. Ves.
Sarno
Bracigliano
Vesuvio
PORTICI
Poggiomarino
Siano
Montoro
Torchiati
Montoro Inf.
Pórtici Bellavista
Striano
PN d. Vesuvio
Terzigno
Mercato S.Severino
Torre d.G.
Boscoreale
S.Valentino Tório
Castèl S.Giórgio
Fisciano
Calvanico
Mercato S.S.
TORRE DEL GRECO
Noc.-Pag.
Roccapiemonte
Lancusi
Pompei
S.Marzano s.Sarno
Castèl S.G.
Torre A.-N.
Torre A.-S.
Pompei
Scafati
Baronissi
Gaiano
Torre Annunziata
Nocera Inf.
Nocera Sup.
Baronissi
Angri
Pagani
Castellammare d.S.
Scafati
Castiglione del Genovesi
S.António Abate
Pellezzano
Angri
Nocera Inf.
CASTELLAMMARE DI STÁBIA
Corbara
CAVA DE TIRR.
Cava d.T.
S.Pietro
Salerno
S.Mango Piemonte
S.Mango
Tramonti
Cásola di Nápoli
Abb. d. Trinità
Salerno Fratte
Salerno
Gragnano
Vico Equense
M. Faito
Vietri s.Mare
SALERNO
Minori
Meta
Moiano
Maiori
Cetara
Pontecagnano
Sorrento
S.Agnello
Positano
Amalfi
C. d'Orso
Colli di Fontanelle
Praiano
Conca dei Marini
Grotta d. Smeraldo
Costiera Amalfitana
C. Sottile
Marina d.Cantone
li Galli
P. Campanella
Golfo di Salerno

Allgemeine Hinweise

Zum Gebrauch des Wanderführers

Die 57 Tourenvorschläge am »Golf von Neapel« gliedern sich nach folgenden Regionen:

- Amalfi
- Positano
- Sorrento und Massa Lubrense
- Capri, Ischia, Vesuv

Innerhalb der Region sind die Wandertouren nach Ausgangspunkten von Ost nach West gegliedert. Hinzu kommen vier Mehrtageswanderungen (Küstenweg, Panoramaweg, Höhenweg »Alta Via dei Monti Lattari«, Ischia-Umrundung).

Alle Vorschläge werden ergänzt durch einen Kartenausschnitt im Maßstab 1:25.000, 1:50.000 oder 1:75.000 mit rot eingezeichnetem Routenverlauf sowie durch ein Höhendiagramm, welches das Streckenprofil und die Lage wichtiger Wegpunkte darstellt. Auf S. 6/7 kann man einer Übersichtskarte die Lage der einzelnen Touren entnehmen.

Der eigentlichen Tourenbeschreibung vorangestellt sind neben einer Kurzcharakteristik wichtige Informationen zu Ausgangspunkt, bei Streckenwanderungen auch zum Endpunkt sowie zu Höhenunterschied, Anforderungen, Versorgungsmöglichkeiten und ggf. Varianten. Im Tourenkopf zeigen zudem Symbole schnell, dass der Ausgangspunkt mit öffentlichen Verkehrsmitteln erreichbar ist (gilt für alle Touren, siehe auch »Ausgangs-/Endpunkte« S. 10), ob Einkehrmöglichkeiten unterwegs existieren und ob die Tour grundsätzlich für Kinder geeignet ist.

Golf von Salerno mit den ins Meer vorstoßenden Monti Lattari.

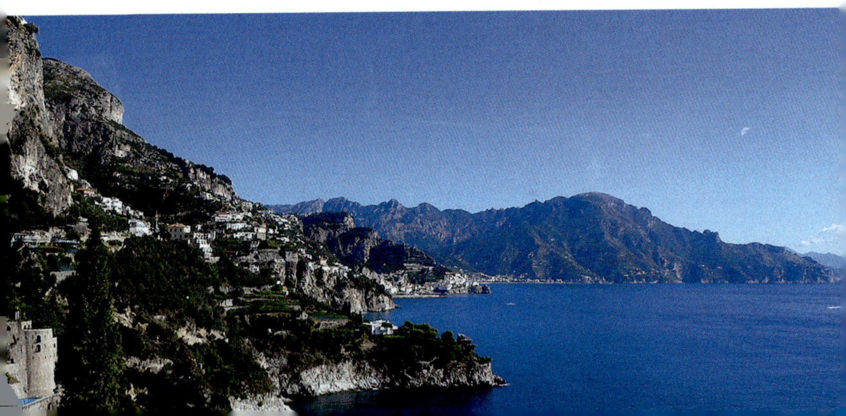

Symbole

🚌	mit Bahn/Bus erreichbar	)(	Brücke, Steg
✕	Einkehrmöglichkeit unterwegs		Aussichtspunkt
	für Kinder geeignet	⫯	Kirche, Kloster, Kapelle
	Ort mit Einkehrmöglichkeit		Burg, Kastell
	Einkehrmöglichkeit		Aussichtsturm
†	Gipfel	∴	archäologische Stätte
)(	Pass, Sattel	∩	Höhle, Grotte

Anforderungen

Neben kurzen Angaben zu Orientierungsmöglichkeiten (Markierungen, Wegweiser etc.) sowie – in Mittelmeerländern wichtig – auch Angaben zu schattigen Wegstrecken sind die Wanderungen zur besseren Einschätzung des Schwierigkeitsgrades der Wege (nicht der Länge und Höhendifferenzen!) mit drei verschiedenen Farben im Tourenkopf gekennzeichnet:

Leicht Diese Touren sind ungefährlich und die Wege nur mäßig steil (kurze Ausnahmen). Sie erfordern keine Bergerfahrung und können i. d. R. auch bei Schlechtwetter begangen werden. Sie sind aber keine Spaziergänge und setzen angemessenes Schuhwerk und eine gewisse Ausdauer voraus.

Mittel Diese Touren stellen vor allem höhere Anforderungen an das Orientierungsvermögen und an die körperliche Verfassung. Die Wege sind teilweise steil und schmal. Sie können über kurze Abschnitte etwas ausgesetzt sein.

Schwierig Diese (wenigen) Wanderungen erfordern Kondition, Trittsicherheit, Schwindelfreiheit und gutes Orientierungsvermögen. Die Pfade sind oft schmal, steil und ausgesetzt. Bei einigen Touren gilt es, kurze Partien zu klettern. Bei unsicheren Wetterlagen sollten sie gemieden werden.

Gehzeit und Höhenunterschied

Die Zeitangaben im Tourenkopf und im Höhendiagramm sind als Richtwerte zu betrachten und beziehen sich auf die reine Gehzeit ohne Pausen. Sie unterstellen als Basis eine Stundenleistung von ca. 4 km auf ebener Strecke bzw. 300–350 Höhenmetern im Aufstieg und 500–600 Höhenmetern im Abstieg. Davon ausgehend wurden die Gehzeiten großzügig bemessen.
Bei der Angabe des Höhenunterschieds in den jeweiligen Kurzinformationen handelt es sich um eine gerundete Kumulierung aller Höhendifferenzen der Anstiege inklusive Gegensteigungen.

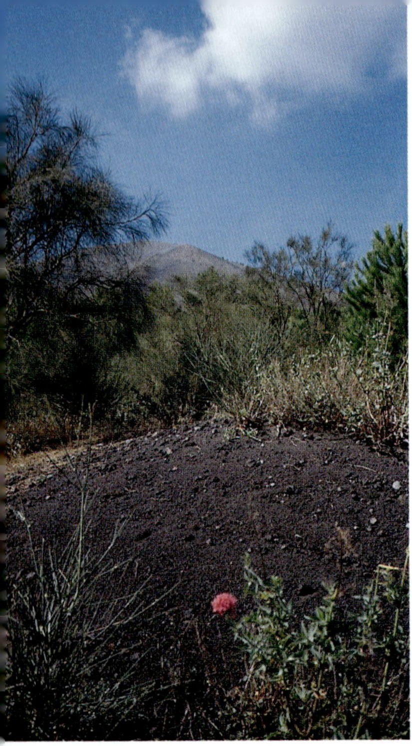

Im Aufstieg durch Lavalandschaft zum Vesuv (Tour 56).

Ausgangs-/Endpunkte

Vor jeder Tourenbeschreibung finden sich Kurzinformationen zum Ausgangspunkt, bei Streckenwanderungen auch zum Endpunkt.
Sämtliche Touren sind so gelegt, dass Ausgangs- und Endpunkte mit öffentlichen Verkehrsmitteln erreichbar sind (Symbol im Tourenkopf); dabei handelt es sich meistens um Busstationen. In manchen Fällen kann mit dem eigenen Wagen oder per Taxi ein höher gelegener Startpunkt erreicht werden. Oft mag sich der Zeitgewinn lohnen, nicht selten verpasst man damit aber auch eindrucksvolle Wandererlebnisse.
Bei Streckenwanderungen geben die Endpunkte an, wo die Beschreibung einer Tour endet. Dort besteht immer nahebei eine mehrmals am Tag bediente Haltestelle öffentlicher Verkehrsmittel.

Eignung für Kinder

Als für Kinder geeignet sind solche Touren ausgewählt (Symbol im Tourenkopf), die nicht zu anstrengend sind (nicht mehr als 12 km Länge und 500 m Höhendifferenz), besondere Attraktionen für die Kleineren bieten oder auch zur Not gut abkürzbar sind (z. B. immer wieder Busstationen). Mehr als die Hälfte aller Touren ist nach diesen Kriterien für Kinder geeignet.

Varianten

Die Varianten erschließen zusätzliche Routen und Verbindungen oder geben Möglichkeiten für den Rückweg an. Diese sind in den Kärtchen gestrichelt eingezeichnet (soweit das der Kartenausschnitt erlaubt). Wenn sie anderen Touren entsprechen, ist die Nummer angegeben.
Es ist zu berücksichtigen, dass die Variante möglicherweise nicht der derselben Anforderungsstufe wie die Tour angehört, der sie zugeordnet ist.
Nicht beschrieben wird die selbstverständliche Möglichkeit, denselben Weg nur in Teilen zu wandern oder wieder zurückzuwandern.

GPS-Tracks und Koordinaten der Ausgangspunkte

Auf **gps.rother.de** stehen zu diesem Wanderführer GPS-Tracks und die Koordinaten der Ausgangspunkte zum kostenlosen Download bereit. Dieser QR-Code führt direkt zum Download.
8. Auflage, Passwort: 420008tdb
Die GPS-Tracks können in die **Rother App** importiert werden. In der App kann man unterwegs stets sehen, wo man gerade ist und wo es langgeht. **Anleitungen dazu: rother.de/gps**
Trotz sorgfältiger Prüfung können wir Fehler und zwischenzeitliche Veränderungen nicht ausschließen. Verlassen Sie sich für die Orientierung niemals einzig und allein auf die GPS-Daten, sondern beurteilen Sie die Verhältnisse vor Ort.

Kompass

Neben den jeweiligen Tourenkärtchen sowie zusätzlichem Kartenmaterial (s. S. 21) stellt ein Kompass eine wichtige Orientierungshilfe im Wandergebiet dar. Für die Touren mit Schwierigkeitsgrad rot und schwarz gehen die Autoren davon aus, dass – wenn nicht GPS – ein Kompass dabei ist.

Rast mit Aussicht: oberhalb von Maiori, auf dem Weg nach Badia Catacombe (Tour 1).

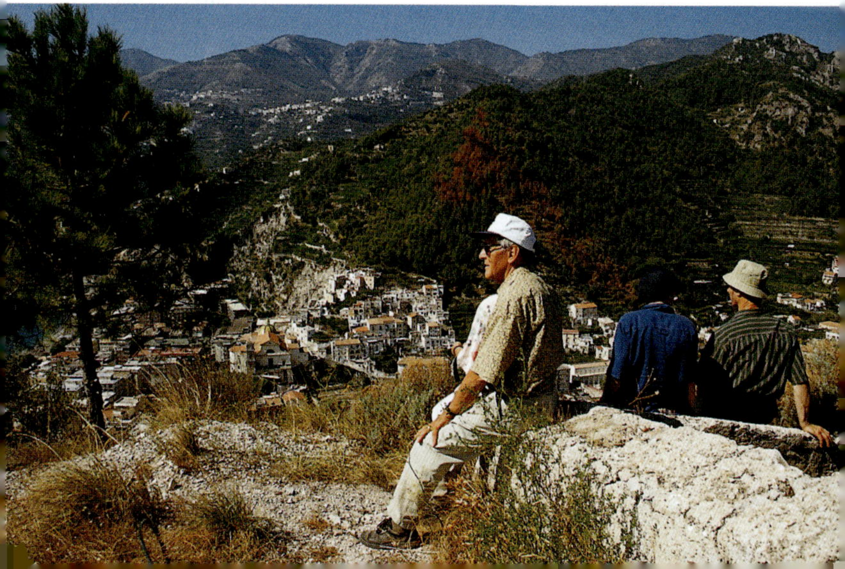

Wandern am Golf von Neapel

Beste Jahreszeit

Das Wandergebiet eignet sich für alle Jahreszeiten. Die Monate Juli und August sollte man allerdings eher meiden (zu heiß und in den wichtigsten Orten touristisch überlaufen). Das ganze Jahr über ist das Klima meist mild. Frost und Schnee kennt man nur auf den Bergen über 1000 m oder am Epomeo. Fast alle Wanderwege sind daher das ganze Jahr hindurch begehbar. Der Winter entspricht von den Temperaturen und vom Wetterwechsel her etwa unserem frühen Frühling (relativ mild, vereinzelt Schneefall).

Von Oktober bis Dezember muss man mit den meisten Niederschlägen rechnen. Allerdings regnet es häufig nur in der Nacht und auch tagsüber meist nur für wenige Stunden. Die Berge der Halbinsel hingegen erweisen sich als ausgesprochene »Wolkensammler« – so kann das Mikroklima in der Region mitunter sehr große Unterschiede aufweisen. Im Sommer steigen dann die Temperaturen über 30 °C. Gut baden kann man ab Mai bis Mitte Oktober.

Ausrüstung

Man darf überwiegend mit warmem bzw. mildem Wetter rechnen. Zwischendurch kann es aber auch, abgesehen vom Sommer, mehr oder weniger stark regnen. Im Winter haben sich warme, winddichte und dennoch atmungsaktive Jacken bewährt. Im Frühjahr sollte man sowohl eine warme als auch eine leichte Wanderjacke mitnehmen, im Herbst reicht eine leichte. Bei Wanderungen ins bergige Hinterland empfiehlt es sich, lange Hosen zu tragen – die Macchia überwächst mit ihren Dornen immer wieder die Wege.

Die Verpflegung ist in besiedelten Gebieten unproblematisch. Auf Ausflügen ins bergige Hinterland sollte man aber zumindest genügend Wasser mitnehmen. Es gibt zwar zahlreiche Trinkwasserstellen entlang der Routen, doch auf diese ist kein Verlass. Sehr zu empfehlen ist zudem ein handlicher Schirm – auch als Sonnenschutz.

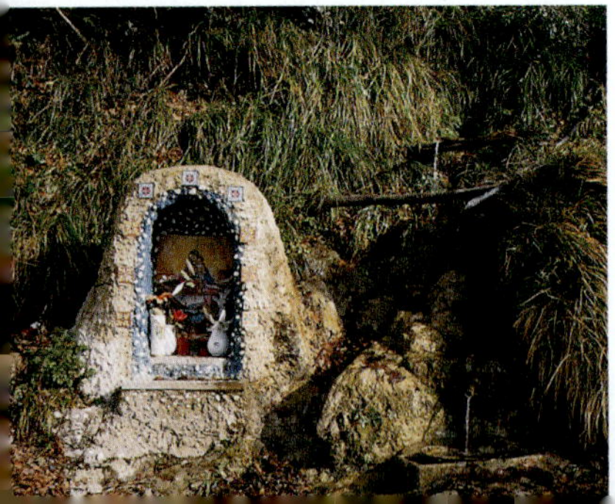

Unterkunft und Einkehr

Das Wandergebiet ist touristisch gut erschlossen. Als Pioniere wirkten hier vor allem die Engländer. Aber auch die Italiener besuchen gerne Sorrento, Amalfi, Maiori, Positano, Capri und Ischia. Es bestehen da-

Eine willkommene Erfrischung: Quelle am Weg zum Monte dell'Avvocata (Tour 2).

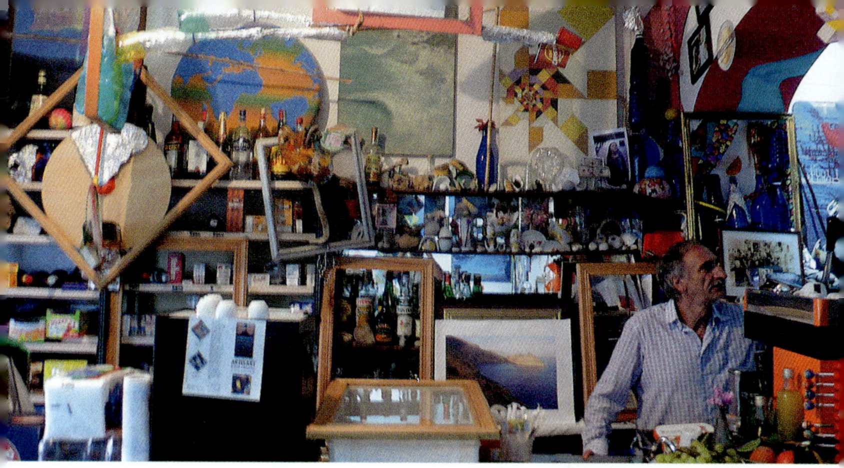

Künstler mit seiner Ausstellung in einer Bar in Nerano (Touren 38 und 43).

her in zahlreichen Orten der Halbinsel und auf den Inseln Hotels aller Kategorien, die generell sauber sind. Die Preise liegen – eine Folge der Attraktivität dieser Region – vergleichsweise hoch. Es gibt aber auch gut geführte, kostengünstige Pensionen und Privatunterkünfte. Die meisten Hotels öffnen erst zur Osterzeit und schließen Mitte Oktober, einige sind das ganze Jahr über geöffnet. Persönlich empfehlen wir vor allem folgende Hotels: in Amalfi »La Bussola« und »S. Andrea« (günstiger), in Maiori »Pietra di Luna«, in Sorrento »Villa Angiolina«, »Plaza« und »Mignon« (günstiger), in Ischia »Terme Oriente« und »Villa al Porto« (günstiger). In manchen Orten gibt es Bed & Breakfast, Agritourismus und Jugendherbergen. Campingplätze findet man an der Sorrentiner Küste, in Praiano und auf Ischia.
Selbst in den kleinen Orten im Hinterland gibt es wenigstens eine Bar oder einen kleinen Laden, um Mineralwasser und Proviant zu kaufen. Gute Restaurants sind u. a.: in Amalfi »Da Maria« und »Lo Smeraldino«, in Positano »La Cambusa«, in Montepertuso »Il Ritrovo« und »La Tagliata«, in Sorrento »O'Parrucchiano« sowie in Ischia-Porto »La Pantera Rosa« und »O'Solit Post«.

National- und Regionalparks

Der Vesuv liegt im fast 8500 ha großen gleichnamigen Nationalpark, der auch als UNESCO-Biosphärenreservat ausgewiesen ist. Als Schutzmaßnahme vor unkontrolliertem Besucherstrom wurde das Parkareal komplett eingezäunt und mit Zugangsbeschränkungen versehen. Zum Wandern in dieser Zone benötigt man eine Genehmigung (s. Hinweise bei Tour 56). Auch das übrige Wandergebiet ist als geschützter Naturpark ausgewiesen: als Parco Regionale dei Monti Lattari (Adressen und Websites beider Parks s. S. 19).

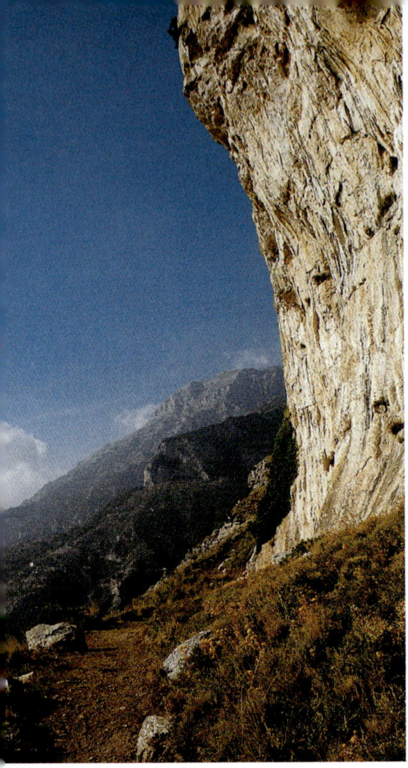

Sentiero degli Dei: himmlische Ausichten auf dem »Weg der Götter« (Tour 23).

Wanderwegenetz

Die Landschaft, insbesondere auf den Südseiten der Halbinsel und Inseln, teilweise aber auch auf den Nordseiten, zeichnet sich durch Berge und Abhänge mit erheblicher Neigung aus. Sie ist zudem oft zerklüftet. Das erschwerte den Straßenbau erheblich, wenigstens mit den früheren Mitteln. Gegen Straßen sprach aber noch ein anderer Grund: Die Schnelligkeit der Fortbewegung. Denn üblich waren auf dem Land (und sind es teilweise auch heute noch) als Transportmittel Esel und ihre Verwandten. Auch die Menschen tragen in Körben, Bündeln und Gefäßen viele Dinge hinauf oder hinunter und wollten dabei keine Umwege laufen. So schuf man meist sehr direkte Verbindungswege, die ein rasches Vorwärtskommen ermöglichen.

Das Gebiet der Halbinsel wurde trotz seiner gebirgigen Oberfläche seit alters her bis fast auf 1000 m intensiv landwirtschaftlich genutzt. Grund dafür waren die reichen Städte und Siedlungen, die mit Nahrungsmitteln versorgt werden mussten. Ein weiterer Grund lag in der häufigen Notwendigkeit, vor Angreifern ins Hinterland zu flüchten. In der Folge entstand ein sehr dichtes Wegenetz, selbst auf den Höhen. Dabei staunt man auch heute noch über die Breite und Qualität dieser Wege. Zum überwiegenden Teil wurden sie gepflastert. Böschungen sicherte man mit Steinmauern. Nicht selten wurden für die kunstvoll angelegten Wege Trassen in die Felsen geschlagen. Ein Teil dieser Wege wird noch heute gut unterhalten. Ständig erfolgen Reparaturen, wenn das Wasser oder Erdbewegungen Schäden anrichten. In den letzten Jahren wurden die Anstrengungen sogar verstärkt und viele Treppenwege restauriert. Manche dieser Wege werden jedoch nur noch so unterhalten, dass Maulesel sie benutzen können. Für den Wanderer stehen damit immerhin noch die alten Trassen zur Verfügung. Auf den Höhen hingegen müssen wir meist mit alten Bergpfaden vorliebnehmen.

Ein erhebliches Problem (auch für diesen Wanderführer) entsteht dadurch, dass Wanderwege in nur einem Jahr bis zur Unkenntlichkeit zuwachsen können, wenn diese von Einheimischen nicht mehr begangen werden. Zudem sind etliche ehemals gepflasterte Verbindungswege inzwischen Straßen gewichen.

Viele der in diesem Buch beschriebenen Wanderwege haben den Charakter öffentlicher »Straßen«. Man erkennt das bei den Treppenwegen häufig an den begleitenden »Straßen«-Beleuchtungen selbst in der offenen Landschaft. Zeichen dafür sind oft auch Strom- und Telefonmasten sowie Metalldeckel der Kanalisation. Das zu wissen kann nicht unwichtig sein, weil die Einheimischen gerne Wanderwege »privatisieren«.

Die Top-Touren am Golf von Neapel

Klosterruine Santuario dell'Avvocata

Bergwanderung von Maiori aus zum ehemaligen Kloster und beliebten Wallfahrtsort auf fast 900 m Höhe, mit großartiger Aussicht (Tour 2, 6.10 Std.).

Ein Stück Traumküste

Leichte Wanderung von Maiori nach Amalfi durch pittoreske Orte, Terrassen mit Zitronen- und Weinkulturen, mit herrlichem Küstenblick (Tour 4, 3.30 Std.).

Tal der Mühlen (Valle dei Mulini)

Von Amalfi aus erst bequem durch ein schönes bewaldetes Flusstal mit vielen Ruinen alter Mühlen hinauf, dann aussichtsreich über den Ort Pontone zurück (Tour 15, 2.40 Std.).

Weg der Götter (Sentiero degli Dei)

Wanderung überwiegend abwärts vom Hochtal Agerola aus bis zum berühmten Positano mit fantastischen Blicken auf die Küstenlandschaft und weiter bis zur Insel Capri (Tour 23, 3.00 Std.).

Monte Sant'Angelo

Von Positano aus durch parkartige Landschaft und über schroffe Felsen hoch zum Massiv des Monte S. Angelo und dann auf den Gipfel Monte S. Michele, mit 1444 m der höchste am Golf von Neapel. Totale Rundsicht (Tour 25, hin und zurück 7.20 Std.).

Durch die Halbinsel von Sorrento

Von Massa Lubrense aus aussichtsreich über die sanften Höhen der Spitze der Halbinsel mit ihren Oliven- und Orangenhainen zur mystischen Ieranto-Bucht vor kobaltblauem Meer (Tour 38, 4.10 Std.).

Punta Campanella

Leichte Wanderung von Termini aus auf der Römerstraße Via Minerva zur Spitze der Halbinsel, wo sich einst eine griechische und danach römische Tempelanlage befand (Tour 45, 2.30 Std.).

Von Capri zum Tiberius-Palast

Eine bequeme Runde vom Ort Capri aus, vorbei an Gärten, Grotten, Naturwundern, zu den Ruinen des Palazzo di Tiberio hoch über dem Meer (Tour 46, 3.10 Std.).

Über den Epomeo quer durch Ischia

Von Porto aus durch üppige Vulkan-Vegetation hoch zum aussichtsreichen Monte Epomeo und abwärts vorbei an alten Höhlenhäusern zum malerischen Küstenort Forio (Tour 55, 6.30 Std.).

Vesuv-Rundweg

Einmal den Vesuv-Kegel durch eine faszinierende Vulkan-Landschaft umrunden, belohnt mit einem grandiosen Rundblick (Tour 57, 2.30 Std.).

Wegmarkierungen und Beschilderung

Seit Längerem dient die Halbinsel auch wanderlustigen Italienern als populäres Ziel. In der Folge entwickelte der Italienische Alpenverein CAI systematisch ein Wanderwegenetz. Zu einem guten Teil wurden auch Markierungen vorgenommen. Dazu erschien die Wanderkarte »Monti Lattari. Penisola Sorrentina« (s. S. 21). Man kann diese Karte auch im Internet einsehen und konkrete Wandervorschläge herunterladen (caimontilattari.it). Unsere Wandervorschläge entsprechen zu einem großen Teil auch Wegen, die vom CAI angegeben und markiert werden (wobei die Markierungen teilweise verblasst sind oder dem verbreiteten Vandalismus zum Opfer fielen). Die CAI-Markierungen werden derzeit teilweise erneuert und in den Nummern geändert. Unter den CAI-Wegen sind auch solche, die Kraxeleien erfordern oder die wir gar als gefährlich einstufen.

Die Wege und ihr Umfeld sind ständigen Veränderungen unterworfen. Insbesondere an solchen fraglichen Stellen brachten die Autoren selbst Markierungen in Form von gelben Rhomben oder gelben Streifen und Punkten an. Keine Genehmigung dafür wurde jedoch in der Wanderregion Sorrento/Massa Lubrense gegeben. Da einige Wanderkarten deutlich verbessert wurden und nun auch GPS-Daten zur Verfügung stehen, erneuern die Autoren ihre Markierungen nicht mehr. Diese sind daher nur noch teilweise sichtbar.

Wegmarkierungen der Autoren.

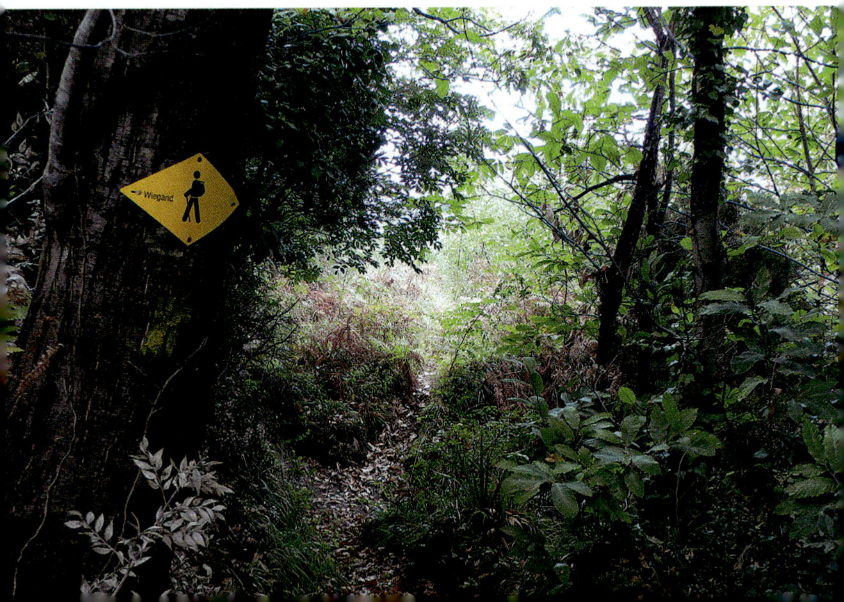

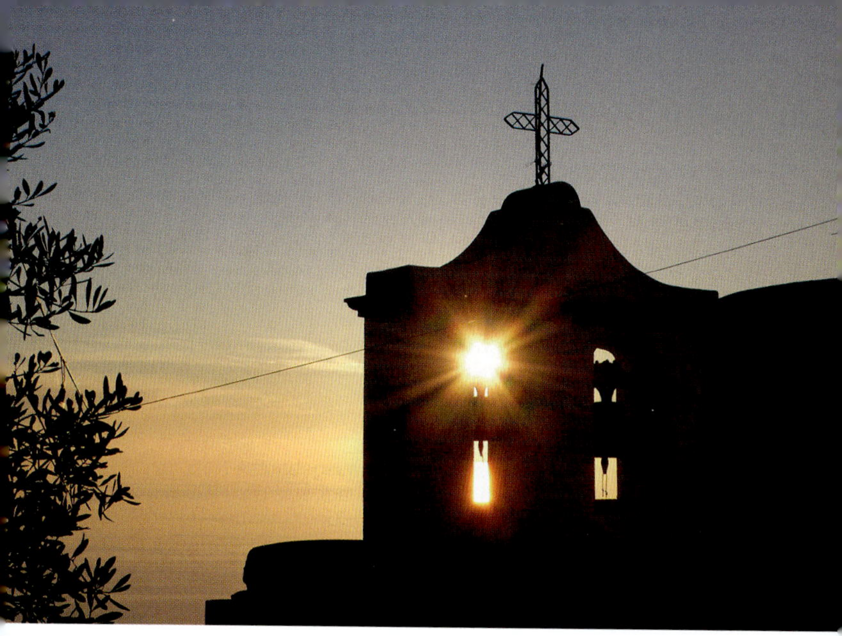

Glockenturm der Kirche S. Maria del Monte, einer ehemaligen Einsiedelei (Tour 55).

Auch andere Privatpersonen und lokale touristische Organisationen nahmen Wegmarkierungen vor. Besonders ausgeprägt lässt sich das in den Regionen Positano und Sorrento/Massa Lubrense feststellen. Dazu erhält man bei den Tourismusbüros auch recht gute Wanderkarten mit eingetragenen Routen. Leider ist die Qualität (Haltbarkeit, Sichtbarkeit) dieser Markierungen oft unzureichend. Zudem entdeckt man neben neueren Markierungssystemen auch die Reste andersartiger älterer, was verwirren kann. Eine Folge davon ist, dass dadurch die Markierungsangaben in diesem Wanderführer möglicherweise rasch veralten oder nicht mehr erkennbar sind. Daher wurde in diesem Führer häufig darauf verzichtet, die Markierungen detailliert anzugeben. Hinweis: Wenn wir teilweise von lokal markierten Wegen abweichen, liegt das auch daran, dass unsere Tourenvorschläge eher einem thematischen Konzept folgen (z. B. Weg der Klöster, Tour 39).
Wir verwenden im Text die italienischen Schreibweisen der Orte, so wie diese auf den gebräuchlichsten Wanderkarten bzw. in den Übersichtskarten in diesem Buch zu finden sind. Doch dabei nehmen es die Italiener nicht immer ganz genau. Es sind daher auch auf Wegweisern oder in Karten Abweichungen zu finden.

Informationen und Adressen

Anfahrt von Neapel

Die schnellste und häufigste öffentliche Verkehrsverbindung zwischen dem Hauptbahnhof in Neapel und Sorrento bietet die Bahnlinie der »Circumvesuviana« (eavsrl.it). Mit ihr kann man zudem rasch zu einigen Startpunkten für Wanderungen gelangen (z. B. den Startpunkt des Busses in Vico Equense zur Fahrt auf den Monte Faito). Die Bahn eignet sich auch hervorragend für einen Besuch von Pompeji und Herculaneum.
Die Inseln Ischia und Capri werden ganzjährig von Autofähren und Personen-Schnellbooten von Neapel und Sorrento aus angefahren (Links zu den Reedereien unter directferries.de).

Verkehrsmittel vor Ort

Auf der ganzen Halbinsel besteht ein gut ausgebautes Netz von Buslinien. Diese führen auch teilweise in die Berge hinauf, was dem Wanderer mitunter anstrengende An- und Abstiege erspart. Die Linien werden vor allem von der SITA und auch von der SFSM betrieben. Fahrzeiten erfährt man in den Hotels, an den Haltestellen sowie durch gedruckte kleine Fahrpläne, welche man bei den Gesellschaften beziehen kann. Von der wichtigsten Busgesellschaft SITA können Sie sich die Fahrpläne auch online abrufen und selbst ausdrucken (sitabus.it). Hinzu kommen örtliche Busse in Sorrento und Positano, die auch benachbarte Gemeinden bedienen. Auf Capri und Ischia bestehen ebenfalls gut ausgebaute Busnetze.
Die Abfahrtszeiten der Busse orientieren sich an den schmalen Straßen mit ihren häufigen Staus. Wenn ein Bus schneller als üblich durchkommt, so wartet er nicht. Außer an den Knotenpunkten in Amalfi und Sorrento kann es also vorkommen, dass Busse bis zu 10 Minuten früher, als auf den Fahrplänen angegeben, abfahren.
Bitte beachten Sie auch, dass in den meisten Bussen heute keine Fahrkarten mehr verkauft werden; man muss sie sich vorher (v. a. in Bars oder Tabaccherias) besorgen.

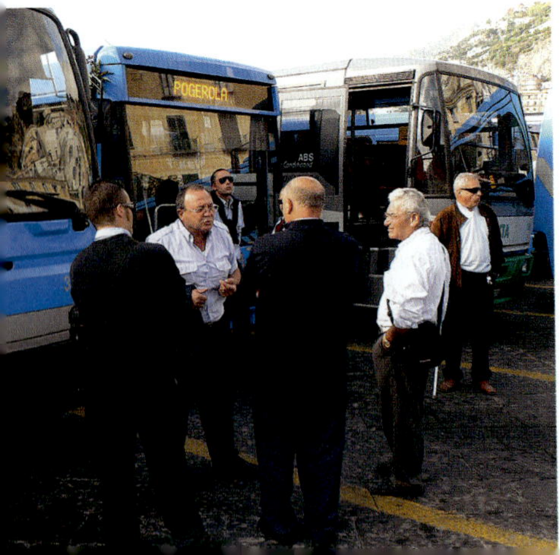

In Amalfi: wartende Busse und temperamentvolle Diskussionen der Busfahrer.

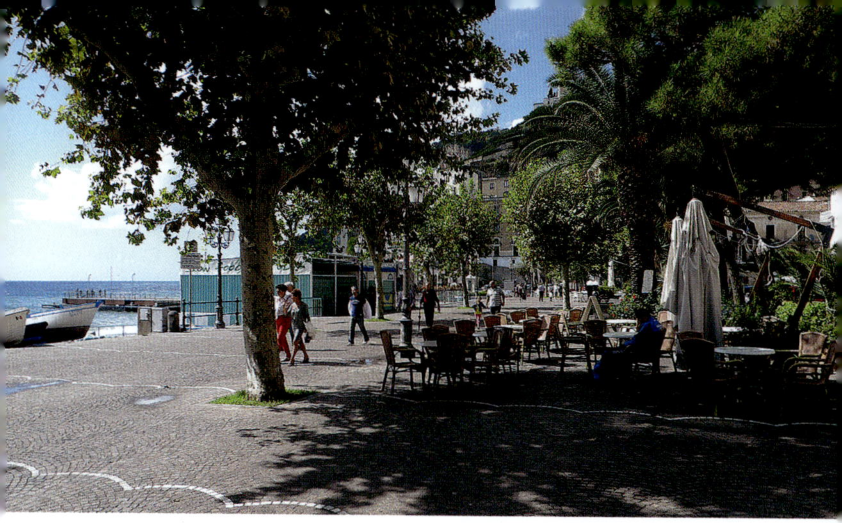

Auf der Promenade von Minori.

Wichtige Adressen und Telefonnummern

Italienische Zentrale für Tourismus

ENIT, Barckhausstr. 10, D-60325 Frankfurt am Main, Tel. +49/69/237434, enit-italia.de. Direktion für die deutschsprachigen Länder, Benelux, Osteuropa. Büros in Wien (enit.at) und Zürich (enit.ch)

National- und Regionalpark

Parco Nazionale del Vesuvio, Via Palazzo del Principe, 80044 Ottaviano-(NA), Tel. +39/081/8653911, parconazionaledelvesuvio.it/en/

Ente Parco Regionale Monti Lattari, Viale Ippocastani, Località Quisisana-Palazzo Reale, 80053 Castellamare Di Stabia, Tel. +39/081/930247, parcoregionaledeimontilattari.it

Diplomatische Vertretungen

Deutsche Botschaft, Via San Martino della Battaglia 4, 00185 Roma, Tel. +39/06/492131, rom.diplo.de

Österreichische Botschaft, Via Pergolesi 3, 00198 Roma, Tel. +39/06/8440141, aussenministerium.at/rom

Schweizerische Botschaft, Via Barnaba Oriani 61, 00197 Roma, Tel. +39/06/809571, eda.admin.ch/roma

Notrufe

Tel. 112: Euronotruf (mehrsprachig, Handy eingeschaltet ohne PIN tippen)

Tel. 113: Verkehrspolizei (polizia stradale)

Tel. 115: Feuerwehr (vigili del fuoco)

Tel. 118: Notarzt, Rettungsdienst (pronto soccorso)

Internetadressen

vesuvionatura.it: geführte Exkursionen auf den Vesuv zu biologischen, ökologischen und geologischen Themen

incampania.it: touristische Informationen zur Region Kampanien (auch in Englisch)

cai.it: Italienischer Alpenverein – Club Alpino Italiano (auch in Englisch).

tempoitalia.it: Italien-Wetter nach Region, Provinz, Stadt (nur Italienisch)

Sicherheit

Was die Kriminalität betrifft, so gilt es, übergroße Ängste abzubauen. Die Orte der Halbinsel und die Inseln unterscheiden sich in dieser Hinsicht völlig von Neapel. Auch bei den vielen Wanderungen in einsamen Gebieten haben wir nie aggressive Menschen oder gar kriminelle Angriffe erlebt.

Dessen ungeachtet sollte man natürlich nie unnötige Risiken eingehen. Auch bei uns in Mitteleuropa sind vernünftige Vorsichtsmaßnahmen (z. B. keine unnötigen Wertsachen mitnehmen, Fotoapparate nicht locker über der Schulter tragen, die Gesäßtasche mit Portemonnaie mit der langen Wanderjacke überdecken etc.) zu beachten. Betrügereien sind ebenfalls eher selten. Ob Restaurants, Hotels oder Läden: Man versucht in der Regel nicht, Touristen übers Ohr zu hauen. Natürlich gibt es auch Ausnahmen. Klare Abmachungen, Prüfen der Rechnung oder ein Nachzählen des Rückgabegeldes sind, wie bei uns, immer sinnvoll.

Häufig wird man statt befürchteter Betrügereien das Gegenteil erfahren: freundliche, hilfsbereite Menschen, die einem auch mal Restbeträge schenken, am Weg Weintrauben anbieten oder einen gar zum Essen einladen.

Auskunft für Wanderer

Bei den lokalen Tourismusbüros (AAST) in Maiori, Minori, Amalfi, Positano, Sorrento und Massa Lubrense ist umfassendes Material in Form von Wan-

Volksfrömmigkeit und ein Wasserfall am Ausgang von Sorrento (Touren 34 und 35).

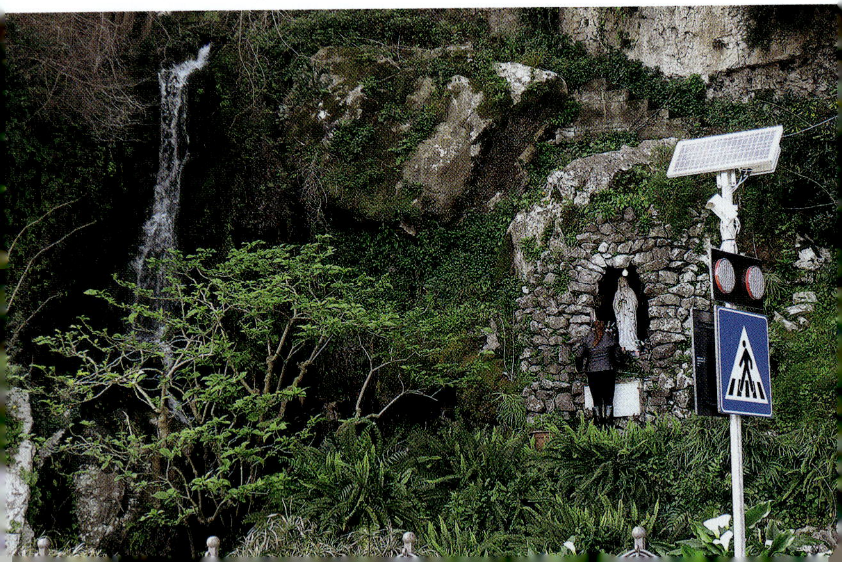

Literatur und Karten

Reise- und Kunstführer

Über die Halbinsel bzw. die Region Neapel gibt es eine reiche allgemeine touristische Literatur. Sie ist preiswert und teils von sehr guter Qualität. Wer sich speziell für Geschichte, Kultur- und Baugeschichte, Pflanzenwelt sowie ökologische Fragen interessiert, dem seien folgende Bücher empfohlen:

Baedeker (Hg.): Golf von Neapel, Ischia, Capri, Verlag K. Baedeker, Ostfildern 2022.

Höcker, C.: Golf von Neapel und Kampanien. Dreitausend Jahre Kunst und Kultur im Herzen Süditaliens. DuMont Kunst-Reiseführer, Ostfildern 2011.

Haller, A.: Golf von Neapel. Ischia, Sorrent, Capri, Amalfi, Michael Müller Verlag, Erlangen 2023.

Mezzacasa, R.: Costiera Amalfitana. Guida storica, turistica, escursionistica, Centro di Cultura e Storia Amalfitana 2009.

Neumeister, C.: Der Golf von Neapel in der Antike. Ein literarischer Reiseführer. Verlag C.H. Beck, München 2005.

Peter, P.: Golf von Neapel. Literarische Entdeckungen. Verlag Klett-Cotta, Stuttgart 2003.

Peterich, E.: Italien. Ein Führer. Zweiter Band: Rom und Latium, Neapel und Kampanien. Prestel Verlag, München 2002.

Richter, D.: Der Vesuv. Geschichte eines Berges. Verlag K. Wagenbach, Berlin 2018.

Wanderkarten

Das Kartenmaterial für das Wandergebiet ist von unterschiedlicher Qualität. Dennoch sind deutliche Verbesserungen der Situation erkennbar. Im Zweifelsfall sollte man sich jedoch lieber auf die Wanderbeschreibungen verlassen. Neben der Auto + Freizeitkarte »Golf von Neapel, Ischia, Capri, Amalfitana« im Maßstab 1:50.000 von Freytag & Berndt sind folgende Karten noch zu empfehlen, die in vielen Läden und Tourismusbüros vor Ort erhältlich sind:

Amalfi Coast, Map of the paths; Maßstab 1:10.000. Ausgabe 1 für Citara bis Minori, Ausgabe 2 für Minori, Amalfi bis Conca di Marini, Ausgabe 3 für Conca di Marini bis Positano, Ausgabe 4 für Positano bis Punta Campagnella, hrsg. von Cart & Guide, Salerno – meist, aber nicht immer zutreffend.

Monti Lattari, Penisola Sorrentina, Carta dei Sentieri; Maßstab 1:25.000, herausgegeben vom Club Alpino Italiano. In dieser Karte sind sämtliche Wege des Italienischen Alpenvereins auf der Halbinsel und auf Capri eingezeichnet. In dieser Karte angegebene Wanderwege kann man auch im Internet herunterladen (caimontilattari.it).

Diverse Karten von Visetti, Giovanni. Herausgeber von aktuellen und präzisen Karten mit eingetragenen Wanderwegen, insbesondere für das Gebiet Sorrento/Massa Lubrense, aber auch anderen Wanderregionen auf der Halbinsel. Erhältlich in den örtlichen Tourismusbüros und im Internet (giovis.com).

Isole d'Ischia e Procida; Maßstab 1:15.000, von Kompass. Eine der besten Karten, jedoch immer noch viele Fehler (z. B. im Gebiet Piano S. Paolo).

Carta dei Sentieri di Positano; Maßstab 1:5.000.

derkarten und -prospekten erhältlich. Bei den Wanderkarten sollte man die Empfehlungen im Kastentext oben beachten.

Weitere Informationsquellen sind im Kasten »Wichtige Adressen und Telefonnummern« auf S. 19 aufgelistet.

Wissenswertes zum Wandergebiet

Geografie

Auf den ersten Blick erscheint das Wandergebiet klein. Doch es ist außerordentlich vielgestaltig.

Ischia und natürlich auch der Vesuv sind vulkanischen Ursprungs, wobei Ischia vor allem aus einer Tuffmasse besteht. Für die Halbinsel von Amalfi-Sorrento gilt das nicht. Denn nach Abschluss der Apeninnenhebung brach im Westen der Tyrrhenische Schild ein. Als Folge senkten sich der Golf von Neapel und der Golf von Salerno ab. Von den abgesunkenen Kalkmassen blieb nur das Massiv der Monti Lattari übrig, die wie ein Sporn westlich ins Meer stoßen. Capri setzt geologisch die Halbinsel fort und war wohl auch früher mit ihr verbunden. Die Gebirgskette der Monti Lattari erreicht mit ihren beiden höchsten Erhebungen Monte Cerreto, 1316 m, und Monte S. Angelo mit dem Gipfel S. Michele, 1444 m, beachtliche Höhen.

Nördlich der Monti Lattari erhebt sich das Cepparica-Massiv mit dem Monte Faito, 1131 m. Es schlägt, vom Golf von Neapel aus gesehen, gleich einen eindrücklichen Grundakkord an, der den Widerpart zum Panorama des Vesuvs bildet. Östlich der Monti Lattari schließt sich der Gebirgszug vom Monte S. Angelo di Cava, 1130 m, zum Monte dell'Avvocata, 1014 m, an, der die Halbinsel vom Binnenland abschirmt. Jenseits liegt die Senke von Cava, die bei Salerno ins Meer mündet. Noch heute verlaufen hier die wichtigsten Verkehrsadern in Richtung Süden.

Die Halbinsel senkt sich zur Nordküste hin allmählich ab. Daher trifft man auf der Nordseite auch auf mehrere größere Orte im »Hinterland« (z. B. Moiano, Arola). Erst an der Küste fällt das Gelände wieder steil ab. So liegt z. B. Sorrento auf einem Plateau etwa 50 m über dem Meer. Die Südküste hingegen ist schroff und stürzt von den Höhen jäh bis zum Meer hinab. Nur Täler unterbrechen die Steilküste. Deshalb gab es früher an dieser Küste auch keine durchgehende Straße. Dafür bietet die Südküste eine Folge von großartigen Ausblicken – einer schöner als der andere. Die heute bestehende Küstenstraße (teilweise erst seit den 1920er Jahren) wird daher in der Literatur als Traumstraße bezeichnet.

Im Westen stößt die Halbinsel mit zahlreichen Buchten und Vorsprüngen in das Tyrrhenische Meer vor. Vor der Spitze der Halbinsel, der Punta Campanella, schwingt der Gebirgszug im Monte S. Costanzo, 485 m, noch einmal zu ansehnlicher Höhe auf. Südlich, der Halbinsel vorgelagert, liegt ein kleines Archipel aus drei Inselchen, genannt Li Galli.

Capri ist ähnlich aufgebaut wie die Halbinsel, mit steiler Südküste und flacher verlaufender Nordküste. Zudem ist die Insel aber in zwei Gebiete untergliedert: den Sattel von Capri mit der östlichen Erhebung Il Capo und die Hochebene von Anacapri mit der höchsten Erhebung der Insel, dem Monte Solaro, 589 m.

Auch Ischia hat eine tendenziell steilere Süd- als Nordküste. Doch wurde das Landschaftsbild zudem stark durch Vulkane und die tektonischen Bewegungen der Tuffmasse beeinflusst. Dadurch entstand eine große Vielgestaltigkeit. Im Zuge dieser Bewegungen formte sich auch der Monte Epomeo, 787 m, heraus.

Naturlandschaft

Flora

Die Halbinsel wird von etlichen Flüssen und Bächen durchzogen. Da die Höhen bewaldet sind, trocknen viele Wasserläufe selbst in heißen, regenarmen Zeiten nicht aus. Zudem ist die Landschaft außerordentlich vielfältig in den Böden – Kalkfelsen wechseln mit Tuffsand- und Vulkanascheböden (zugeweht vom Vesuv) sowie Lehm- und Tonböden ab. Beide Faktoren zusammen sorgen für viele verschiedene Kleinbiotope und daher für eine außerordentliche Vielfalt in der Pflanzenwelt.

Eine Besonderheit bilden auch die großen Waldgebiete auf den Berghöhen und Hochebenen. Das gilt ebenfalls für Ischia. Erwähnenswert sind insbesondere Arten wie Buchen, Eichen, Zypressen, Pinien, Ahorn und Erlen. Hinzu kommen die vielen Kastanienbäume, deren Früchte noch regelmäßig geerntet werden. Außerdem besteht eine intensive Waldwirtschaft. Man zieht

Auf gutem Weg: Aufstieg zum Monte S. Angelo (Tour 25).

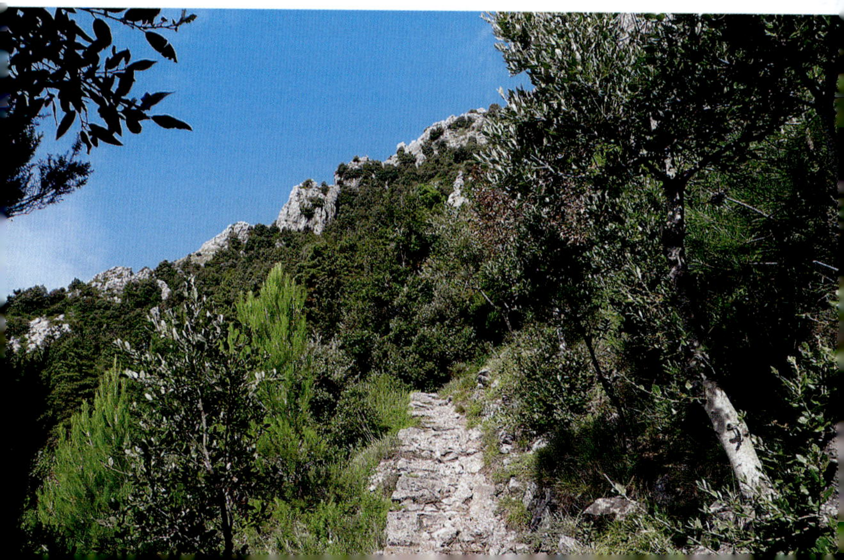

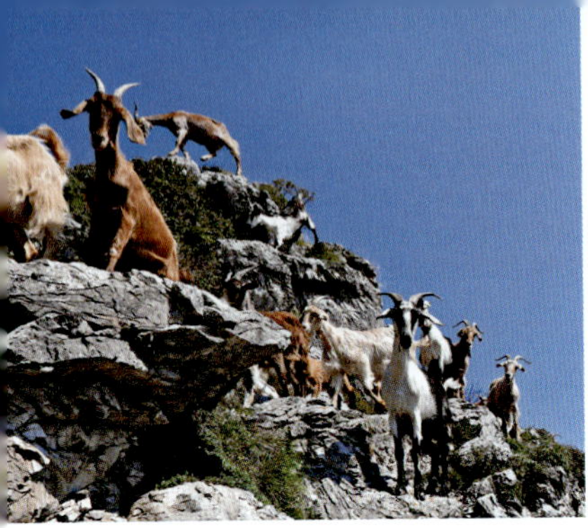

Häufige Begegnungen: Ziegen in den Bergen des Hinterlandes.

häufig schnell und hoch wachsendes Holz heran, um damit die zahlreichen Gestänge für Zitronen, Wein etc. zu bauen. Wandernde profitieren von der Waldwirtschaft durch teils sehr gut unterhaltene Waldwege und Maultierpfade. Nicht zu vergessen sind schließlich die vielen Palmen an den Küsten. Sie geben insbesondere den Städten das speziell südliche Gepräge.

Verschiedenenorts, insbesondere in höheren Lagen, findet der Wanderer Macchia-Gebiete. Sie sind meist schön anzusehen und verströmen wunderbare Düfte. Die Macchia besteht aus Sträuchern verschiedener Art wie Ginster, Buchsbaum, Stechpalmen, Rosmarin, Orchideen und Zwiebelgewächsen. Dazu gehören aber auch diverse Dornengewächse. Das Gehen durch die Macchia ist schon aus diesem Grund nicht sonderlich angenehm. Zudem sieht man den Weg meist nur schlecht, und Wanderzeichen sind oft überwachsen. Eine reine Freude für Wandernde bereitet dagegen die Blumenpracht in den Gärten sowie in der freien Natur. Anzutreffen sind u. a. Bougainvillea, Geranien, Hibiskus, Kamelien, Mimosen, Mohnblumen, Narzissen und verschiedene Rosenarten. Auch im Winter blühen viele Blumen im Freien. Den farbenprächtigen Höhepunkt der Blütezeit erlebt man aber im Frühjahr.

■ Fauna

Die Tierwelt ist weniger artenreich. Allzu viele größere Landtiere sind der Jagdleidenschaft der Italiener zum Opfer gefallen. Dafür begegnen dem Wanderer zahlreiche frei herumlaufende Hunde, die sich oft treuherzig anschließen und kilometerweit mitlaufen, um dann irgendwann wieder zu verschwinden.

Häufig sehen wir auch Kriechtiere, allen voran Eidechsen, seltener auch Schlangen. Letztere sind in der Regel ungiftig. Wieder vermehrt sieht man auch Vögel, darunter große Raubvögel wie z. B. Falken und Adler. Insbesondere auf den Inseln gibt es große Seevogelgebiete. Der Fischreichtum vor allem an der südlichen Küste ist immer noch beachtlich.

Agrarlandschaft

Im Hinterland begegnet der Wanderer großen Ziegen- und Schafherden (selbst in Naturschutzgebieten), den wichtigsten Nutztieren auf kargen Böden. Deren Erosion wird aber gerade durch diese Form der Überweidung

erheblich verstärkt. Nach wie vor ein »tierisch wichtiges« Transportmittel (v. a. im Hinterland) bilden Esel, Maulesel und Maultier, da viele Ortsteile und Felder fernab von Straßen liegen.
Die ohnehin schon artenreiche Pflanzenwelt wurde durch »Importe« verschiedenster Nutzpflanzen bereichert. Die älteste Nutzpflanze bildet der Olivenbaum. Ebenfalls eine lange Tradition hat der Weinbau auf den zahlreichen Terrassen an der Südküste und flacheren Feldern im Norden der Halbinsel. Im Mittelalter wurden aus arabischen Ländern die Agrumen, besser als Zitrusfürchte bekannt, eingeführt. Die Zitronen- und Orangengärten prägen vielerorts das Landschaftsbild. Unter der spanischen Herrschaft kamen schließlich die Tomaten hinzu. Sie werden heute in den verschiedensten Formen und Größen gezüchtet. Schön anzuschauen sind die halb getrockneten Wintertomaten, die oft in den Restaurants oder den Lauben der Häuser hängen (sog. piennoli). Es fallen auch mehrstöckige Kulturen an und auf Holzgestellen (Pergolas) auf. Gemischt werden hier neben Gemüse auch Wein, Zitrusfrüchte und Olivenbäume. Die Pergolas werden zudem mit Netzen oder Matten vor Hagel geschützt.
Landschaftsprägend, vor allem für die Südseite der Halbinsel, sind die zahllosen Terrassengärten, die unter außerordentlichen Anstrengungen bis in 500 m Höhe angelegt wurden. Viele dieser Terrassen, besonders die der Südspitze, werden heute allerdings nicht mehr bewirtschaftet und sind dem Verfall bzw. der Macchia preisgegeben.

Maultier und Maulesel: nach wie vor wichtige Transportmittel im Hinterland.

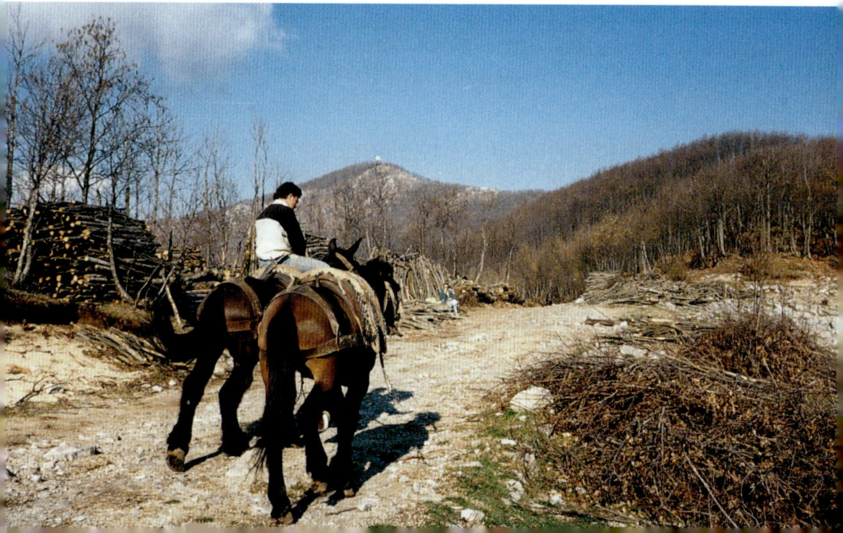

Geschichte

■ Altertum

Die Halbinsel sowie Capri und Ischia sind schon seit dem Übergang von der Steinzeit zur Bronzezeit besiedelt. Im 7. Jh. vor Chr. erfolgte die griechische Besiedlung. In der Nachbarschaft der Halbinsel entstanden prächtige Städte (Neapel, Paestum etc.). Reiche Zeugen dieser Kultur fand man bei Ausgrabungen unterhalb des Klosters Deserto bei S. Agata und am M. Vico auf Ischia. Noch heute ist die Architektur der Region stark griechisch geprägt. Man sieht das an den weiß getünchten Mauern und den typischen baulichen Grundeinheiten: ein quadratischer oder rechteckiger Baukörper mit wenig Öffnungen und einem flachen Kuppelgewölbe. Wir sprechen hier daher vom griechischen Stil.

Mit der Eroberung von Neapel 326 v. Chr. begann die Zeit der römischen Herrschaft (während jedoch die griechische Kultur stark prägend blieb). So entwickelte sich Sorrento als römische Stadt »Surrentum«. Noch heute lässt sich dort der typische römische Stadtgrundriss mit dem Hauptstraßenkreuz (Decumanus maximus, Cardo maximus) und dem Forum (nördlich des Doms) gut erkennen. Sorrento und die anderen Regionen unseres Wandergebiets waren aber vor allem beliebte Orte für Villen der Kaiser und reichen Römer. Besonders hervorzuheben sind hier die Palastanlagen des Augustus und Tiberius auf Capri. Auch auf der Halbinsel sind überall noch große und kleine Reste anzutreffen, gut erhalten bei Capo (Villa des Pollius Felix) und in Minori.

An die Kultur der Römer erinnert zudem der Name »Monti Lattari«. Er steht für die in West-Ost-Richtung verlaufende Bergkette zwischen Sorrento und Cava mit dem Monte S. Angelo als höchstem Gebirge. Nach Peterich (s. »Literatur und Karten« S. 21) geht der Name auf die Milchkuren zurück, welche die Römer für ihre Gesundheit in diesen Berggebieten gemacht haben.

■ Mittelalter

Nach dem Zusammenbruch des römischen Reiches ließen Völkerwanderung, Pirateneinfälle und Malaria die südlichen Städte, wie z. B. Paestum, veröden. Auch auf der Halbinsel zogen sich die Bewohner in die Berge zurück. Nur Sorrento konnte sich dank natürlicher Barrieren als (bescheidene) Stadt behaupten.

In der Zeit vom 6. bis 8. Jh. kam Süditalien und damit die Halbinsel unter byzantinische Herrschaft. Just in den Monti Lattari fügte der berühmte byzantinische Feldherr Narses 552 n. Chr. dem letzten Gotenkönig Teja eine entscheidende Niederlage zu. Die in den 200 Jahren byzantinischer Herrschaft entstandenen kulturellen Bande wirkten noch lange nach (z. B. die 1066 in Byzanz gegossenen Bronzetüren des Doms von Amalfi).

Die byzantinische Zeit wurde durch die Langobardenherrschaft abgelöst. Doch konnten die Bürger von Amalfi um 900 n. Chr. die Langobarden vertreiben. Sie gründeten 920 die Republik von Amalfi, die zur ersten großen italienischen Seerepublik aufstieg. Zu diesem Freistaat gehörten auch Atrani, Ravello, Scala, Minuto, Minori und Maiori, also bis auf Positano die ganze südliche Halbinsel. Man schätzt die damalige Einwohnerzahl auf ca. 50.000. Seinen Höhepunkt erlebte Amalfi im 11. Jh. In Jerusalem bauten die amalfitanischen Seefahrer ihr eigenes Viertel mit eigener Kirche. Aus dem Orient vermittelten sie für die Baukunst den Spitzbogen, der später zum Kennzeichen der Gotik wurde.

Im Jahre 1073 eroberten die Normannen Amalfi sowie die gesamte Halbinsel und Ischia. Sie waren von Herzog Sergius IV. von Neapel ein paar Jahrzehnte zuvor als Söldner gerufen worden, genossen das Leben im Süden, ließen Landsleute aus der Normandie nachkommen und rissen alsbald die Herrschaft in Süditalien an sich. Doch die Normannen waren klug genug, den Amalfitanern einen hohen Grad an Autonomie zu gewähren – brachte doch dieses Gebiet Ansehen und Reichtum.

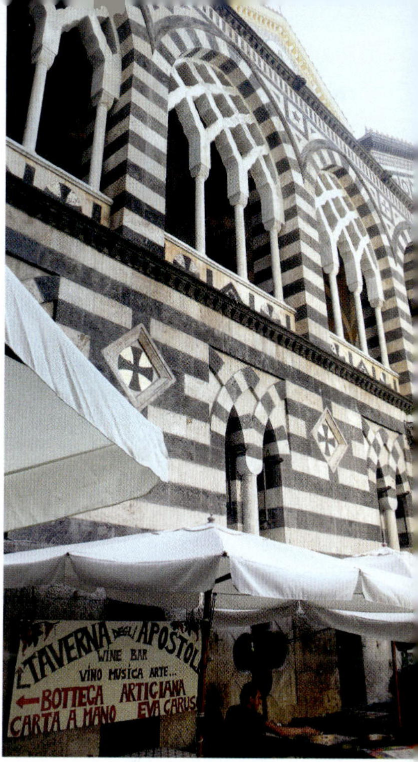

Arabische Einflüsse auf den Baustil sind am Dom von Amalfi augenfällig.

Einen besonderen Einschnitt bedeutete für Amalfi dann aber der Überfall durch den Handelskonkurrenten Pisa im Jahre 1137. Von diesem Schlag erholte sich die amalfitanische Seemacht nicht mehr. Amalfi blieb aber ein wichtiges Gewerbezentrum. Dort entstand z. B. die erste Papierherstellung in Europa, welche alsbald frühindustriellen Charakter annahm. Die Produktion von Spezialitäten bildete auch die wirtschaftliche Basis für Ravello, welches nun Amalfi als wichtigster Ort der Region ablöste. Die Stadt erreichte, geschützt auf einem steilen Bergrücken gelegen, im 13. Jh. ihre größte Blüte. Damals zählte Ravello 36.000 Einwohner, 13 Pfarreien sowie viele Klöster und Paläste. Davon zeugen noch heute die zahlreichen Kirchen bzw. deren Ruinen. Besonders berühmt wurden die Färbereien. Auch hier leiteten die Pisaner den Niedergang ein. Sie zerstörten die Stadt im Jahre 1335.

Neuzeit

Nach den Normannen kam Süditalien und damit auch die Halbinsel unter weitere Fremdherrschaften: Zunächst herrschten 1266–1425 die aus Frankreich vom Papst herbeigerufenen Anjou. Nach dem Aussterben dieses Hauses eroberten die Spanier Süditalien und herrschten in Neapel bis 1734. An diese Herrschaft der Aragonesen erinnert noch vieles im Wandergebiet, z. B. der Stil mancher Kirchen oder das große Kastell von Ischia. In dieser Zeit wurde die Region durch Einfälle der Sarazenen aus Nordafrika sehr geplagt. Das führte zum Bau vieler Verteidigungsanlagen, wie z. B. der sogenannten Normannen-Türme entlang der Küste.

Weitere fremde Herrschaften wurden durch österreichische Habsburger, die Bourbonen und König Murat, einem Marschall von Napoleon, errichtet. Die Fremdherrschaften endeten mit Garibaldi und seinem Einzug in Neapel 1860. In der Zeit der Fremdherrschaften verlor die Halbinsel weiter an Bedeutung. Doch gab es immer wieder wirtschaftliche Blüten. Diese ermöglichten es, etliche Kirchen zu barockisieren (z. B. S. Lorenzo in Scala) bzw. neu zu bauen. Besonders gut entwickelte sich im 16. bis 18. Jh. die westliche Spitze der Halbinsel. Davon zeugen viele Palazzi, insbesondere von Kaufleuten und Seefahrern. Reiche Familien stifteten sehr große Klosteranlagen in der Gegend von Massa Lubrense. Einen wirtschaftlichen Einschnitt für die Halbinsel bedeutete die Dampfschifffahrt. Die großen neuen Schiffe konnten in den kleinen Naturhäfen nicht mehr anlegen. Damit brach auch der Handel zusammen. Seefahrer- und Handelszentren wie Positano verarmten völlig.

Mit dem 18. Jh. entdeckten die Engländer die Schönheiten der Halbinsel. Vor allem Sorrento entwickelte sich zu einem beliebten Ziel von Reichen sowie von berühmten Dichtern und Musikern (Lord Byron, Stendhal, Gorki, Ibsen, Wagner, Nietzsche etc.). Viele prächtige Hotelanlagen entstanden. Vom aufkommenden Tourismus profitierten allmählich auch Amalfi, Positano und Ravello. Günstig wirkte sich für den Wohlstand der Bevölkerung zudem die (erst neuzeitliche) Anpflanzung von Agrumen wie Zitronen und Orangen aus. Sie ergänzten die Wein- und Oliven-Kulturen.

Die Menschen

Die Menschen auf der Halbinsel sind meist liebenswürdig, freundlich, fröhlich und hilfsbereit. Diese Eigenschaft erscheint hier ausgeprägter als in anderen Gegenden Italiens. Man kommt schnell mit den Einheimischen ins »Gespräch«, selbst wenn man nicht italienisch spricht und die italienischen Partner weder Englisch noch Deutsch beherrschen. Hände und Füße sowie die Mimik tun es ebenso. Doch auch wenn man sich verständigen kann, sollte man Auskünften zu Wanderweg, Busabfahrts-, Öffnungszeiten etc. nicht bedingungslos vertrauen. Eine Antwort bekommt man zwar immer – leider häufig nicht die richtige.

Eine kleine Siedlung am Pass von S. Maria del Castello (Touren 30 und 31).

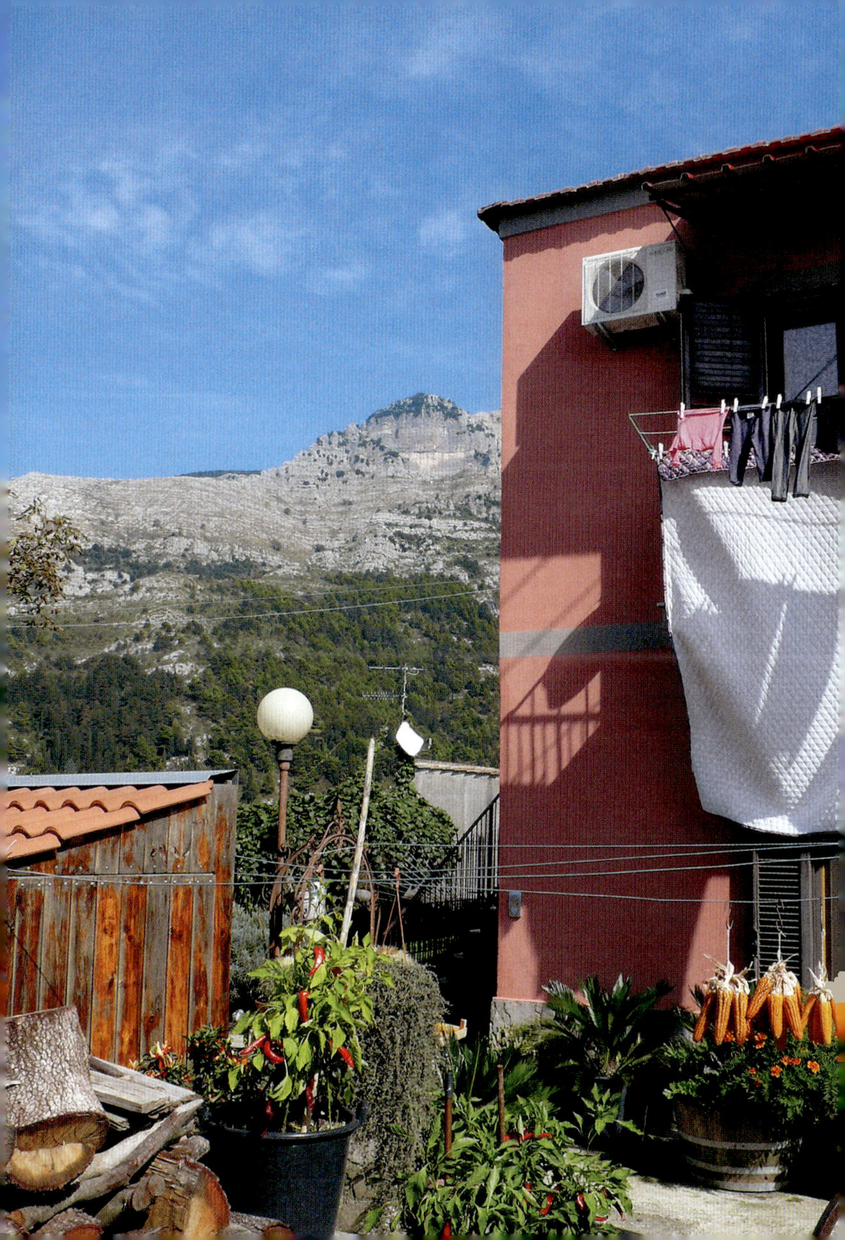

Amalfi und der Golf von Salerno

Diese Region bietet Wanderern so ziemlich alles, was das Herz begehrt: bequeme Spazierwege und anspruchsvolle Bergtouren mit mehr als 1000 m Höhendifferenz, eine wunderschöne Landschaft mit Zitronenkulturen und Weinbergen, Wäldern, kleinen Flüssen und Bergbächen, lieblichen Tälern und schroffen Felswänden. Zudem locken das Meer mit seinen Badestränden und die vielen kulturellen Kostbarkeiten.

Den längsten Sandstrand bietet **Maiori** – daher ein idealer Stützpunkt für Familien mit Kindern. Von diesem Fremdenverkehrsort erreicht man das landwirtschaftlich reiche Tramonti-Tal, den Chiunzi-Pass und die östliche Kette der Monti Lattari. Reizvoll ist auch das benachbarte Minori am Ausgang des Sambuco-Tales und ebenfalls am Meer gelegen.

Besonders viele Wanderwege beginnen in **Amalfi** mit der kleinen Schwester Atrani. Dieser größte Touristenort am Golf von Salerno blickt auf eine reiche Geschichte zurück und bietet daher kulturell sehr viel. Als in früheren Jahrhunderten bedeutender Handelshafen verfügt Amalfi zudem über ein gut erschlossenes Hinterland mit vielen ehemals bedeutenden Verbindungen in die landwirtschaftlichen Gebiete, in die Berge mit ihren Wäldern und weiter

Spektakulär in den Fels hineingebaute Häuser in Amalfi.

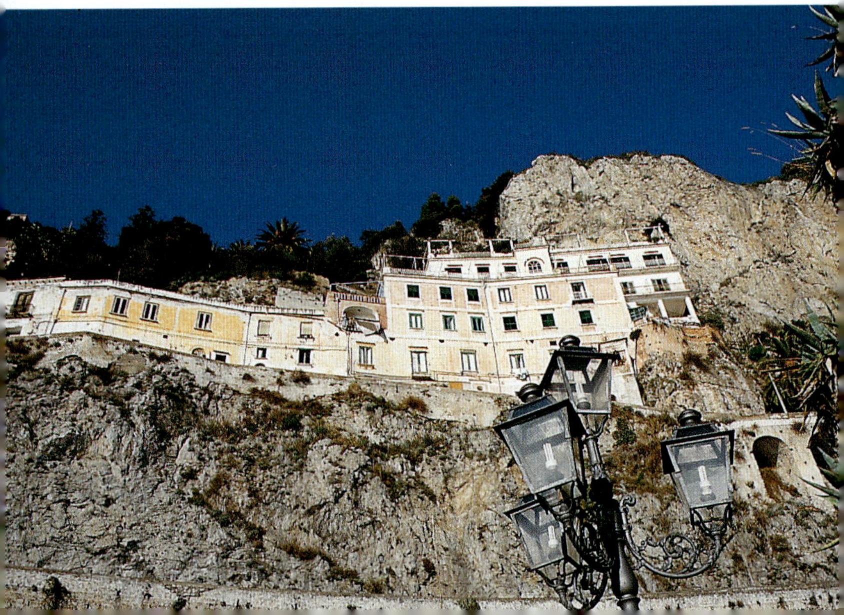

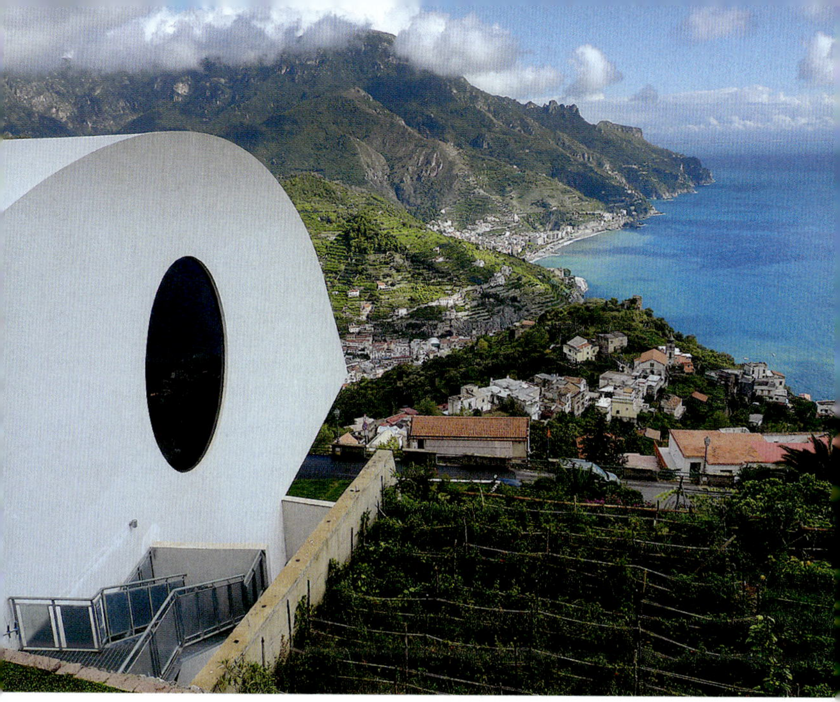

Ravellos neue Konzerthalle von Oscar Niemeyer mit Blick in den Golf von Salerno.

zu wichtigen historischen Produktionsorten, wie z. B. den zahlreichen Papiermühlen. Diese Verbindungen wurden oft für einen regen Maultier-Verkehr ausgebaut. Besonders reizvoll ist das Valle delle Ferriere, an das ausgedehnte Hochebenen anschließen. Amalfi ist auch eine Drehscheibe im Bus- und Schiffsverkehr, erlaubt also auf einfache Weise den Besuch anderer Wanderregionen wie Positano und Sorrento.

Im Hinterland von Amalfi liegen die ehemals bedeutenden Städte **Ravello** und **Scala**, zu denen ein Bus hinauffährt. Neben den vielen Baudenkmälern (insbesondere die Paläste in Ravello und der Dom in Scala) bieten diese Orte gute Startpunkte für mehr oder minder ausgedehnte Bergwanderungen.

Ganz anders präsentiert sich das auf etwa 600 m gelegene **Agerola**. Dieses ausgedehnte Hochtal ist ein landwirtschaftliches Zentrum. Von hier aus erreicht man gut den mittleren Abschnitt der Monti Lattari mit seinen besonders großen Waldgebieten.

1 Santa Maria de Olearia (Badia Catacombe)

2.30 Std.

Über Terrassengärten zu einer kunsthistorischen Kostbarkeit

Dieser Weg führt zunächst in das landwirtschaftliche Hinterland von Maiori. Die intensiv bewirtschafteten Terrassen (Wein, Zitronen, Oliven) und Reste früherer Besiedlung prägen die Landschaft. Über allem thront der Monte dell'Avvocata mit der ehemaligen Klosterkirche. Der Weg bringt schöne Ausblicke auf Maiori und die Küste bis Amalfi, später auch zum Golf von Salerno. Den Höhepunkt der Wanderung bildet schließlich das frühmittelalterliche ehemalige Kloster S. Maria de Olearia. Es ist in Felshöhlen hineingebaut und besitzt wunderschöne alte Fresken, die restauriert wurden.

Ausgangspunkt: Maiori, Seepromenade bei der Marienstatue und Mündung des Corso Reginna, 10 m. Bushaltestelle.
Endpunkt: S. Maria de Olearia, 140 m. Nächste Bushaltestelle an der Küstenstraße in 400 m Entfernung in Richtung Maiori (unterhalb des Friedhofs).
Höhenunterschied: 270 m im Aufstieg, 140 m im Abstieg.
Anforderungen: Leichte Wanderung auf alten, gut erhaltenen Treppenwegen und neueren Feldwegen. Am Schluss ein Pfad in Serpentinen hinab. An einigen Stellen Markierungen (gelb und rot-weiß).
Einkehr/Einkauf: Unterwegs nicht möglich.
Hinweis: Eine Freskenbesichtigung ist möglich: Mi und Sa 15:30–18:30 Uhr sowie So 10–13 Uhr. Auskunft bei der Comune di Maiori, Tel. +39/089/814216.

Von der Marienstatue in **Maiori (1)** aus folgen wir der Seepromenade in östlicher Richtung und biegen nach ca. 100 m links in die Via Nuova Provinciale Chiunzi. Nach ca. 150 m zweigt unser Weg bei den Resten der alten Stadtmauer halbrechts ab (Via de Iusola) und führt an einer Schule vorbei. Wir betreten nun Teile der Altstadt, gehen unter einem Haus hindurch (links schönes Kruzifix) und steigen dann rechts den gepflasterten Weg an. Nach wenigen Schritten, bei einer Wasserstelle, biegen wir links in den Treppen-

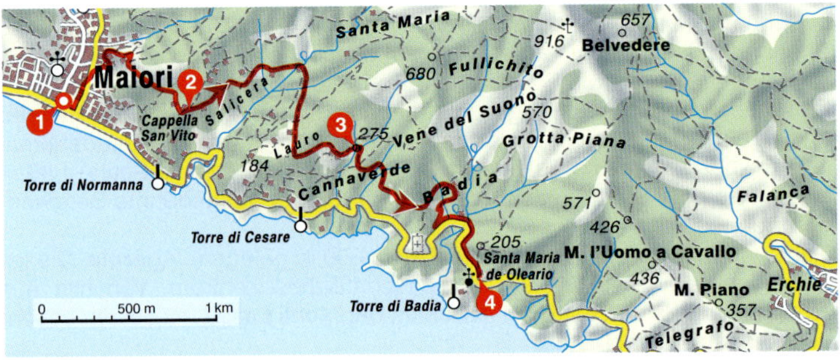

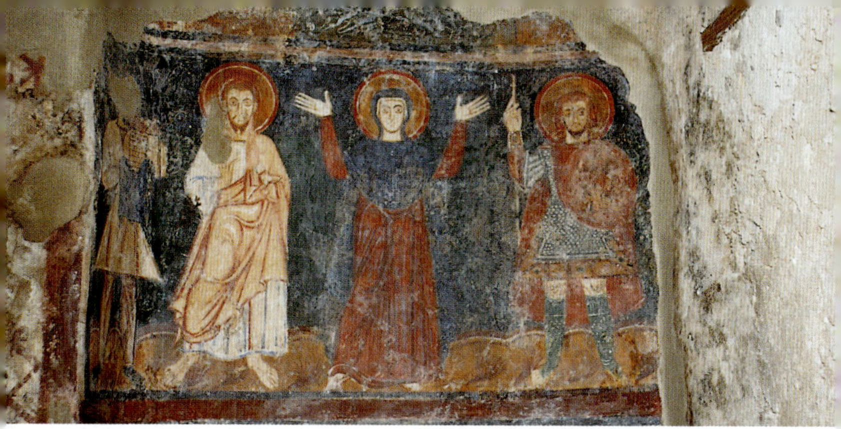

Fresko in S. M. de Olearia: betende Madonna zwischen den Heiligen Paul und Georg.

weg Via Grade dei Pezzi. Bald darauf, abermals bei einer Wasserstelle, folgen wir rechts dem Treppenweg Via S. Vito. Nach längerem Anstieg gelangen wir bei einem markant gelegenen Haus auf einen Grat. Unser Weg geht halblinks weiter. Er mündet vor der Ruine der **Cappella San Vito (2)** in eine Verzweigung mit einer links hinaufführenden Betontreppe.

Wir wandern geradeaus (Tour 2 geht hier links weiter) auf dem später betonierten Weg weiter (evtl. wird dieser Weg bald befahrbar gemacht). Bei einer merkwürdig kaminförmigen Stele mit Bild des hl. Vitus beginnt ein neues Sträßchen. Dieses führt in einen Taleinschnitt und dann aufwärts zu einem Haus mit Wasserstelle. Etwa 600 m nach dem Haus, auf dem nun wieder abwärtsgehenden Sträßchen, kommt eine Verzweigung. Hier wählen wir den Feldweg halblinks hinauf (nicht halbrechts abwärts). Wir steigen diesen an und erreichen bei einem kleinen Taleinschnitt im Gebiet mit dem Flurnamen **Lauro (3)** den höchsten Punkt der Tour.

Von dort schlängelt sich der Feldweg allmählich abwärts. Nach etwa einem Kilometer stoßen wir oberhalb des Friedhofs von Maiori nach einer linksseitigen Betonmauer auf die Häusergruppe bei **Badia**, 230 m. Vor dem ersten Haus, bei einem Linksschwenk des Feldwegs, zweigt ein Pfad halbrechts ab. Er führt uns – später in mehreren Varianten – abwärts. Rechts haltend geht es über einen Rutschhang hinweg und hinab zur Küstenstraße. Dort angelangt, wandern wir (unvermeidbar) links diese stark befahrene Straße entlang. Nach etwa 300 m erreichen wir unser Ziel, das ehemalige Kloster **S. Maria de Olearia (4)** im Gebiet Badia Catacombe.

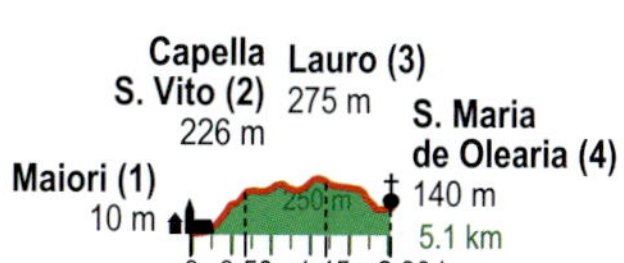

TOP 2

Santuario dell'Avvocata, 873 m, und Corpo di Cava

6.10 Std.

Bergwanderung zu zwei Klöstern mit großartiger Sicht

Von vielen Küstenorten dieser Region aus kann man die hoch gelegene ehemalige Klosteranlage Santuario dell'Avvocata, deren Kirche noch erhalten ist, sehen. Jedes Jahr am Pfingstmontag kommen die Pilger zu Fuß, auf Eseln oder gar mit dem Helikopter zu Tausenden hinauf. Von hier oben genießt man einen großartigen Rundblick u. a. in Richtung Salerno und Apennin. Wunderschön ist der Abstieg nach Corpo di Cava. Dort erwartet uns eine ausgedehnte Klosteranlage – im Mittelalter eine der reichsten und mächtigsten Abteien Italiens, die sogar über eine eigene Handelsflotte verfügte.

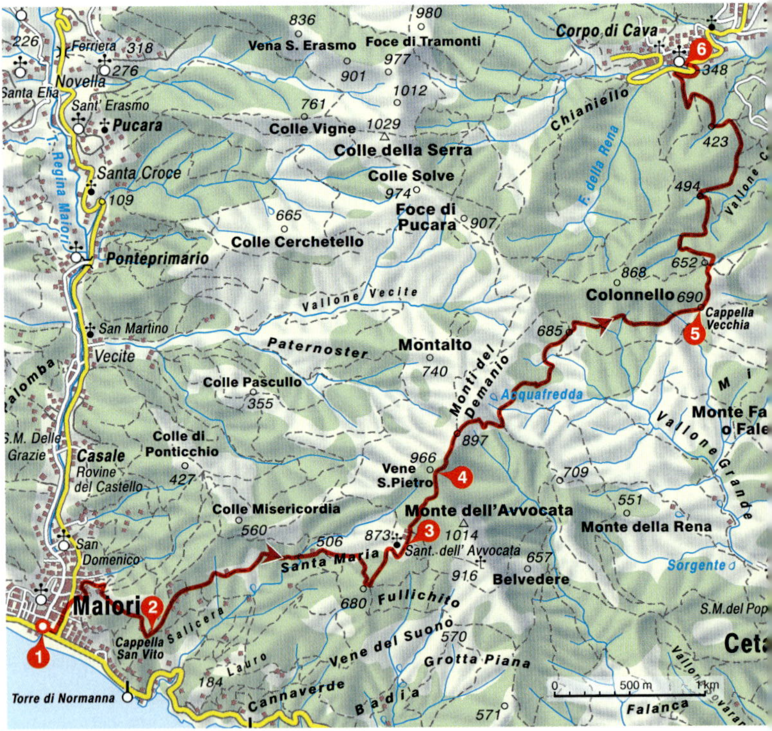

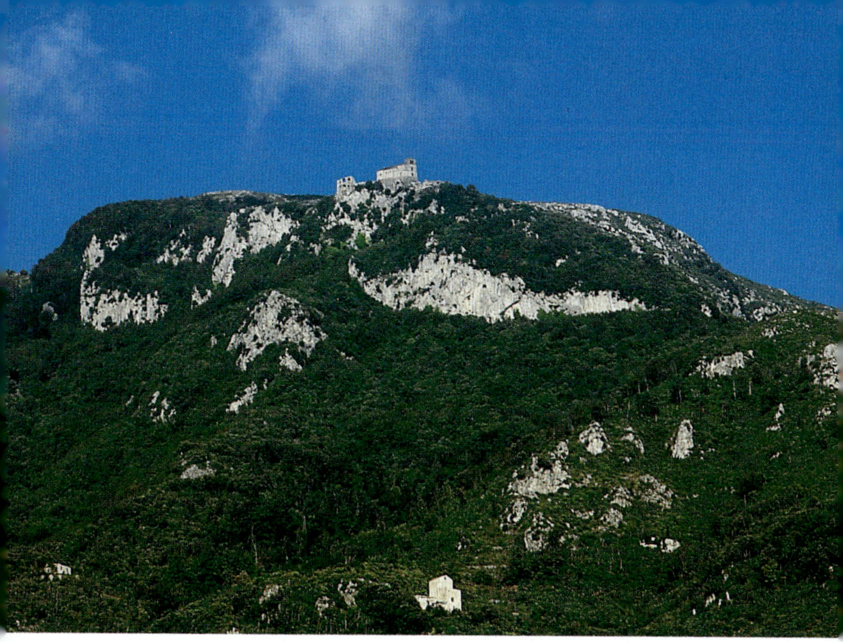

Blick hinauf zum ehemaligen Kloster Santuario dell'Avvocata in exponierter Lage.

Ausgangspunkt: Maiori, Seepromenade bei der Marienstatue und Mündung des Corso Reginna, 10 m. Bushaltestelle.
Endpunkt: Corpo di Cava, Klosteranlage, 348 m. Bushaltestelle für Fahrt nach Cava ca. 500 m die Stichstraße entlang. Von Cava Busse und Bahn nach Vietri sul Mare. Von dort aus Busse nach Maiori/Amalfi.
Höhenunterschied: 980 m im Aufstieg, 640 m im Abstieg.

Anforderungen: Zunächst alte Treppenwege, später Bergwanderung auf relativ guten Wallfahrtswegen. Weiter oben schattig. Rot-weiße Markierungen sowie Wegweiser.
Einkehr/Einkauf: Unterwegs nicht möglich.
Varianten: Rückkehr vom Santuario dell' Avvocato auf demselben Weg nach Maiori (ca. 2.00 Std).

Von der Marienstatue an der Seepromenade in **Maiori (1)** führt unser Weg entsprechend Tour 1 etwa 100 m die Seepromenade in östlicher Richtung entlang und biegt dann links in die Via Nuova Provinciale. Etwa 150 m später zweigt unser Weg halbrechts ab (Via de Iusola). Es folgen leicht ansteigend Gassen durch die Altstadt (markiert) und dann rechts der Treppenweg Via S. Vito. Nach einem längeren Anstieg und nach einem markant gelegenen Haus kommen wir vor den Ruinen der **Cappella S. Vito (2)** zu einer Verzweigung. Wir nehmen hier halblinks die Betontreppe, während sich geradeaus Tour 1 fortsetzt.

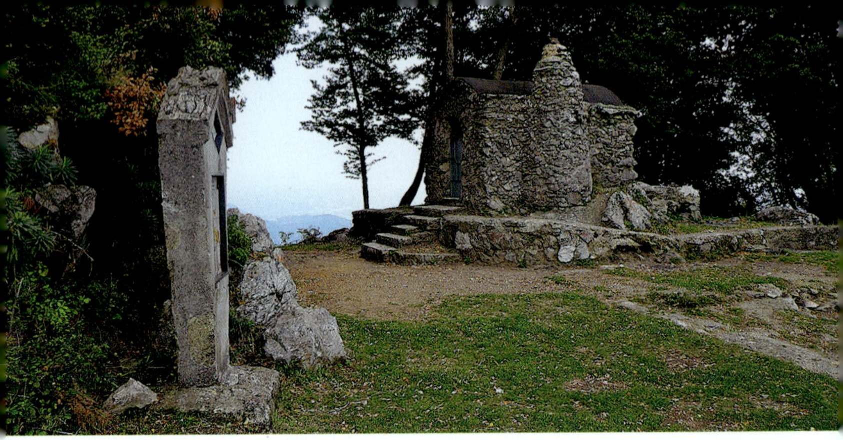

Die Cappella Vecchia am Pilgerweg zwischen Santuario dell Avvocata und Corpo di Cava.

Am Ende der Treppe geht es halbrechts zunächst eben durch Weingärten und dann einen felsigen Weg, eine Mulattiera, bergan. Weiter folgen wir den Markierungen durch das Gebiet S. Maria, überqueren einen Bach und passieren eine Marienstatue. Im Wald lädt eine Wasserstelle mit Picknickplatz zu einer Pause ein. Danach führen parallel verlaufende felsige Wege hinauf zu einem kleinen Sattel mit einer mit Farn bestandenen Lichtung. Hier nehmen wir links den markierten Weg und verlassen den Wald. Nach einer felsigen Partie aufwärts erreichen wir die Klosteranlage und Kirche **Santuario dell'Avvocata (3)**.

Von der Klosteranlage aus wenden wir uns in nördlicher Richtung auf den Bergabhang des Monte dell'Avvocata zu (rot-weiß markiert). Nach einem Anstieg in Serpentinen durch Buschwald wird der höchste Punkt der Wanderung, die **Vene S. Pietro (4)**, erreicht.

Beim Abstieg kommen wir zum Aussichtspunkt Belvedere. Es folgt nach ca. 200 m die Verzweigung vor dem Monte del Demanio, bei der wir uns halbrechts halten (halblinks geht ein markierter Höhenweg in Richtung Chiunzi-Pass weiter). Die von Wallfahrern viel benutzte Mulattiera führt uns weiter durch eine schöne Landschaft mit großartigen Blicken in den Golf von Salerno bis zur **Cappella Vecchia (5)**.

Durch Wald und etliche Taleinschnitte gelangen wir zur sehenswerten Klosteranlage **Corpo di Cava (6)**.

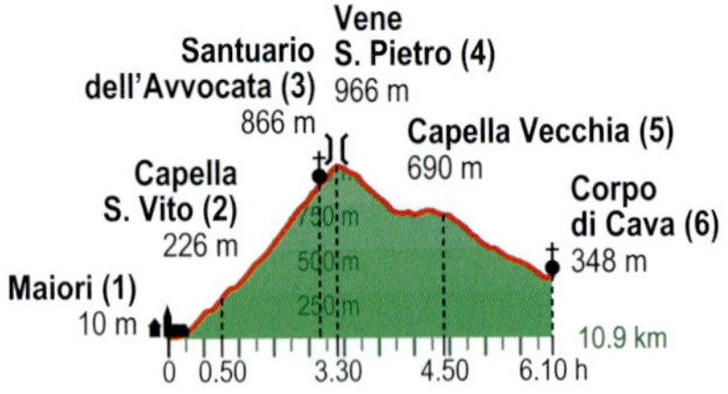

4.50 Std.

Maiori – Torre di Chiunzi, 656 m

3

Alter Passweg durch die schöne Landschaft des Tramonti-Tales

Das ca. 12 km lange, seit alters her intensiv landwirtschaftlich genutzte Tramonti-Tal mit seinen großen Dörfern und stattlichen Kirchen reicht bis hinauf zum Pass Torre di Chiunzi. Dieser besaß eine große Bedeutung, wie die Ruinen von Befestigungsanlagen erahnen lassen. Von der Passhöhe genießt man einen großartigen Blick zum Golf von Neapel, ins Tramonti-Tal und auf die Bergketten der Halbinsel.

Ausgangspunkt: Maiori, Seepromenade bei der Marienstatue und Mündung des Corso Reginna, 10 m. Bushaltestelle.
Endpunkt: Pass Torre di Chiunzi, 656 m. Bushaltestelle für Fahrten nach Maiori und Ravello.
Höhenunterschied: 680 m im Aufstieg, 30 m im Abstieg.
Anforderungen: Meist sanft ansteigende Nebenstraßen und alte Treppenwege. Vor dem Chiunzi-Pass steile und an einem kurzen Abschnitt evtl. überwachsene Pfade. Keine Markierungen, jedoch recht gut zu finden.
Einkehr/Einkauf: In den Ortschaften.

Von der Marienstatue in **Maiori (1)** nehmen wir den Corso Reginna in nördlicher Richtung und setzen den Weg nach ca. 600 m auf der linken Flussseite fort. Wir durchwandern nun ein Gebiet, das durch die Überschwemmungskatastrophe 1954 stark in Mitleidenschaft gezogen wurde, wovon noch etliche Ruinen zeugen. Bei einem Gartencenter geht es direkt vor dem Metalltor rechts auf einer Betonmauer weiter und dann auf einer asphaltierten Nebenstraße links vom Fluss aufwärts. So gelangen wir an einem Metallbaubetrieb vorbei zur gelb gestrichenen Kirche S. Maria del Principe in der ältesten Siedlung von Maiori: **Ponteprimario (2)** – also »erste Brücke«.

Unser Weg führt an der rechten Seite der Kirche vorbei und dann rechts über eine neue schmale Brücke zur Hauptstraße (Busstation). Auf dieser geht es links aufwärts. Nach gut 300 m biegen wir in einer Linkskurve noch vor der Brücke rechts auf ein ansteigendes Asphaltsträßchen ab (vom Schild »proprietà privata« nicht abhalten lassen). Nach 40 m queren wir links den Bach und steigen auf

S. Erasmo thront hoch und schon von Weitem sichtbar über dem Tramonti-Tal.

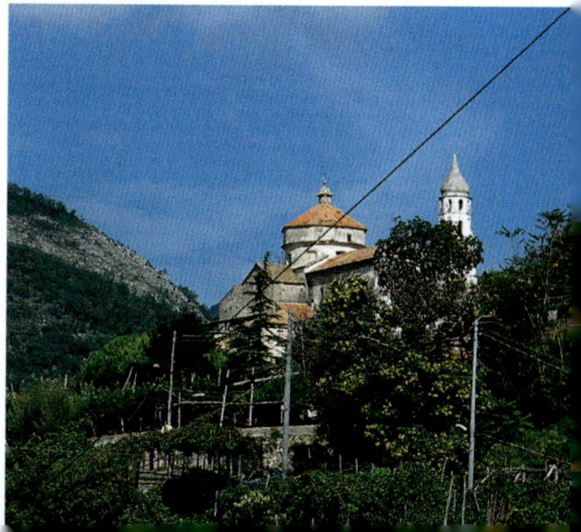

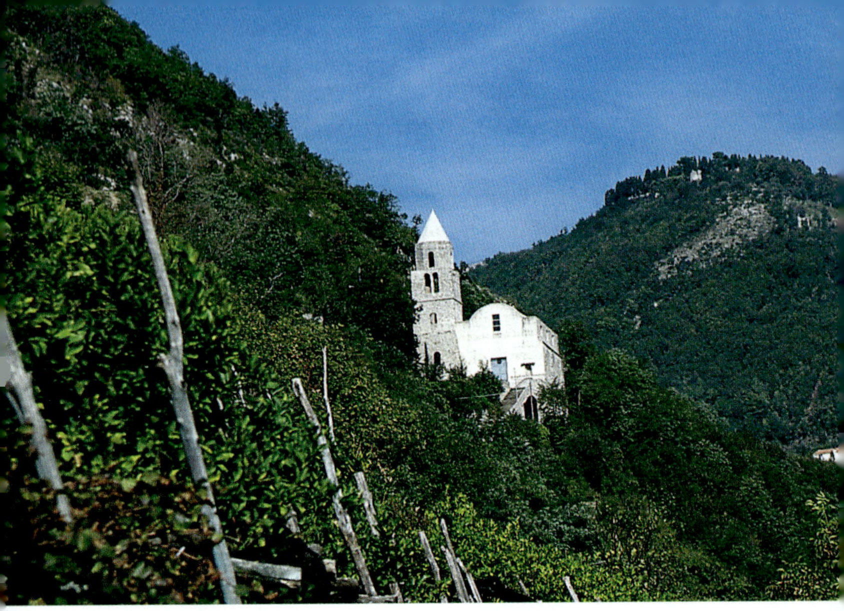

Die großartig gelegene Kirche dell'Ascensione am alten Passweg.

dem alten Treppenweg durch den Ortsteil S. Croce von Pucara an. Alsbald kommen wir an einer links eingemauerten korinthischen Säule vorbei und nähern uns der exponiert liegenden Kirche S. Erasmo. Bei einer asphaltierten Nebenstraße vor einer Natursteinmauer folgen wir dieser links abwärts. Sobald die Hauptstraße erreicht ist, gehen wir ein paar Schritte nach links und dann scharf rechts an der Wasserstelle vorbei die Straße hinab. Wir überqueren eine alte Brücke und folgen auf der anderen Talseite dem Weg am Fluss entlang aufwärts. Sobald das große ehemalige Fabrikgebäude erreicht ist, halten wir uns links und steigen nach 50 m wieder rechts an. Bei der nächsten Häusergruppe gehen wir halbrechts (nicht den Treppenweg halblinks) direkt über dem Flusstal weiter. Nun steigen wir auf einem Feldweg im Ort **Paterno (3)** zur großartig gelegenen Kirche dell'Ascensione (teils 11. Jh.) an.

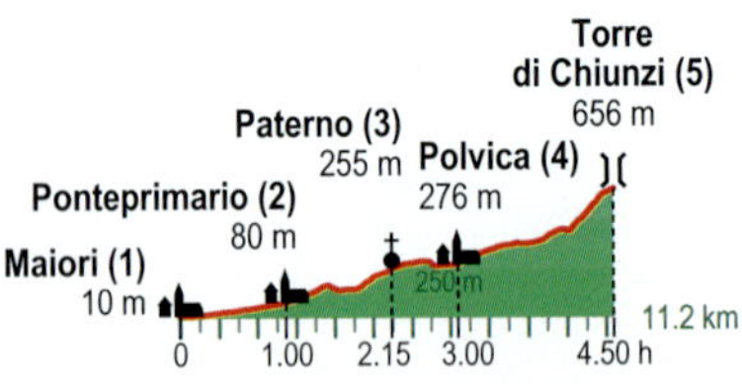

Weiter auf dem gleichen Weg kommen wir auf eine breitere, asphaltierte Straße, der wir leicht aufwärts folgen. Nach einer Kuppe mit einer linksseitigen Siedlung geht es auf der Straße wieder abwärts, später durch eine Spitzkehre rechts und dann zur Brücke über ein Flüsschen. Von dort wandern wir auf der Straße hinauf in den wie auf einem Tablett gelegenen Ort **Polvica (4)**. Wir durchqueren ihn bis zum Rathaus (»municipio«).

Mit dem Rücken zum Rathaus steigen wir die Treppe hinauf und wählen rechts die Straße auf die Kirche S. Antonio zu. Sanft ansteigend passieren wir später Häusergruppen und gelangen zum Ort **Corsano**, 386 m. Wir wandern leicht ansteigend weiter geradeaus. Knapp 2 km nach dem Ort kommt ein abfallendes Straßenstück und anschließend ein großer Wendeplatz mit einer Verzweigung mehrerer Sträßchen. Hier nehmen wir in der gleichen Richtung weiter den Treppenweg aufwärts (am Anfang evtl. schlecht zu erkennen). Nach dem Bauernhaus folgen wir in einem Linksschwenk dem alten Passweg, der auf einer kurzen Strecke überwachsen sein kann. Sobald wir einen alten Kastanienwald erreicht haben, steigen wir halbrechts meist weglos diagonal den Waldhang hinauf (der alte Passweg ist hier nicht mehr erkennbar). Wir bewegen uns immer etwa in der gleichen nord-westlichen Richtung weiter. Zwischendurch queren wir einen breiten Waldweg und erreichen weiter oben wieder den alten Passweg. Dieser setzt sich als renovierter breiter Treppenweg fort. Nach einer durch Neubauten verunzierten Partie erreichen wir die von Maiori herkommende Hauptstraße. Diese gehen wir links weiter zum Pass **Torre di Chiunzi (5)**.

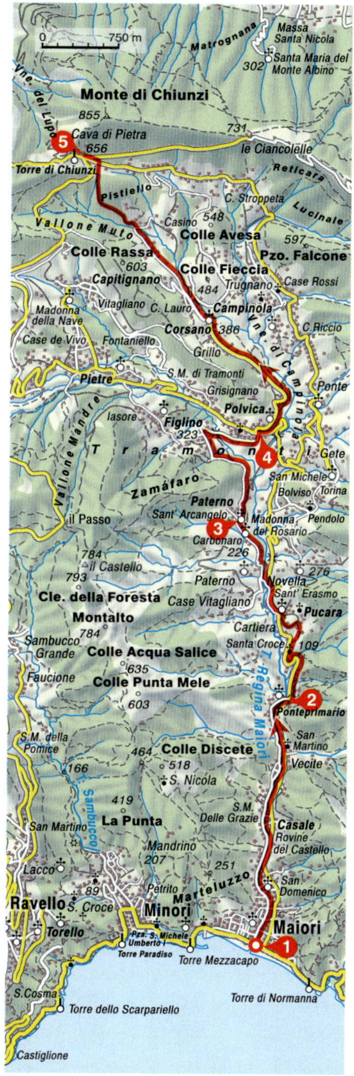

TOP

4 Maiori – Amalfi

3.30 Std.

Zwischen pittoresken Orten mit großartiger Sicht auf die Meeresküste

Die bequeme Wanderung durchquert Terrassengärten – mit Zitronen, Wein, Oliven und anderen Kulturen – über der Küste. Dabei gelangen wir auch zu einer am Fels klebenden Treppe, deren Traumblick auf eine Kirche von Atrani bereits viele Maler inspiriert hat. Von diesem eng verwinkelten Ort führt der Weg nochmals hinauf zu einem großartigen Aussichtspunkt über Amalfi.

Ausgangspunkt: Maiori, Seepromenade bei der Marienstatue und Mündung des Corso Reginna, 10 m. Bushaltestelle.
Endpunkt: Amalfi, Piazza Duomo, 10 m. Knotenpunkt der Buslinien in 150 m beim Kai der Linienschiffe.
Höhenunterschied: Je 450 m im Auf- und Abstieg.
Anforderungen: Weitgehend gut erhaltene Treppenwege, die seit alters her die Orte verbinden. Teilweise Schatten. Immer wieder Keramikschilder u. a. mit Hinweis »Ravello« und an einigen Stellen gelbe Rhomben.
Einkehr/Einkauf: In den Ortschaften.

Blick auf die Konzerthalle von Oscar Niemeyer in Ravello von Torello aus.

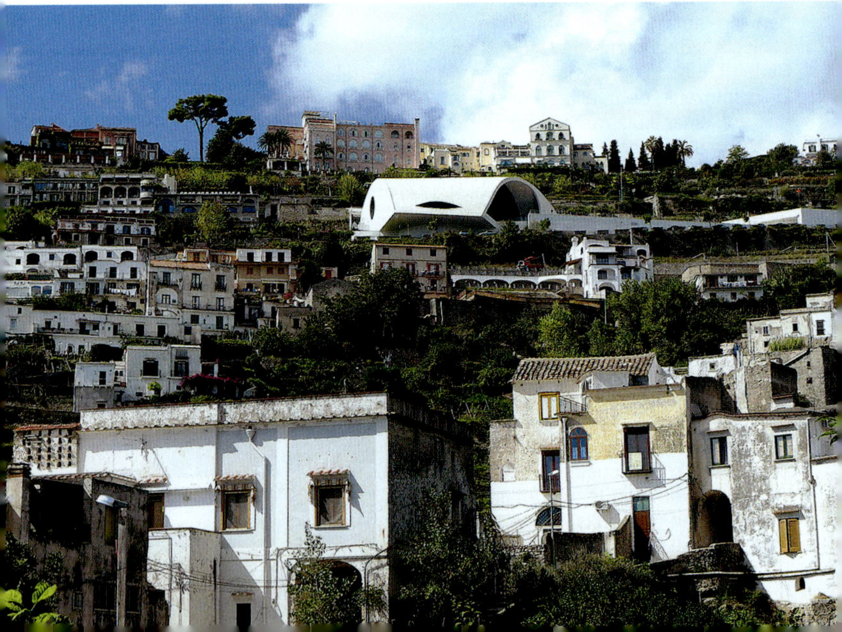

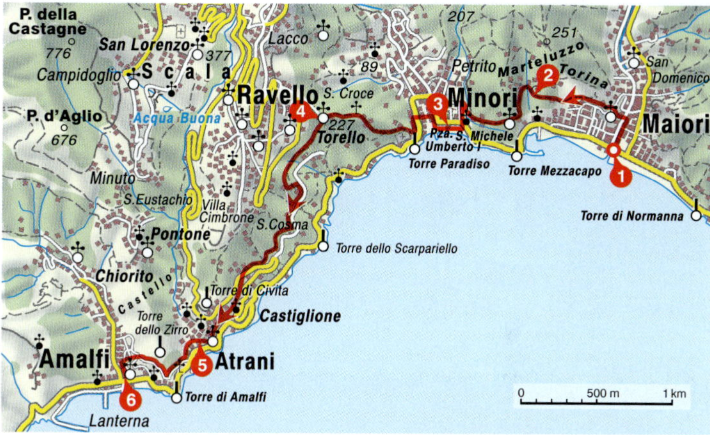

Wir folgen von der Marienstatue in **Maiori (1)** dem Corso Reginna in nördlicher Richtung. Bei einem kleinen Platz (vor dem nun offenen Flussbett) steigen wir links über den Treppenweg zur Pfarrkirche S. Maria a Mare hinauf, von der sich die Via Vena am Felshang entlang fortsetzt. Wenn Wege nach rechts abbiegen, wandern wir konsequent geradeaus, so auch beim **Abzweig S. Nicola (2)** vor einem Taleinschnitt. (Hier biegt scharf rechts Tour 5 auf einem Treppenweg ab.)

Kurz nach dem Abzweig geht es rechts in den Taleinschnitt hinein. Wieder näher bei der Küste und einer Häusergruppe kommen wir an der Kirche S. Michele (13. Jh.) vorbei und steigen später nach **Minori (3)** hinab.

Am westlichen Ende der Seepromenade folgen wir der Straße in die Rechtskurve, wählen links den Treppenweg Via S. Giovanni a Mare hinauf und landen wieder bei der Hauptstraße. Auf der anderen Straßenseite erklimmen wir beim Schild »Ravello« eine kurze, schmale Treppe, unterqueren ein Haus und nehmen dann rechts den breiten Treppenweg aufwärts. Nach dem Friedhofseingang erreichen wir eine Stichstraße, steigen auf der anderen Straßenseite über die neue Betontreppe an und folgen dem abermals breiten Treppenweg hinauf. Wir durchqueren den gewölbten Vorplatz einer Kapelle und schwenken halblinks in den aufwärtsführenden Weg. Dieser führt uns nach **Torello (4)**, zum höchsten Punkt der Wanderung (Blick hinauf auf Ravello mit dem sichtbaren, großen Konzertgebäude von Oscar Niemeyer).

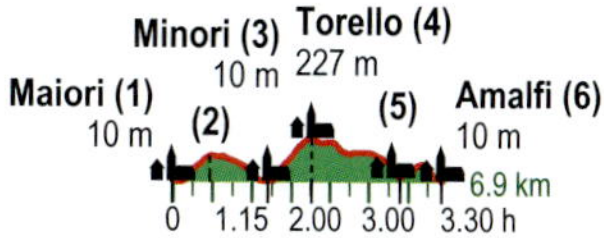

Beim Vorhof der Kirche S. Michele Arcangelo (im Kern frühes Mittelalter, mit rö-

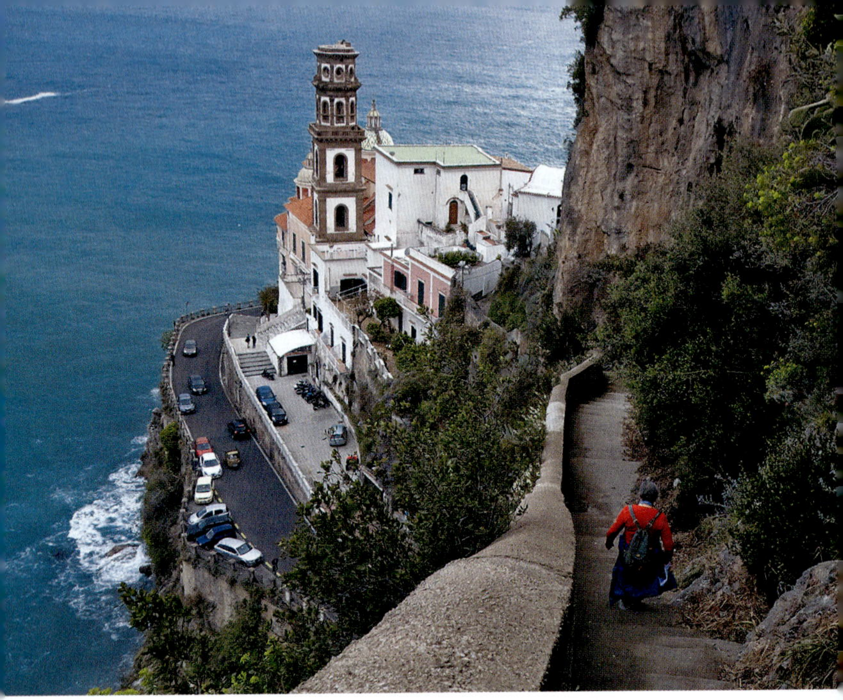

Traumblick auf die Kirche S. Maddalena in Atrani – Motiv für etliche Künstler.

mischen Säulen) wenden wir uns zunächst links der Via Torretta Marmorata (Hinweisschild »Amalfi«) zu und dann rechts der Via Vallone Casanova. Der Weg führt nun in stetem Auf und Ab, teilweise über Treppen, durch gepflegte Terrassengärten. Nach einer Partie zwischen einer Natursteinmauer (rechts) und Olivenbäumen (links) biegen wir vor einem niedrigen Haus links ab. Ein steiler Treppenweg (Via Reginola) führt uns hinab zu einer neu gebauten Straße (Via Casanova). Diese nehmen wir rechts leicht abfallend. Knapp 300 m weiter wandern wir halbrechts den Treppenweg hinauf (Hinweisschild »Ravello, Amalfi«) und folgen dann dem später fast eben verlaufenden Weg am Hang entlang. Sobald wir auf die Straße nach Ravello stoßen, geht es ca. 50 m nach rechts und dann links die Betontreppe hinab. Es folgt ein alter Weg nach **Castiglione**, 90 m. Oberhalb der verdeckt liegenden Kirche von Castiglione nehmen wir, an einer Wasserstelle vorbei, den Weg gleich wieder rechts. Dieser mündet in einen dramatisch an einer Felswand verlaufenden Treppenweg hinab zur großartig gelegenen Kirche S. Maria Maddalena. Von dort wandern wir durch die Gassen hinab zur Piazza Umberto I in **Atrani (5)**.

An der westlichen Platzseite wählen wir in den Arkaden die Passage »Via Campo«, einen schmalen Weg, der durch das Haus hindurch führt. Nun folgen wir generell in südwestlicher Richtung durch die verwinkelten Gassen den Hinweisschildern nach Amalfi und erreichen den alten Verbindungsweg über der Küstenstraße. Bevor der Hauptweg vor einem Haus mit Balkonen einige Stufen hinabführt, gehen wir rechts die Salita Capo di Croce hinauf. Kurz danach, vor einer den Weg überspannenden Terrasse, nehmen wir rechts die steile Treppe Santa S. Lorenzo del Piano hinauf zum **Cimitero di Amalfi**, ca. 90 m (großartiger Blick über die Stadt). Von dort steigen wir zunächst über Gärten den Treppenweg S. Lorenzo del Piano hinab. Dann schlängelt sich unser Weg durch die Altstadt von **Amalfi (6)**, an der Kirche Santa Maria Maggiore (10. Jh.) vorbei zur Piazza Duomo hinab.

Malerisch gelegenes Amalfi.

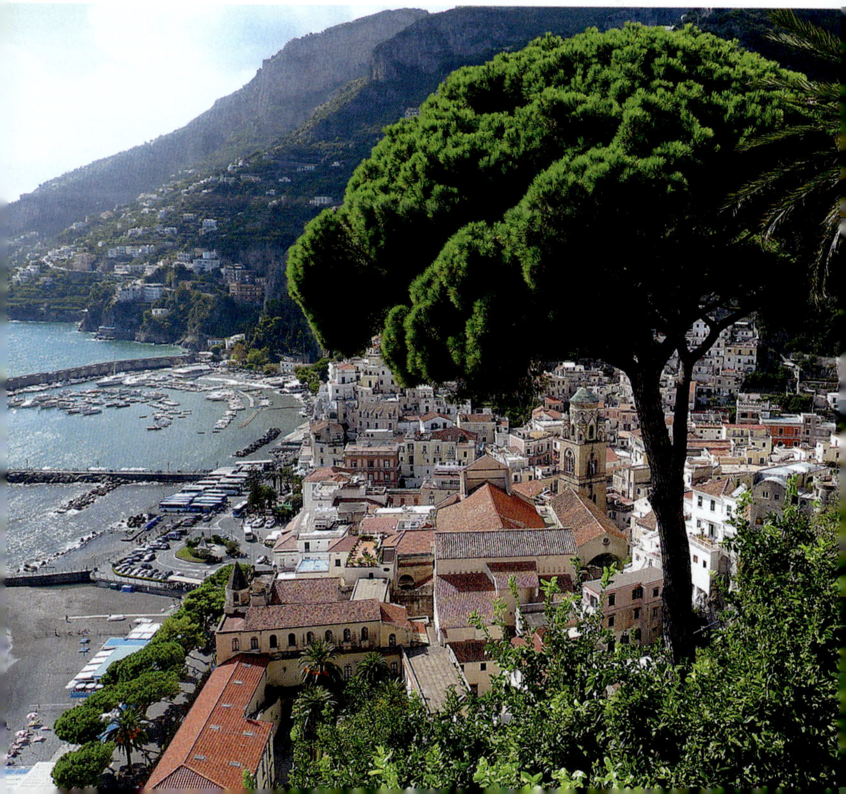

5 Maiori – San Nicola, 486 m

4.20 Std.

Zum ehemaligen Kloster mit Aussicht und durch das Sambuco-Tal

Das ehemalige Kloster San Nicola thront hoch über den Orten der Umgebung auf einem Bergrücken. Es wurde anno 1468 fertiggestellt und diente zeitweise auch zum Schutz vor Piratenüberfällen. Es wurde teilweise renoviert. Heute genießt man von hier prächtige Aussichten auf die Küstenorte sowie in das bergige, bewaldete Hinterland.

Ausgangspunkt: Maiori, Seepromenade bei der Marienstatue und Mündung des Corso Reginna, 10 m. Bushaltestelle.
Endpunkt: Minori, Seepromenade bei der Piazza Umberto, 10 m. Bushaltestelle.
Höhenunterschied: Je 560 m im Auf- und Abstieg.
Anforderungen: Bequeme Treppenwege und Pfade. Streckenweise Schatten. Kaum Markierungen, aber leicht zu finden.
Einkehr/Einkauf: Unterwegs nicht möglich.
Varianten: Hinter Sambuco kann man auch über eine Nebenstraße nach Ravello wandern (etwa gleicher Zeitbedarf). Möglich ist ebenfalls ein Start in Minori (Hinweisschilder).

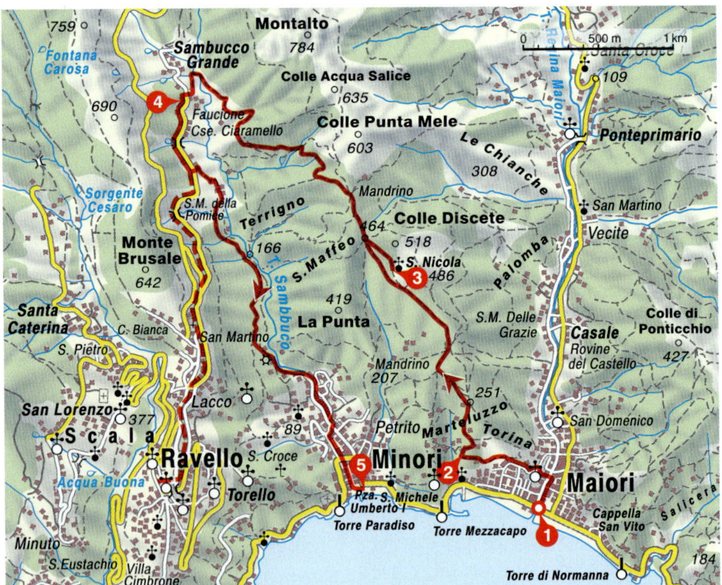

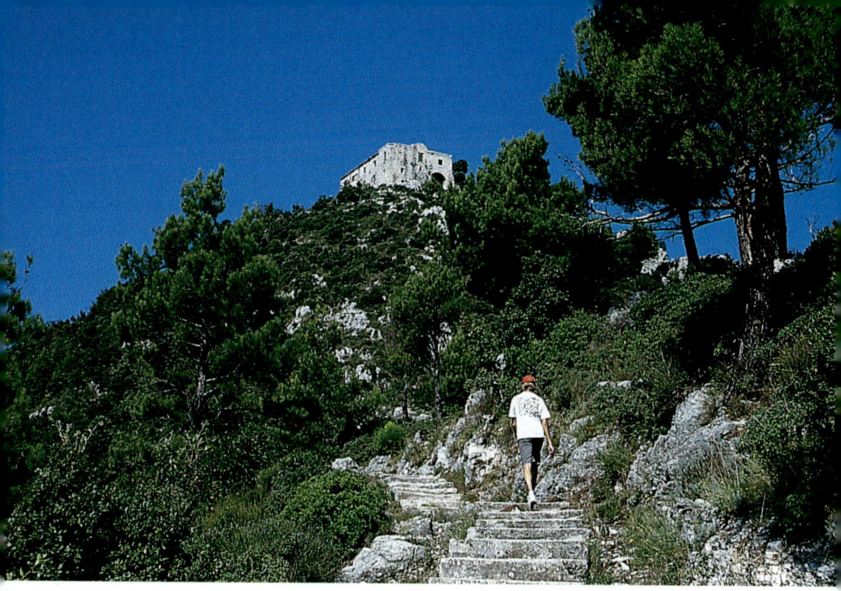

Treppenweg zum schon aus der Ferne sichtbaren Kloster S. Nicola.

Entsprechend Tour 4 folgen wir von der Marienstatue in **Maiori (1)** dem Corso Reginna in nördlicher Richtung. Bei einem kleinen Platz (vor dem nun offenen Flussbett) steigen wir links über den Treppenweg zur Pfarrkirche S. Maria a Mare hinauf, von der sich die Via Vena am Felshang entlang fortsetzt. Nach einem Haus inmitten von Gartenterrassen und noch vor dem Taleinschnitt kommt auf ca. 140 m Höhe der **Abzweig S. Nicola (2)**.
Hier verlassen wir Tour 4 und biegen scharf rechts ab. Es folgen nun teils restaurierte Treppenwege, teils Naturwege mit Stufen aufwärts. Wir steigen erst durch Terrassenfelder mit Zitronen und Oliven. Eine abzweigende Betontreppe lassen wir rechts liegen und wandern weiter durch niedrigen Wald hinauf. Der Treppenweg wandelt sich in einen Naturweg, macht einige Serpentinen und führt zu einer Verzweigung von Treppen. Wir halten uns hier leicht rechts bergauf. Das Kloster S. Nicola wird sichtbar. Weiter auf Wegen guter Qualität erreichen wir, nun durch höheren Wald, einen Sattel. Von dort führt scharf rechts der Abstecher nach **S. Nicola (3)**.
Wieder zurück am Sattel, setzen wir unsere Wanderung nach rechts mit schönen Ausblicken auf das

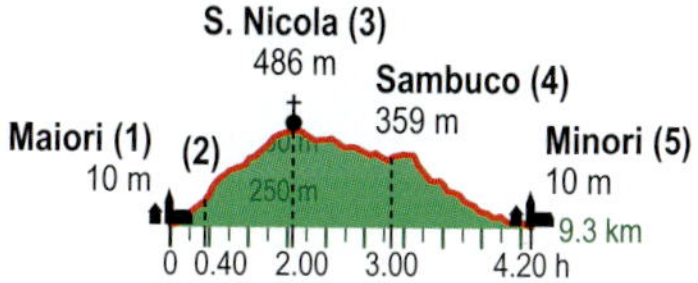

Tramonti-Tal und den Klosterberg S. Maria Avvocata fort. Bei einigen verfallenen Höfen folgen wir dem breiten Weg halblinks ins Sambuco-Tal hinab. Wir bleiben immer auf diesem Hauptweg parallel zum ansteigenden Talboden, halten uns bei einer Verzweigung links abwärts und passieren später kleine Seitentäler. Am Schluss queren wir über einen renovierten Treppenweg das Flüsschen Sambuco und erreichen die Straße durch den Ort **Sambuco (4)**.

Wir wandern die Straße talauswärts. Nach der Brücke über einen Bergbach und etwa 50 m nach einem Wendekreis für SITA-Busse (kommen selten), zweigt links ein betoniertes Sträßchen ab. Dieses geht in einen renovierten Treppenweg über. Nach einer Häusergruppe folgt weiter unten ein Pfad, der zunächst hinab- und dann zu einer Gruppe von Kastanienbäumen leicht hinaufführt. Bald danach schlängelt sich ein ebenfalls renovierter Treppenweg über dem Sambuco-Tal hinab. Fast am Talboden angelangt, kommen wir an ehemaligen großen Mühlen vorbei. Wir folgen danach auf Sträßchen dem nun kanalisierten Sambuco nach **Minori (5)** hinein. Wenn wir uns im Tal rechts halten, passieren wir auf dem Weg zur Seepromenade die Ruinen einer römischen Villa.

Eine kleine Prozession beim ehemaligen Kloster S. Nicola.

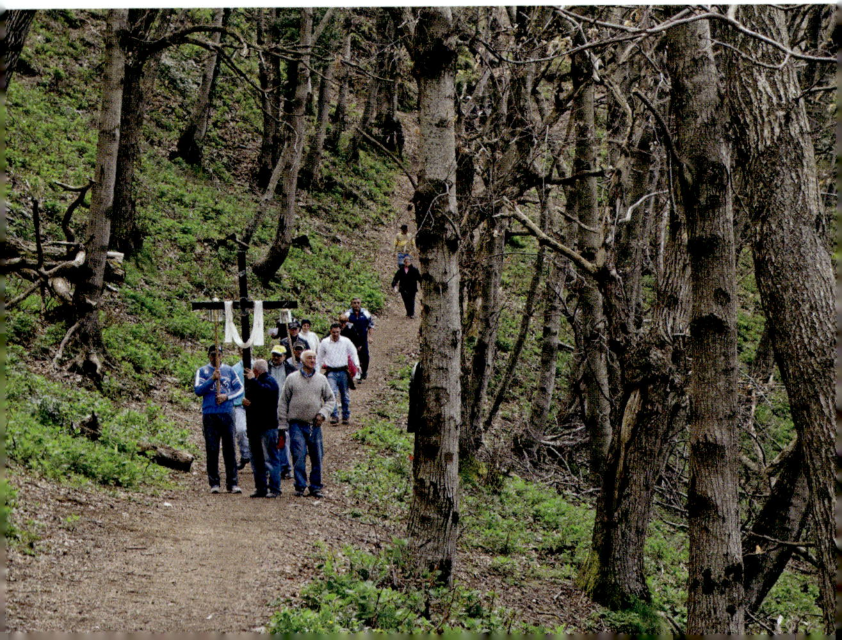

2.30 Std.

Minori – Ravello – Scala 6

Durch Terrassengärten hinauf ins malerische Ravello und nach Scala

Ravello, traumhaft auf einem Höhenrücken gelegen, ist eine geschichtsträchtige Stadt mit zahlreichen Sehenswürdigkeiten. Von dort aus geht es weiter nach Scala, einer zur Römerzeit gegründeten Stadt mit dem sehr sehenswerten ehemaligen Dom S. Lorenzo. Zudem genießt man von hier aus den schönsten Blick auf Ravello.

Ausgangspunkt: Minori, Seepromenade bei der Piazza Umberto, 10 m. Bushaltestelle.
Endpunkt: Scala, Piazza vor dem Dom S. Lorenzo. Dort Bushaltestelle für die Fahrt nach Ravello und Amalfi. Für Minori/Maiori in Castiglione an der Küstenstraße umsteigen.
Höhenunterschied: 400 m im Aufstieg, 30 m im Abstieg.
Anforderungen: Leichte Wanderung auf alten, gut erhaltenen Treppenwegen und kurzen Straßenstücken. Meist schattig. Immer wieder Hinweisschilder »Ravello«.
Einkehr/Einkauf: In den Ortschaften.
Variante: Ausgangspunkt Maiori, Route nach Minori wie Beginn Tour 4 (1.15 Std.).

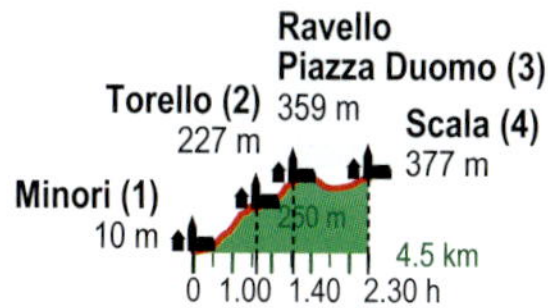

Wir starten an der Seepromenade von **Minori (1)** auf der Piazza Umberto I und biegen dort an der nördlichen Seite rechts in die schmale Via Capo di Piazza ein. Der Weg führt am Ausgrabungsfeld einer ehemaligen römischen Villa vorbei. Er überquert die Straße und setzt sich als Via S. Lucia, vorbei an der gleichnamigen Kirche mit Teilen aus dem 10. Jh., fort. Vor einem Hausdurchgang zweigen wir links in die Via Villa Amena ein, überqueren eine Brücke und bleiben dem Treppenweg bis hinauf zur Straße treu. Links schräg

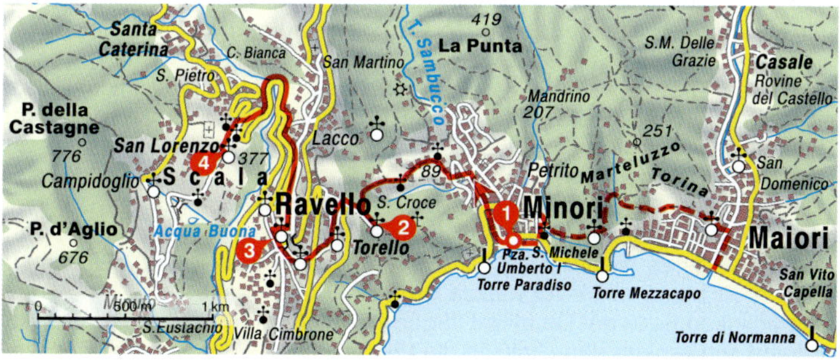

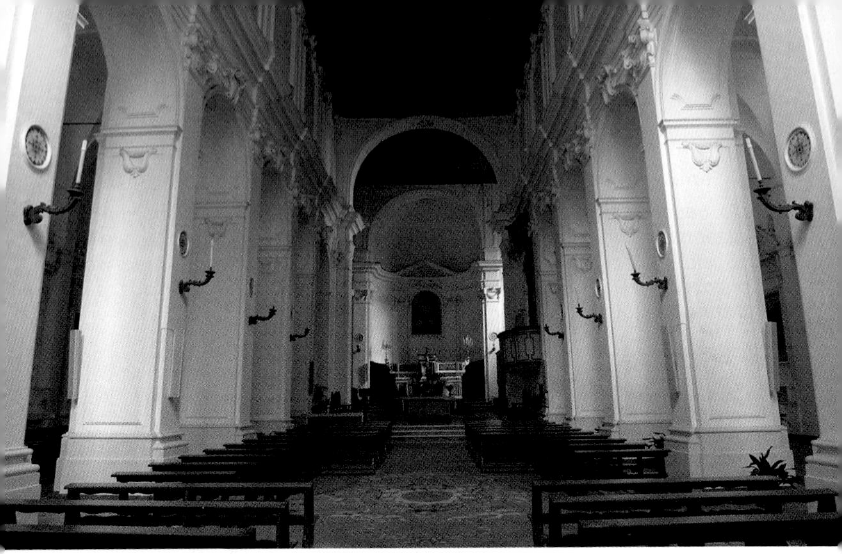

Im beeindruckenden Dom San Lorenzo in Scala.

gegenüber steigen wir die Betontreppe hoch und folgen dann dem alten Treppenweg. Auf einem Platz mit der uralten, schönen Kirche S. Gennaro (8. Jh.) und einer Wasserstelle angelangt, geht der Weg links ansteigend weiter (Keramikschild »Ravello«). Zwischen den Mauern von Wein- und Zitronengärten nehmen wir später den Treppenweg rechts aufwärts und wandern an einer links liegenden Kapelle vorbei. Wir halten uns halblinks, durchqueren schöne Terrassengärten und gelangen schließlich über eine lange Treppe hinauf zum Hauptweg durch den Ort **Torello (2)**. Links hinab geht ein Abstecher zur Kirche S. Michele Arcangelo mit römischen Säulen.
Wir wandern rechts unter einem Mauerbogen hindurch weiter hinauf, bis wir zu einer Wasserstelle und einer querenden Straße kommen. Hier zweigen wir links in den Treppenweg Via San Pietro alla Costa ab und steigen zur bereits sichtbaren Kirche S. Pietro alla Costa an. In der gewölbten Vorhalle der Kirche (frühmittelalterliche Kapitelle) wenden wir uns dem rechts abzweigenden, ansteigenden Treppenweg zu. Er kreuzt bei der Kirche S. Maria delle Grazie (12. Jh.) die Straße und führt vorbei an der Kirche SS. Annunziata (13. Jh.) mit ihren zwei versetzten Rundtürmen (siehe Titelbild). Immer geradeaus, durchqueren wir einen Tunnel unter den Gärten der Villa Ruffolo und gelangen in gleicher Richtung weiter zur **Piazza Duomo (3)** in **Ravello**.
An der linken Seite der Domfront folgen wir der breiten Viale R. Wagner hinauf und schwenken dann links in die Via S. Giovanni del Toro ein. Der Weg

führt nun an alten Patrizierhäusern (heute Nobelhotels) sowie an der Kirche S. Giovanni del Toro (11. Jh.) vorbei. Dort wandern wir halbrechts den Treppenweg und dann das gepflasterte Fahrsträßchen hinab zur **Piazza Fontana Moresca**, 355 m. Den Platz verlassen wir an der Nordwestecke auf dem Treppenweg Via Porta La Terra abwärts. Nach wenigen Schritten und einer Hausunterquerung zweigen wir links in die Via Muscettola ab. Auf der Straße angelangt, geht es diese rechts abwärts, vorbei am rechts abzweigenden Straßentunnel. Bei der nächsten Verzweigung wählen wir die Richtung Scala. Etwa 300 m nach der Straßenbrücke über den Fluss Dragone beginnt rechts ein Treppenweg, den wir, einmal die Straße querend, bis zur Via Vescovado durch Scala ansteigen. Dieser folgen wir links zum Dom S. Lorenzo in **Scala (4)** und zur Busstation.

Die Kirche S. Michele Arcangelo mit römischen Säulen in Torello.

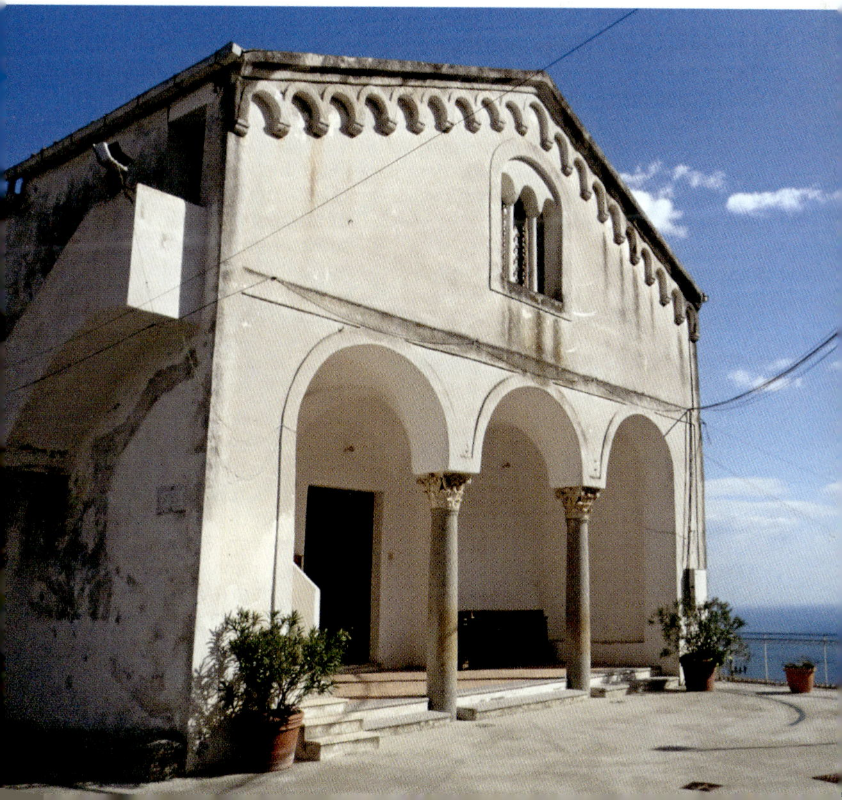

7 Ravello-Rundweg

2.10 Std.

Kirchen, Klöster, Paläste und Grotten

Dieser Rundweg bringt uns einerseits Ravello und seine kulturellen Schätze in Gestalt von Kirchen, Klöstern und Palästen näher. Andererseits genießt man auch eine schöne Landschaft und großartige Blicke auf die Küste sowie in das bergige Hinterland.

Ausgangspunkt: Ravello, Piazza Duomo, 359 m. Bushaltestelle in 150 m Entfernung (Weg durch den ehem. Straßentunnel).
Höhenunterschied: Im Auf- und Abstieg je 160 m.

Anforderungen: Route auf alten, gut unterhaltenen Treppenwegen (zweimal recht steil). Teilweise Schatten. Immer wieder Hinweisschilder.
Einkehr/Einkauf: Diverse Möglichkeiten in Ravello.

Von der **Piazza Duomo (1)** in **Ravello** starten wir in südlicher Richtung und biegen bei einer antiken Säule, eingemauert in eine Natursteinmauer, in die Via dei Rufolo ab. Wir gehen durch ein Haus hindurch, folgen halbrechts dem Treppenweg hinauf und durchqueren die Vorhalle der Klosterkirche S. Francesco. Bei einer Verzweigung wählen wir links die Via S. Chiara. Sie führt uns zur gleichnamigen Klosteranlage. Hier biegen wir rechts in den Treppenweg. Vor dem Zugang zur »Villa Cimbrone« mit ihrer großen Parkanlage nehmen wir den Treppenweg Via S. Barbara rechts abwärts (Hinweisschild »Amalfi/Minori«). Kurz darauf sehen wir rechts eine Felswand mit vielen Grotten, in die Ställe hineingebaut wurden. Weiter unten treffen wir auf einen von dort kommenden Treppenweg und folgen diesem scharf links leicht abwärts (Schild »Amalfi/Minori«). Bald geht es eben auf gepflegten Wegen durch Gartenterrassen weiter. An der Spitze des Bergrückens von Ravello folgt ein Abzweig nach Amalfi. Wir bleiben auf dem relativ ebenen Weg und erreichen bei an Felsen »klebenden«, großen, alten Häusern das **Santuario S. Cosma (2)** mit seiner modernen

Im Dom von Ravello mit seinen kunstvollen Mosaiken. Hier der Aufgang zur Predigerkanzel mit dem Jonaswunder-Mosaik.

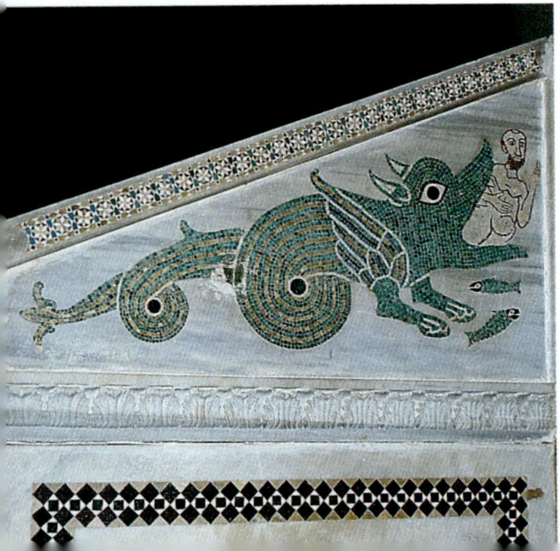

Kirche. Auf der linken Straßenseite sprudelt eine künstlerisch gestaltete Quelle.

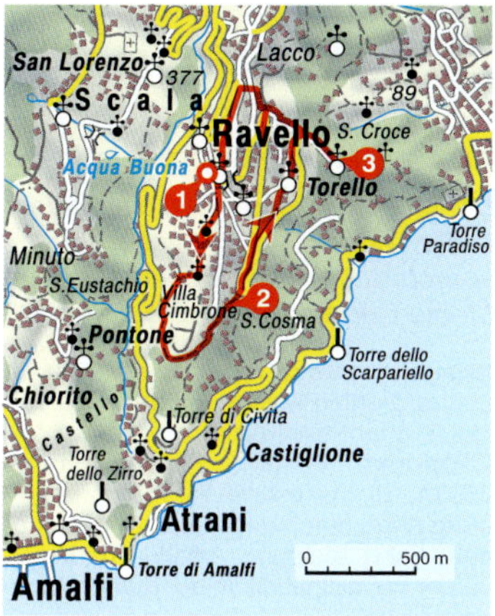

Wir folgen nun der asphaltierten Nebenstraße entlang der Felswand leicht aufwärts und nehmen nach ungefähr 100 m rechts die Treppe hinab. Eine Weile verläuft der anschließende Treppenweg auf und ab parallel zur Straße, dann führt er hinab und später zur Kirche S. Pietro alla Costa. Durch die gewölbte Vorhalle der Kirche mit ihren frühmittelalterlichen Kapitellen gehen wir jetzt geradeaus leicht abfallend weiter nach **Torello (3)**. Hier lohnt rechts ein Abstecher zur Kirche S. Michele Arcangelo mit ihren römischen Kapitellen.

Zurück an der Verzweigung mit Wasserstelle und der querenden Straße steigen wir durch ein Haus hindurch auf dem relativ steilen Treppenweg an (Schilder »Ravello«). Bei einem von links kommenden Treppenweg gehen wir rechts abermals durch ein Haus hindurch. Am Ende des steilen Anstiegs erlaubt uns eine Betontreppe einen Abstecher zur schon von Weitem sichtbaren Konzerthalle, erbaut vom weltberühmten Architekten Oscar Niemeyer.

Nach der Rückkehr zum Treppenweg folgen wir diesem weiter. Er mündet in eine scharf links hinaufführende Treppe. Wir kommen so zu einer Asphaltstraße und gehen auf dieser rechts, leicht ansteigend, weiter. Nach gut 100 m, beim Hotel Bonadies, steigen wir links den Treppenweg hinauf und erreichen in Ravello die **Piazza Fontana Moresca,** 355 m, mit der barocken Brunnenanlage. An der südlichen Seite dieses Platzes nehmen wir das gepflasterte Sträßchen Viale Gioacchino d'Anna aufwärts. Nach ca. 60 m steigen wir scharf links und dann wieder rechts den Treppenweg Via Santa Margherita an. Bei der Piazza S. Giovanni del Toro mit der gleichnamigen Kirche aus dem 11. Jh. angelangt, wandern wir geradeaus weiter. Der Weg führt nun an ehemaligen Patrizierhäusern vorbei, die heute teilweise als Nobelhotels genutzt werden. Bei einem rechts liegenden Park geht es rechts den breiten Treppenweg Viale R. Wagner zur **Piazza Duomo (1)** von **Ravello** hinab.

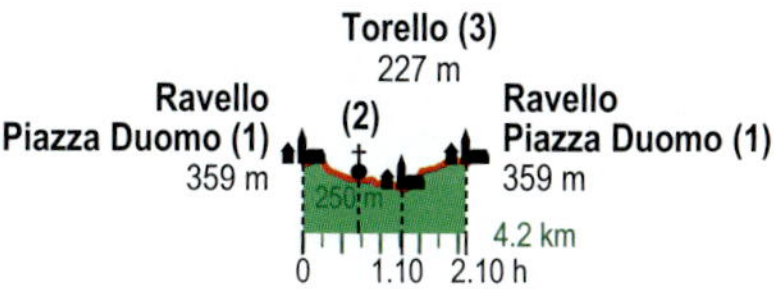

8 Monte Cerreto, 1316 m

6.30 Std.

Auf bewaldetem Grat zu einem großartigen Aussichtsberg

Der Monte Cerreto bietet eine Rundsicht (Golf von Neapel und Salerno, Bergketten des Apennin, Höhenzüge der Monti Lattari, Küstenorte). Der anspruchsvolle Weg dorthin folgt einem lang gezogenen Felsgrat. Nach dem Monte Cerreto führen angenehme Waldwege hinab nach Ravello.

Ausgangspunkt: Pass Torre di Chiunzi, 656 m. Dorthin Anfahrt mit dem Bus von Maiori oder Ravello aus.
Endpunkt: Ravello, Piazza Duomo, 359 m. Bushaltestelle in 150 m Entfernung (Weg durch den ehem. Straßentunnel). Fahrt Richtung Amalfi. Für Maiori vorher in Castiglione an der Küstenstraße umsteigen.
Höhenunterschied: 800 m im Aufstieg, 1000 m im Abstieg.
Anforderungen: An einigen Stellen Kraxelei über Felspartien erforderlich. Sonst Pfade und Waldwege. Teilweise schattig. Rot-weiße Markierungen, teilweise nur noch schwer erkennbar.
Einkehr/Einkauf: Unterwegs nicht möglich.
Variante: Aufstieg in Gegenrichtung auf bequemerem Weg von Ravello und Rückkehr auf demselben Weg (ca. 6.15 Std. hin und zurück).

Panorama vom Monte Cerreto: die Küste bei Ravello. Links der Monte dell'Avvocata.

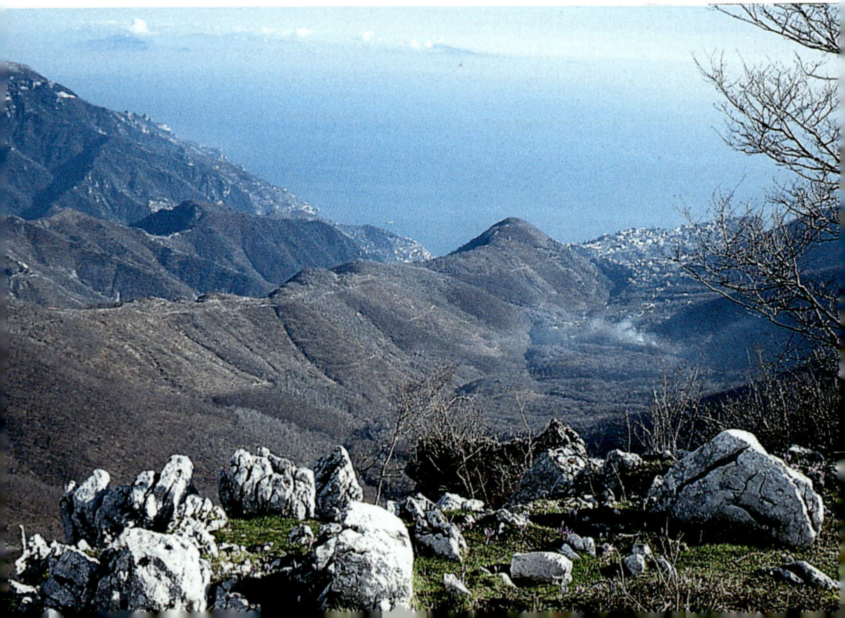

Von der Straßenkreuzung am Pass **Torre di Chiunzi (1)** folgen wir 50 m der Straße Richtung Ravello und steigen dann beim Hinweisschild »La Torre« die Stichstraße rechts an (CAI-Hinweis am Strommast). Beim Restaurant schwenken wir nach links in den Naturweg. Später geht es auf einem Sattel, 798 m, an einer rechts liegenden Ruine vorbei. Danach steigen wir durch Wald und über felsige Abhänge am blanken Felsen der **Vena S. Marco (2)** vorbei. Wir halten immer auf den bereits gut sichtbaren Monte Cerreto zu.

An der **Vena Scalandrone**, 1028 m, angelangt, muss man eine relativ steile Felspartie hinaufkraxeln. Weiter geht es über Gratwege und dann über steile Serpentinen im Wald, bis wir den Aussichtsgipfel des **Monte Cerreto (3)** erreichen.

Wir wandern in westlicher Richtung, in Teilstücken auf Tuffsand-Wegen, hinab und anschließend über einen Sattel wieder leicht an. Danach führt unser Weg in Serpentinen relativ bequem zum **Bivio Cerreto (4)**, einer Wegekreuzung an einem kleinen Pass, hinab.

Dort schwenken wir in den scharf links abzweigenden, markierten Weg. Diesen steigen wir entlang eines bewaldeten Hangs hinab. Nach einer lang gezogenen Rechtskurve oberhalb eines Taleinschnittes halten wir uns immer an den halbrechts etwas steiler hinabfüh-

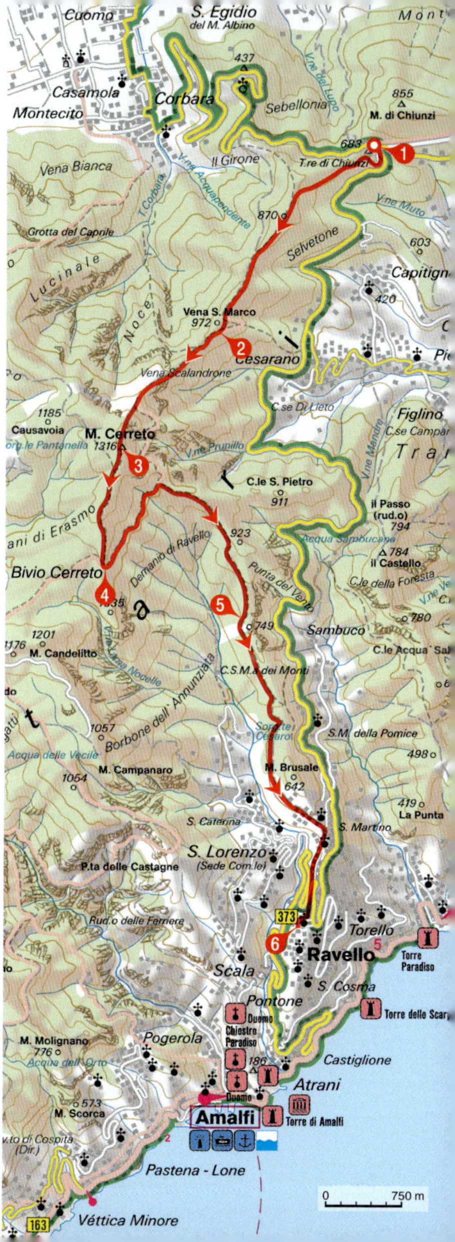

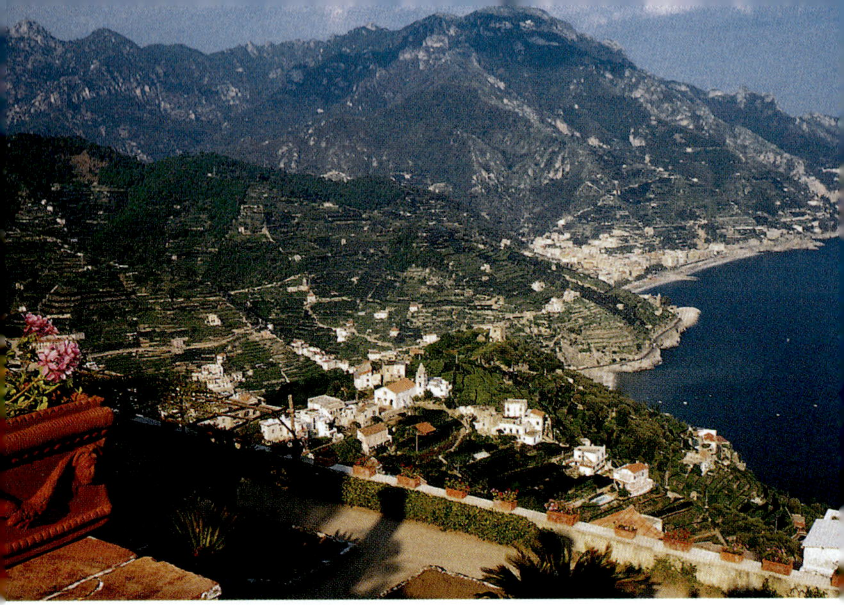

Blick von Ravello hinab auf Torello und die Küste von Maiori.

renden, gut ausgebauten Weg. (Die Erosion setzt diesem jedoch stark zu.) Weiter unten verläuft unser Weg unterhalb von einem flachen **Sattel (5)** vor dem Höhenzug Carpineto.

Wir folgen weiter dem gut erkennbaren Weg durch Kastanienhaine hinab. Es schließt sich ein steinerner Treppenweg an, der in einen breiteren Wald- und Feldweg mündet. Weiter talauswärts geht dieser in ein Sträßchen über. Bereits oberhalb von Lacco bei einem größeren Haus biegen wir rechts in einen Treppenweg. Diesem folgen wir hinab nach Lacco. Auf der lokalen Hauptachse gelangen wir nach **Ravello** zur **Piazza Fontana Moresca**, 355 m. Von dort geht es – wie bei Tour 7 – weiter zur **Piazza Duomo (6)**.

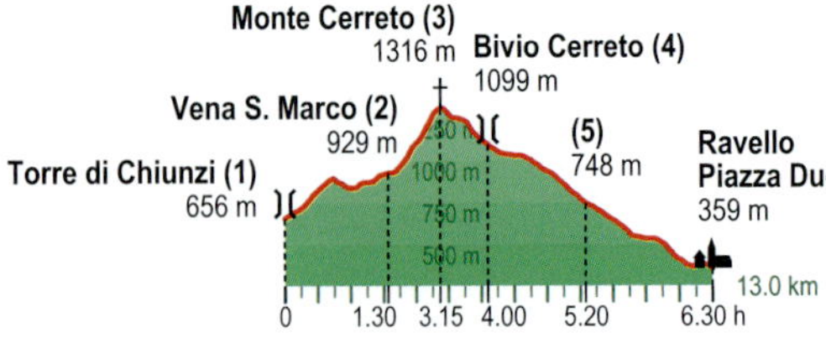

6.00 Std.

Scala – Agerola San Lazzaro

9

Durch drei markante Landschaften

Eine spannende Tageswanderung: Zunächst erlebt man das liebliche Landwirtschaftsgebiet von Scala mit großartigen Blicken auf Ravello, Amalfi und den Golf von Salerno. Der Weiterweg führt durch das Naturschutzgebiet Valle delle Ferriere mit seinem beeindruckenden Felsenzirkus, seinen Bächen und Wasserfällen. Es schließen sich ausgedehnte Waldgebiete an.

Ausgangspunkt: Scala, Piazza vor dem Dom S. Lorenzo, 377 m. Haltestelle der Busse von Amalfi/Ravello aus.
Endpunkt: Agerola S. Lazzaro, im Zentrum an der Piazza Generale Avitabile, 640 m. Haltestelle für Busse nach Amalfi und anschließend nach Ravello/Scala.
Höhenunterschied: 600 m im Aufstieg, 340 m im Abstieg.
Anforderungen: Mäßige Steigungen, zum Teil Treppenwege, zum Teil Waldwege und Pfade. Rot-weiße Markierungen.
Einkehr/Einkauf: Unterwegs nicht möglich.
Varianten: 1) Start in Amalfi und Anstieg über Tour 13 (400 m Höhenunterschied zusätzlich, 30 Min. länger). 2) Fortsetzung der Wanderung nach Amalfi über Tour 13 (1.30 Std. ab Paradiso) oder Tour 18 (ca. 2.00 Std. ab Agerola S. Lazzaro).

Auf der Piazza Municipio in **Scala (1)** gehen wir, mit dem Rücken zur Kirche S. Lorenzo, am Café Mansi vorbei und durch ein als Stützmauer dienendes Gebäude aufwärts. Nach wenigen Schritten bei einem alten Treppenweg angelangt, steigen wir auf diesem rechts zwischen Gartenmauern bequem aufwärts. Zwischendurch überqueren wir eine Straße. Nach der ehemaligen Kirche SS. Annunziata (heute Auditorium) gelangen wir über eine Treppe hinauf zu einer Straße und folgen dieser links nach **Campidoglio (2)** hinein.
Vom kleinen Sattel aus gehen wir südlich leicht abwärts. Ca. 100 m nach dem Sattel nehmen wir bei einer Straßenverengung rechts den Treppenweg »Via Acquacciola« (rot-weiße Markierung). Nach einem kurzen Anstieg wandern wir in leichtem Auf und Ab durch Gartenterrassen (Wein, Oliven etc.). (Unterwegs kreuzen wir die aufsteigende Tour 12.) Später geht es durch einen stark duftenden Nadelholzwald. Hier passieren wir eine Wasserstelle. Es folgt ein kleiner Felstunnel. Im felsigen Gebiet der **Punta d'Aglio (3)** erreichen wir eine Verzweigung. (Hier münden von links die Touren 13 und 14 ein.)
Unser Weg setzt sich in gleicher Richtung fort. Er führt in leichtem Auf und Ab durch den Felshang und folgt dabei dem Verlauf einer Wasserleitung. Vor einer linksseitigen di-

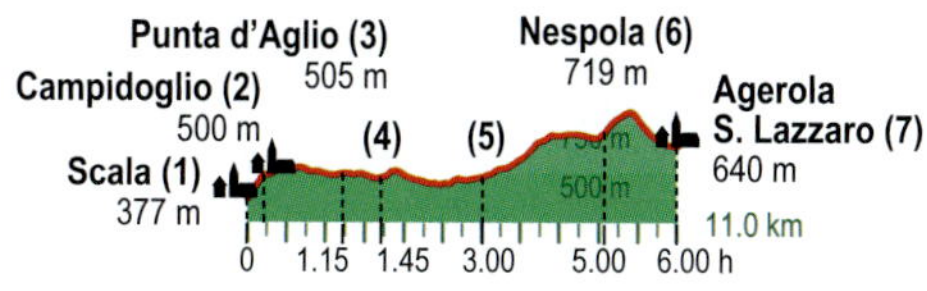

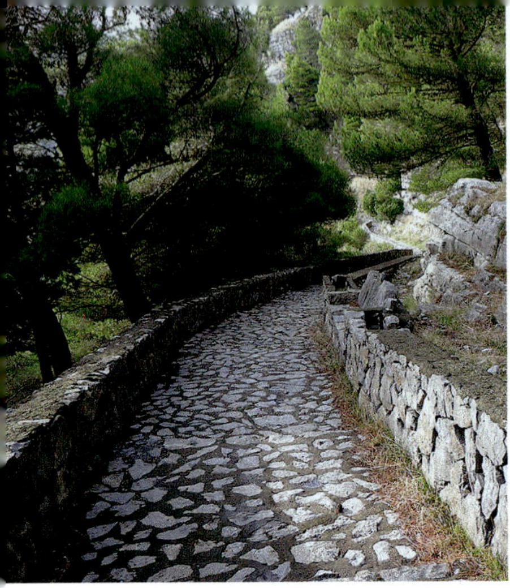

Schöner Weg durch duftenden Nadelwald vor der Punta d'Aglio.

cken Stützmauer und bei blanken Felsen auf der rechten Seite erreichen wir den Punkt **Pellagra (4)**, 485 m. (Hier zweigt rechts ansteigend der rot-weiß markierte Weg der Tour 14 Richtung Punta delle Castagne ab.)
Wir bleiben auf dem zunächst in westlicher Richtung geradeaus weiterführenden Weg. Nach gut 1 km und nach einem leichten Abstieg durch Wald stoßen wir auf die vom Bergbach Grevone durchflossene Lichtung und Talenge **Fic'a Noce**, 455 m – ein romantischer Ort. Hier springen wir links über den Bach. Danach geht es links auf Felskaskaden über dem tief eingeschnittenen Bachbett abwärts. Bald weitet sich wieder das Tal. Auf einem teils felsigen Pfad kommen wir zu einem ersten Wasserfall. Nach dem Sprung über den Bach, ein Zufluss zum Grevone, geht es aufwärts. Wenig später kommt eine Verzweigung. Unser Weg führt (mit rot-weißen Zeichen markiert) rechts aufwärts. (Hier ist man versucht, fälschlich den einladenden Weg geradeaus abwärts zu nehmen.) Unser steiler Anstieg mündet auf einer Felsnase (schöner Blick ins Tal bis nach Amalfi), von der wir abwärts zu einem zweiten Wasserfall gelangen. Nach weiteren Partien durch Busch und Wald erreichen wir, etwa 200 m nach der letzten rechtsseitigen Bruchsteinmauer und einem leichten Anstieg durch ein Kastanienwäldchen, die **Verzweigung Paradiso (5)** – rote Markierungen. (Hier führt geradeaus die Tour 13 nach Pogerola und Amalfi.)
Wir biegen halbrechts auf den rot-weiß markierten Weg ab und steigen den Pfad durch ein mit viel Farn bestandenes Gebiet an. Später, etwa 40 m nach der rechts liegenden Ruine eines ehemaligen Kalkofens, wandern wir den Pfad halbrechts aufwärts (nicht geradeaus hinab). Es folgen teilweise mit Farn bewachsene Wege diagonal durch Wald den Hang hinauf. Nach dem Überqueren eines eingeschnittenen Bachbettes machen wir einen Linksschwenk und halten auf Felswände zu. Dann, unterhalb der Felswände, geht es weiter diagonal den Hang aufwärts. So gelangen wir zu einer Wasserstelle für Maulesel etc. Von hier aus windet sich der ehemals gut ausgebaute Weg in Serpentinen zum Pass am **Monte Molignano**, 650 m, hinauf. Der alte Weg steigt noch weiter an, um auf ca. 750 m fast eben durch Buschwald zu

führen. Gut 300 m nach einem tiefer eingeschnittenen Tal mit einer Spitzkehre des Weges erreichen wir im Gebiet **Nespola (6)** eine Kreuzung mehrerer Wege.

Hier biegt ein rot-weiß markierter Weg nach rechts ab. Wir jedoch wählen geradeaus den alsbald ebenfalls rot-weiß markierten, schmäleren, auf einen Felsen hinaufführenden Pfad. Weiter oben vor dem Beginn des Buschwaldes stoßen wir auf einen Feldweg. Wir folgen diesem kurz rechts und biegen dann links ab (Schild »S. Lazzaro«). Unser Weg führt nun durch den Wald hinauf und folgt dann einer Felskante. Wieder im Buschwald passieren wir Strommasten und steigen am **Hang des Monte Murillo**, 850 m, aufwärts. Am höchsten Punkt nehmen wir geradeaus den gut erhaltenen Treppenweg abwärts. Nach ersten Gärten und Häusergruppen geht es etwa in derselben Richtung auf Nebenstraßen weiter. Unten bei einer links abbiegenden Nebenstraße lockt uns ein Schild zu einem Abstecher zum Castello Lauritano – ein großartiger Aussichtspunkt mit einigen Ruinen (ca. 30 Min. hin und zurück). Bei der Hauptstraße angelangt, halten wir uns rechts und erreichen nach etwa 100 m die Piazza Generale Avitabile, das Zentrum von **Agerola S. Lazzaro (7)**.

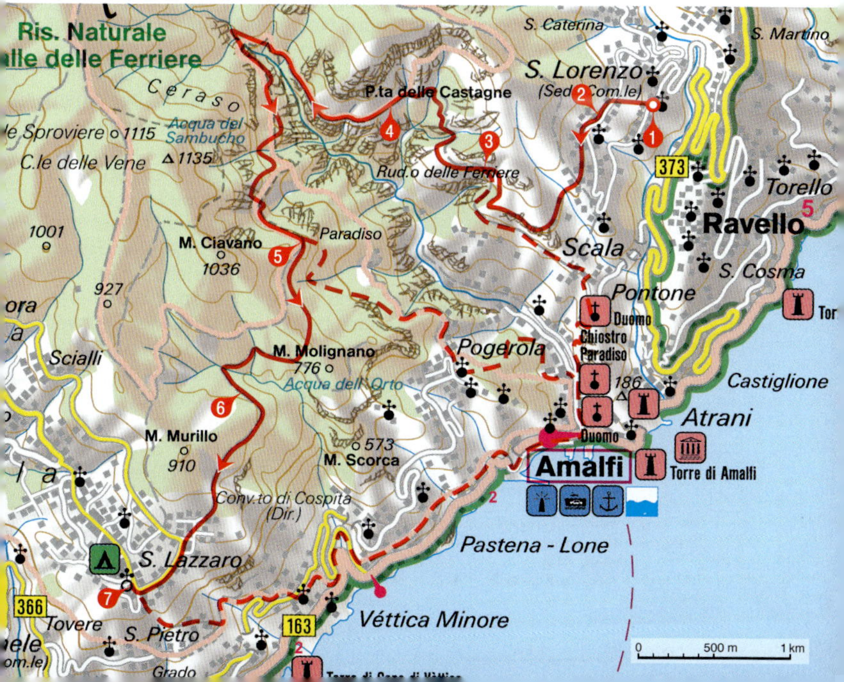

10 Amalfi – Ravello

2.00 Std.

Zwischen zwei konkurrierenden Schwestern

Amalfi und Ravello sind zwei geschichtlich und kulturhistorisch wichtige Orte, die jahrhundertelang miteinander koalierten, konkurrierten oder gar gegeneinander Krieg führten. Man sieht noch an vielen baulichen Zeugnissen (z. B. Mühlen, großen Kirchen, Palazzi), wie dicht dieses Gebiet besiedelt und wie hoch es wirtschaftlich entwickelt war.

Ausgangspunkt: Amalfi, Piazza Duomo, 10 m. Knotenpunkt von Buslinien in 150 m beim Kai der Linienschiffe.
Endpunkt: Ravello, Piazza Duomo, 359 m. Bushaltestelle in 150 m Entfernung (Weg durch den ehem. Straßentunnel) für Rückfahrt nach Amalfi.

Höhenunterschied: 450 m im Aufstieg, 100 m im Abstieg.
Anforderungen: Leichte Wanderung auf unterhaltenen alten Treppenwegen und auf Straßen. Teilweise schattig. Teils rot-weiße Markierungen und Hinweisschilder.
Einkehr/Einkauf: In Pontone möglich.

Wir gehen in **Amalfi (1)** von der Piazza Duomo aus in nördlicher Richtung die Hauptstraße Via Lorenzo di Amalfi hinauf. Nach gut 300 m, kurz nach der Piazza Spirito Santo, steigen wir rechts über den Treppenweg Salita dei Patroni an und folgen dem fast ebenen Weg Via Leone Comite Orso talaufwärts. Nach ca. 300 m, bei einem Marienbildnis und einem rechts liegenden herrschaftlichen Gebäude, steigt unser Treppenweg halbrechts durch ein Haus hindurch an. Er führt alsbald in Serpentinen hinauf und dann unter überhängenden Felsen mit bizarren Tropfsteinformen hindurch. Sobald Häuser sichtbar werden, biegen wir bei einer Verzweigung scharf rechts ab. Weiter oben unterqueren wir einen Mauerbogen. Hier mündet von rechts Tour 11 vom Torre dello Ziro ein. Nach dem Überqueren einer kleinen Straße erreichen wir in **Pontone (2)** eine schöne Terrasse mit Wasserstelle, der Kirche S. Giovanni (im Kern 12. Jh.) und der »Bar Blu«.

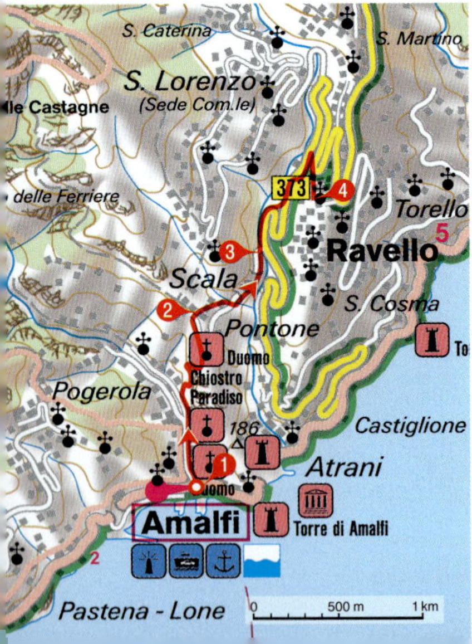

Wir gehen nun in östlicher Richtung unter dem Kirchturm hindurch und

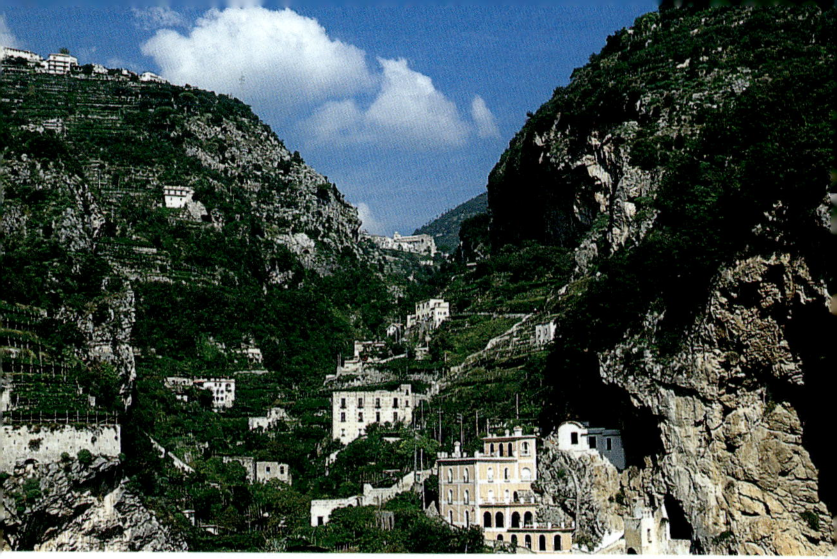

Das tief eingeschnittene Dragone-Tal, im Hintergrund oben der Ort Scala.

zweigen danach gleich links auf den Treppenweg ab. Nach dem Unterqueren von zwei Häusern bei einem halblinks ansteigenden Treppenweg nehmen wir rechts die schmälere Via dei Precci abwärts (Hinweisschild »Ravello/Amalfi«). Später folgen wir links dem mit Laternen verschönerten Fahrsträßchen. Nach zwei kurzen Tunneln ist die **Dragone-Brücke (3)** erreicht. Direkt nach der Brücke führt der Weg links an einer Werkstätte vorbei und dann unter einem Gebäude des gleichen Komplexes hindurch. Danach biegt links ein Treppenweg nach Scala ab. Wir aber steigen rechts die Betontreppe hinauf zur Straße. Hier kürzen wir die Haarnadelkurven über den alten Treppenweg ab. Danach wieder auf der Straße, folgen wir dieser gut 200 m links aufwärts und nehmen dann scharf rechts die Treppe mit Metallgeländer (leicht zu übersehen, Schild »Ravello«), welche in einen bequemen Treppenweg mündet. Abermals ca. 200 m weiter zweigen wir scharf rechts auf den erneuerten Treppenweg, später mit Schmucklaternen, ab (nicht geradeaus auf dem breiteren Weg weiter, der zur Piazza Fontana Moresca führt). In Serpentinen geht es zur Straße hinauf. Dieser folgen wir rechts an der Kirche S. Maria a Gradillo (12. Jh.) vorbei und unter den Ruinen einer weiteren Kirche hindurch zur **Piazza Duomo (4)** in **Ravello**.

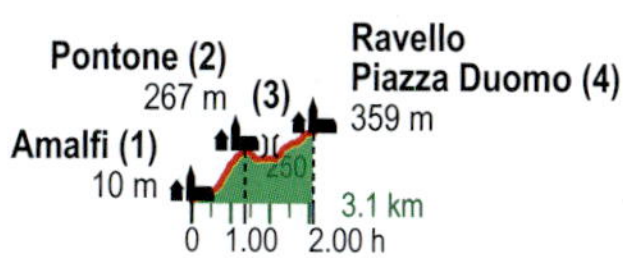

11 Amalfi – Torre dello Ziro

3.50 Std.

Panorama-Runde mit Abstecher zu mittelalterlichen Befestigungen

Diese Wanderung umrundet einen Höhenrücken zwischen Amalfi und Atrani, auf dem die Reste der mittelalterlichen Burg Scalelle mit dem markanten Turm Torre dello Ziro liegen – herrliche Aussichtspunkte mit berauschenden Blicken hinab auf das zu Füßen liegende Amalfi und Atrani. Doch begeistern nicht nur die Ausblicke, sondern auch die parkartige Landschaft auf dem Höhenrücken, der Aufstieg durch das felsige Dragonetal und der aussichtsreiche Abstieg nach Amalfi.

Ausgangspunkt: Amalfi, Piazza Duomo, 10 m. Knotenpunkt von Buslinien nahe beim Kai der Linienschiffe.
Höhenunterschied: Im Auf- und Abstieg je 420 m.
Anforderungen: Leichte Wanderung überwiegend auf alten, unterhaltenen Treppenwegen. Jeweils kurze, bequeme Anstiege. Hinweisschilder.
Einkehr/Einkauf: In Atrani und Pontone.
Variante: Aufstieg nach Pontone direkt über Tour 10.

In **Amalfi (1)** führt zunächst der Weg von der Piazza Duomo zu einem ersten Aussichtspunkt, dem Friedhof von Amalfi hinauf. Dazu nehmen wir links von der großen Freitreppe des Domes den Weg aufwärts und biegen dann links in eine Gasse hinein. Kurz vor einem lauschigen Plätzchen mit der Kirche Santa Maria Maggiore (10. Jh.) steigen wir rechts durch ein Haus hindurch über den Treppenweg Salita S. Maria de Castaldi an. Er führt geradeaus hinauf (nicht links oder rechts abbiegen) und wird teils steil und eng. Später verläuft er an größeren Gärten vorbei. Dann geht es links durch ein Haus hindurch die Salita S. Lorenzo del Piano hinauf. Der Weiterweg bis zum **Cimitero di Amalfi**, ca. 90 m, vermittelt uns großartige Blicke auf Amalfi.

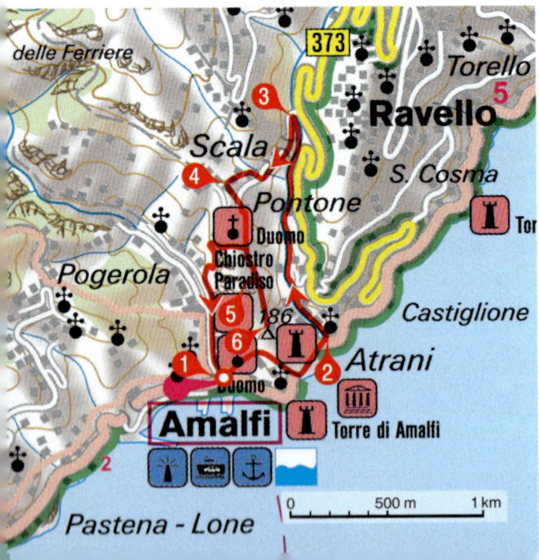

Nach diesem Genuss wandern wir weiter in gleicher Richtung wieder abwärts, später auf einer relativ steilen Treppe. Mit schönen Blicken über den Golf von Salerno steigen wir anschließend links den Treppenweg Salita Capo di Croce hinab und folgen links dem leicht abfallenden Treppenweg über der Küstenstraße nach **Atrani (2)**. Dort müssen wir uns durch das Gassengewirr hinab zur Piazza Umberto I »durchschlagen«, wobei Hinweisschilder weiterhelfen.

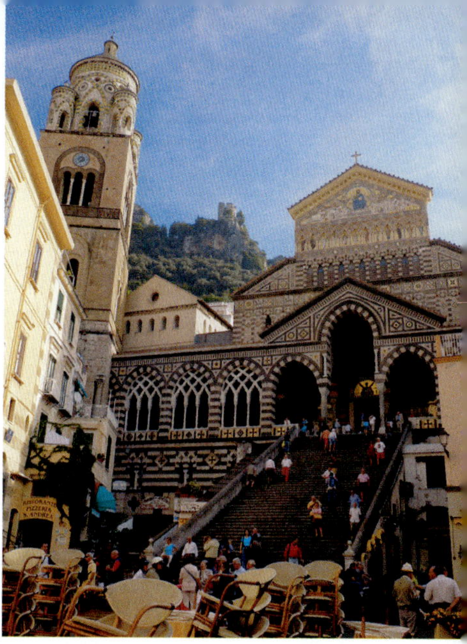

Auf der Piazza Duomo in Amalfi, im Hintergrund die Torre dello Ziro.

Von der Piazza aus wandern wir mit dem Rücken zum Meer die Via dei Dogi hinauf. Nach ca. 250 m biegt der Weg bei einer kleinen Piazza scharf nach rechts und führt beim Hinweisschild »Ravello« die schmale Treppe links hinauf. Wir steigen steil über Treppen auf eine Felswand zu an und nehmen bei einer Wasserstelle den Treppenweg links, vorbei an der Kirche Madonna del Carmine und durch ein ehemaliges Stadttor. Auf der anderen Talseite erblicken wir an den Felswänden Höhlen und Kapellen sowie die Torre dello Ziro. Später sehen wir links oben den ersten Zielort Pontone. Der Weg wird nun breiter. Weiter oben zeigt nach links ein Keramikschild einen direkten Weg nach Pontone an. Weil dieser aber immer wieder zuwächst, folgen wir besser weiterhin dem bequemen Weg aufwärts. Später treffen wir auf die Hauptstraße nach Ravello, welcher wir nach links durch die Kurve hindurch folgen. Etwa 100 m weiter zweigen wir auf die mit Laternen gesäumte Nebenstraße nach Pontone ab. Nach weiteren 200 m ist die **Dragone-Brücke (3)** erreicht (geradeaus an der Autowerkstatt vorbei setzt sich Tour 10 nach Ravello fort).

Wir folgen links der Straße aufwärts. Nach zwei kurzen Tunneln nehmen wir bei einer Rechtskurve der Straße rechts den Treppenweg hinauf. Auf diesem gelangen wir in den Ortskern von **Pontone (4)**, unterqueren rechts den Kirchturm der Kirche S. Giovanni und betreten eine schöne Terrasse mit Wasserstelle. Die Piazzetta war jahrhundertelang Kreuzungspunkt wichtiger Transport- und Handelsrouten. Oberhalb des kleinen Platzes thront die gewaltige Ruine der ehemaligen Basilika S. Eustachio.

Für den Weg zur Torre dello Ziro gehen wir wieder durch den Kirchturm hindurch und schwenken dann nach rechts. Wir

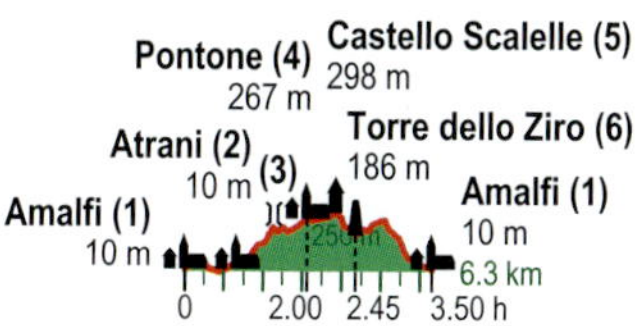

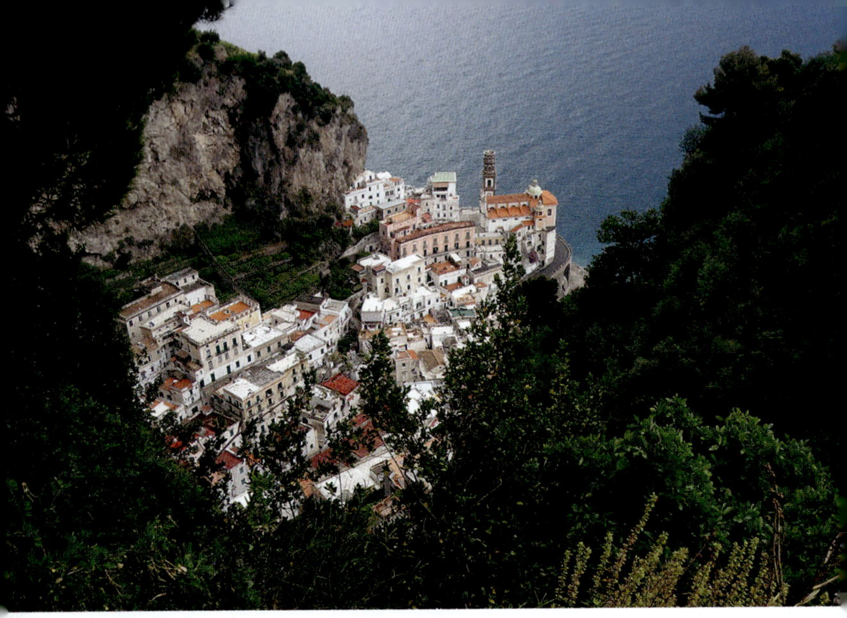

Auf dem Weg zur Torre dello Ziro: Blick hinunter auf Atrani.

überqueren diagonal ein Sträßchen und folgen dem Treppenweg unter einem weiteren Kirchturm und später unter Häusern hindurch. Bei einem links hinab abzweigenden Treppenweg gehen wir geradeaus und dann halblinks auf die Felsen zu. Am Felshang angelangt, steigen wir die betonierte Treppe hinauf und gelangen nach kurzem Auf und Ab bei einem Sattel in eine parkartige Landschaft. Hier zweigen verschiedene Wege ab, geradeaus und dann rechts kommt man zum höchsten Punkt, der ehemaligen Burg **Castello Scalelle (5)** – eine erste Aussichtskanzel.
Bei einem weiteren kleinen Sattel kann man abermals einen Abstecher zu einem großartigen Belvedere machen. Der Weiterweg führt scharf links in Serpentinen hinab und dann fast eben in Richtung Meer zur **Torre dello Ziro (6)**. Für den Rückweg nehmen wir zunächst den gleichen Weg (oder parallel verlaufende Varianten). Vor einer Felswand gehen wir geradeaus und erreichen nach einem Ab und Auf den ersten Sattel, die Treppe hinab und den Zugangsweg. Bei den ersten Häusern von Pontone steigen wir links den Treppenweg hinauf und dann wieder hinab. Nach einem steilen Abstieg erreichen wir den Treppenweg von Pontone nach Amalfi. Zeitweilig unter überhängenden Felsen mit bizarren Tropfsteinformen vorbei erreichen wir wieder das Zentrum von **Amalfi (1)**.

6.40 Std.

Casa Santa Maria dei Monti, 1039 m 12

Durchs Hinterland auf Wegen der Schäfer und Waldarbeiter

Auf diesem abwechslungsreichen Wanderweg begegnen wir nicht nur einigen kulturhistorischen Kostbarkeiten, er vermittelt uns auch einen Einblick in das bergige, von Hirten und Waldbauern geprägte Hinterland Amalfis und Ravellos. Zudem genießen wir großartige Blicke auf Ravello, wilde Bergketten sowie den Golf von Salerno.

Ausgangspunkt: Amalfi, Piazza Duomo, 10 m. Knotenpunkt von Buslinien nahe beim Kai der Linienschiffe.
Endpunkt: Ravello, Piazza Duomo, 359 m. Bushaltestelle in 150 m Entfernung (Weg durch den ehem. Straßentunnel) für Rückfahrt nach Amalfi.
Höhenunterschied: 1080 m im Aufstieg, 730 m im Abstieg.
Anforderungen: Meist restaurierte Treppen- und Waldwege, allerdings stellenweise durch Erosion beschädigt. Überwiegend schattig. Teils rot-weiß markierte Wege.
Einkehr/Einkauf: Unterwegs in Pontone und Campidoglio.
Variante: Tourenstart in Scala, Kirche San Lorenzo, 377 m, Anmarsch über Tour 9 (Einsparung ca. 1.00 Std.).

Von der Piazza Duomo in **Amalfi (1)** aus folgen wir zunächst Tour 10 bis zur Terrasse von **Pontone (2)** mit der »Bar Blu« und Wasserstelle.
Von dort aus wandern wir, mit dem Rücken zum Kircheneingang, den Treppenweg hinauf (Hinweisschild »Minuta, Scala«). Er führt durch die schöne, kreuzgewölbte Vorhalle der Kirche S. Filippo Neri (12. Jh.) hindurch. Weiter ansteigend sehen wir links die Ruine der ehemals sehr großen Basilika S. Eustachio (12. Jh., Abstecher lohnt sich). Nach einem kleinen Taleinschnitt führt uns der Treppenweg hinauf zur großen, schon länger sichtbaren Kirche S. Maria Annunziata (11. Jh) in **Minuta (3)**. Die frühmittelalterliche Kirche bietet sehr schöne Fresken in der Eingangshalle und in der Krypta sowie einen eindrucksvollen Innenraum.
Vom Vorplatz mit dem Brunnen und einer markanten Säule geht es die breite Treppe hinauf. Vor der Haarnadelkurve der asphaltierten Straße biegen wir links in den Treppenweg »Via Ficuciello«. Es folgt ein Aufstieg von etwa 100 Höhenmetern durch ein Gebiet mit vereinzelten Häusern und Gartenterrassen. Dann kreuzen wir bei einem Bauernhof die von Campidoglio herkommende Route der Tour 9. Wir nehmen am Anfang die Treppe. Später gelangen wir auf eine alte Mulattiera und erreichen bei einem flachen

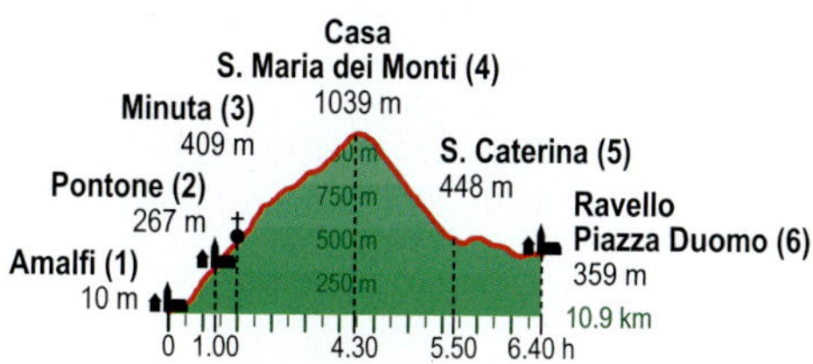

Felsrücken mit einem markanten, einzeln stehenden Baum eine Verzweigung von CAI-Wegen. Links könnte man zur Punta delle Castagne gehen. Wir aber folgen weiter dem in nordwestlicher Richtung leicht ansteigenden alten Treppenweg (rot-weiß markiert) und queren ein Waldgebiet. Nach einer steileren Partie zweigt am Punkt **Il Castello**, 820 m, links ein CAI-Weg ab, auf dem man Tour 14 erreichen könnte. Unsere Route jedoch führt weiter geradeaus in eine Felsschlucht hinein. Auf gut ausgebauten Wegen steigen wir dort in Serpentinen an Felswänden hinauf. Oben stoßen wir auf eine Verzweigung und wandern rechts den zunächst ebenen Naturweg weiter. Nach einem nochmaligen Anstieg erreichen wir die **Casa S. Maria dei Monti (4)**. Dieses früher von einem Einsiedler und später von Bauern bewohnte Haus dient heute als Clubhütte. Hier schließt die Hochebene Piano del Ceraso mit Weiden und ausgedehnten Wäldern an.

Von der Hütte aus wählen wir von mehreren Möglichkeiten den Weg in südlicher Richtung und gehen auf einen bald sichtbaren kleinen Sattel mit einer links davon stehenden Marienstatue zu. Von dort folgen wir der alten, markierten Mulattiera abwärts. Diese wurde zwar vor nicht langer Zeit restauriert, doch von Mauleseln und Unwettern stark in Mitleidenschaft gezogen. Nach einem längeren Abstieg, meist durch Wald, kommen wir bei einer kleinen Lichtung vor einen steinernen Schuppen. Hier schwenkt der Treppenweg nach links und ist danach in kurzen Partien stark überwachsen. Am Rande von Weingärten und Kastanienhainen gelangen wir zu einer Stichstraße, die hinab zu einer querenden Straße führt. Von dieser zweigt nach wenigen Schritten links ein betonierter Treppenweg ab und leitet uns über eine Brücke. Vor uns sehen wir die Kirche **S. Caterina (5)**.

Vor dem Torhaus der ehemaligen Befestigungsanlage nehmen wir links die Via Scorsa über die Brücke (keine Markierung mehr) und passieren einen Bauernhof. Der gut ausgebaute Weg führt hinab zum Dragone-Bachbett. Auf der anderen Uferseite beginnt ein Treppenweg, der nach wenigen Metern nach links schwenkt und in einen Waldweg mündet. Nach 50 m im 2013 abgeholzten Wald zweigt rechts ein Pfad ab. Diesem folgen wir in einem Rechtsbogen hinauf. Der alsbald breiter werdende Weg mündet bei einem ehemaligen Kalkofen in einen

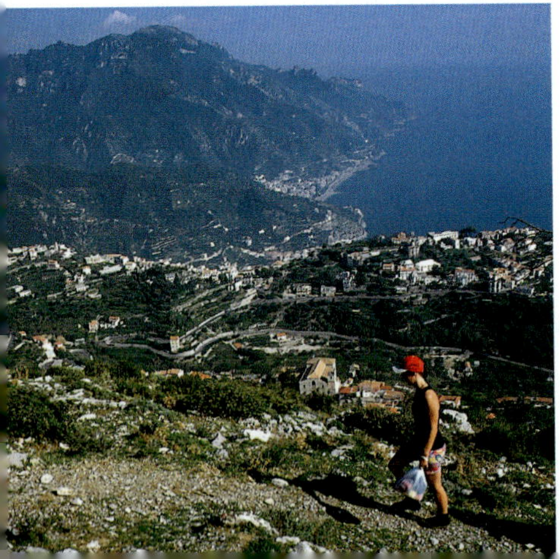

Aufstieg zur Casa Santa Maria dei Monti mit Blick auf Ravello.

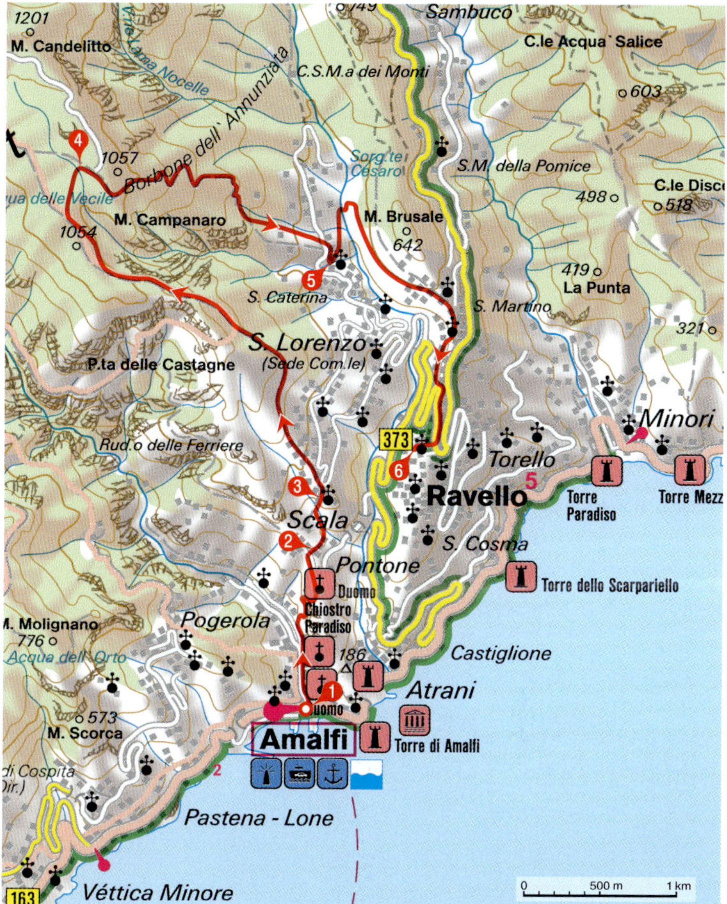

größeren, teilweise restaurierten alten Verbindungsweg. Wir folgen diesem oberhalb der tief eingeschnittenen Dragone-Schlucht, später auf Asphalt, bis zur Piazza Andrea Mansi in Lacco. Der Weiterweg führt durch ein Tor in der ehemaligen Stadtmauer zur **Piazza Fontana Moresca**, 365 m, in **Ravello**. Von dort geht es – wie bei Tour 7 – zur **Piazza Duomo (6)**.

13 Valle delle Ferriere

5.30 Std.

Durch ein Naturschutzgebiet mit Wasserfällen, Wäldern und Felsen

Diese Wanderung beschert großartige Blicke auf den Felsenzirkus des Valle delle Ferriere, ins Mühlental und auf Amalfi. Sie führt an Felsabhängen entlang (ungefährlich), durchquert Waldgebiete, kommt an die Wasserquellen der Region, passiert Wasserfälle und geht durch Terrassengärten. Angesichts der Schönheit und Vielfalt dieser Landschaft sowie ihrer reichen Flora wurde das Valle delle Ferriere als Landschaftsschutzgebiet (riserva integrale) ausgewiesen.

Ausgangspunkt: Amalfi, Piazza Duomo,10 m. Knotenpunkt von Buslinien nahe beim Kai der Linienschiffe.

Höhenunterschied: Im Auf- und Abstieg je 600 m.

Anforderungen: Relativ bequemer An- und Abstieg, überwiegend auf ehemaligen Treppenwegen und guten Pfaden. Teils schattig. Rot-weiße CAI-Markierungen.

Einkehr/Einkauf: Unterwegs in Pontone und Pogerola möglich.

Varianten: 1) Tourenstart in Scala, Kirche San Lorenzo, 377 m, Anmarsch über Tour 9 bis Punta d'Aglio (Zeiteinsparung 30 Min.). 2) Fortsetzung der Tour ab Verzweigung Paradiso entsprechend Tour 9 nach Agerola San Lazzaro (zusätzlich 1.30 Std.).

Gegenverkehr auf engen Treppenwegen beim Aufstieg ins Valle delle Ferriere.

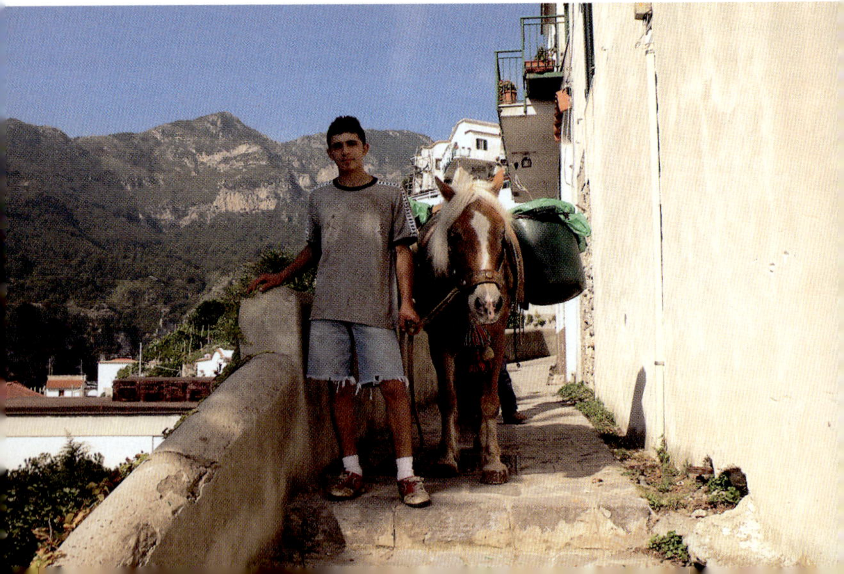

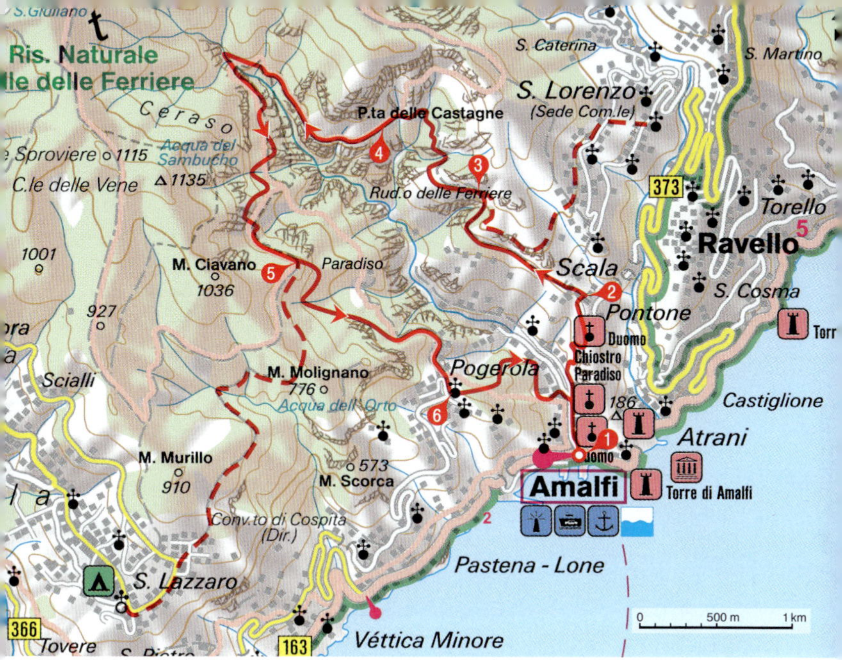

Von der Piazza Duomo in **Amalfi (1)** gehen wir – wie bei Tour 10 – in nördlicher Richtung die Via Lorenzo di Amalfi hinauf. Nach gut 300 m, kurz nach der Piazza Spirito Santo, steigen wir rechts über den Treppenweg Salita dei Patroni an und folgen dem fast ebenen Weg Via Leone Comite Orso talaufwärts. Nach ca. 300 m, bei einem Marienbildnis, steigt unser Treppenweg halbrechts durch ein Haus hindurch an, führt alsbald in Serpentinen hinauf und dann unter überhängenden Felsen hindurch. Sobald in Laufrichtung Häuser sichtbar werden, biegen wir bei einer Verzweigung scharf rechts ab. Weiter geht es teilweise auf steilen Treppen hinauf. Wir überqueren eine kleine Straße und erreichen die Terrasse in **Pontone (2)** mit der »Bar Blu«.

Von der Terrasse in Pontone aus gehen wir, mit dem Rücken zur Bar, in nordwestlicher Richtung den Treppenweg hinauf. Nach ca. 100 m und einer kleinen Wasserstelle folgen wir dem Treppenweg Via Santo Janni entlang des Hauses rechts hinauf. Sobald wir ein Gebäude unterquert haben, geht es links haltend die Via Torella kurz bergab und wieder bergan.

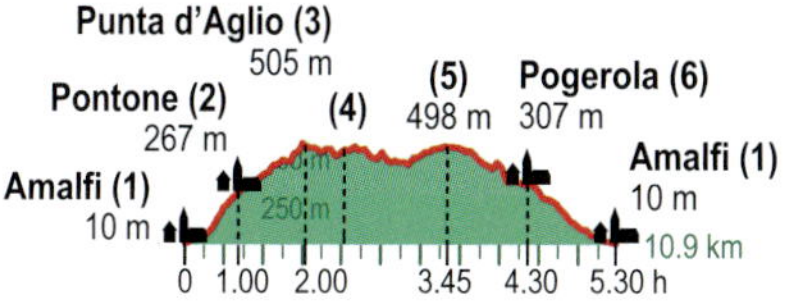

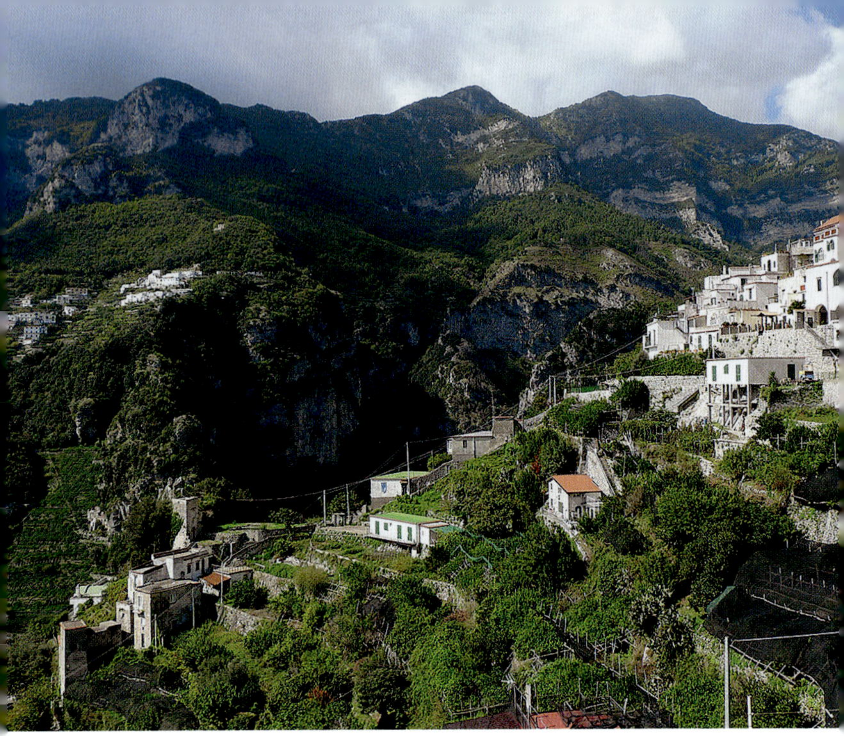

Blick ins Valle delle Ferriere von Pontone aus.

Dann steigen wir, vorbei an Resten der Stadtmauer von Amalfi, auf bequemen Treppen- bzw. Naturwegen über dem Mühlental an. Nach einem folgenden steileren Pfad erreichen wir die Verzweigung bei der **Punta d'Aglio (3)**.
Hier kommt von rechts Tour 9 hinzu, der wir nun links, in nordwestlicher Richtung folgen: Unser Weg führt, dem Verlauf einer Wasserleitung folgend, in leichtem Auf und Ab durch den Felshang. Vor einer linksseitigen breiten Stützmauer treffen wir auf die markierte **Verzweigung Pellagra (4)** – Abzweig des CAI-Weges zur Punta delle Castagne, s. Tour 14.
Wir verbleiben auf dem zunächst in westlicher Richtung geradeaus weiterführenden Weg. Nach gut 1000 m und nach einem leichten Abstieg durch Wald stoßen wir auf die romantische Talenge **Fic'a Noce**, 455 m. Hier springen wir links haltend über den Bach Grevone (markiert). Danach geht es auf Felskaskaden über dem tief eingeschnittenen Bachbett abwärts. Bald weitet sich das Tal. Auf einem teils felsigen Pfad kommen wir zu einem ersten Was-

serfall. Nach dem Sprung über den Bach geht es aufwärts. Wenig später kommt eine Verzweigung. Unser Weg führt (mit rot-weißen und gelben Zeichen markiert) rechts aufwärts (hier ist man versucht, fälschlich den einladenden Weg geradeaus abwärts zu nehmen). Unser steiler Anstieg mündet auf einer Felsnase (mit schönem Tiefblick bis nach Amalfi), von der wir abwärts zu einem zweiten Wasserfall gelangen. Nach weiteren Partien durch Busch und Wald erreichen wir, etwa 200 m nach der letzten rechtsseitigen Bruchsteinmauer und einem leichten Anstieg durch ein Kastanienwäldchen, die **Verzweigung Paradiso (5)** – rote Markierungen.
Wir wählen nun den in südöstlicher Richtung weiterführenden CAI-Weg, während Tour 9 halbrechts aufwärts abzweigt. Alsbald kommen wir in einer ehemals landwirtschaftlich genutzten Lichtung an Resten von Gebäuden vorbei. Es folgt eine Partie abwärts auf schönen Waldwegen und dazwischen einigen alten, teilweise restaurierten Treppen an einem Berghang entlang. Später wandern wir durch Terrassengärten nach **Pogerola (6)** zur Piazza Don Gaetano Amodio mit der »Cocktailbar«.
Von der Piazza aus gehen wir ein paar Schritte durch die Gasse hinab, durch welche wir gekommen sind, und nehmen dann den Treppenweg rechts hinab. Er bietet uns einen bequemen Abstieg in vielen Serpentinen nach **Amalfi (1)**.

In der romantischen Talenge Pèrtola.

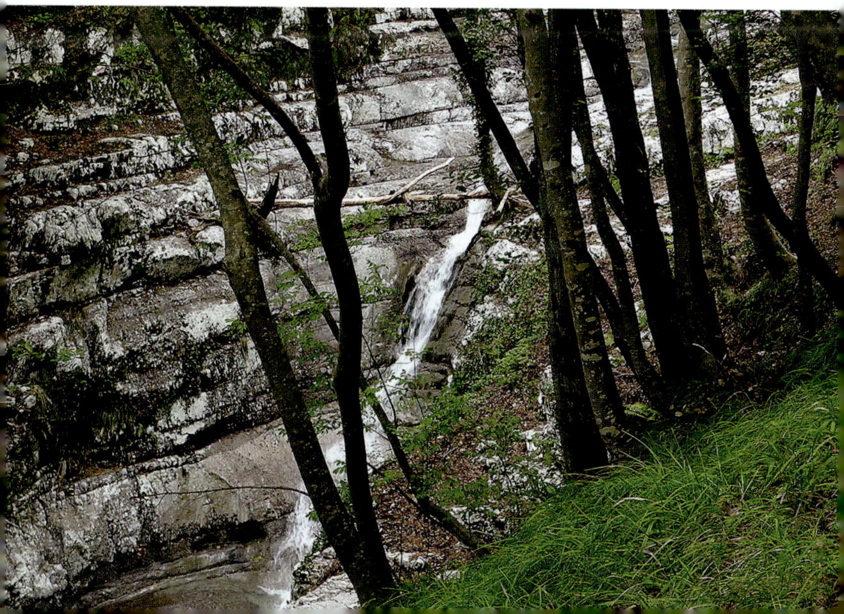

14 Über dem Valle delle Ferriere

7.10 Std.

Eine Folge von landschaftlichen Überraschungen und Entdeckungen

Wer das Abenteuer und die körperliche Herausforderung sucht, für den ist diese landschaftlich äußerst abwechslungsreiche Wanderung gerade recht. Der Weg führt durch den rauen Felsenzirkus des Valle delle Ferriere, durchquert einen lieblichen Kastanienhain und bringt uns durch eine felsige Landschaft hinauf zu den Resten eines großen Kastells. Später gelangen wir durch eine atemberaubende Felswand auf eine große Hochebene mit zauberhaften Wäldern und Weiden. Nahe dem Monte Rotondo können wir einen Wasserfall bewundern und den Blick in den Golf von Neapel genießen. Schließlich empfängt uns das gepflegte Agerola.

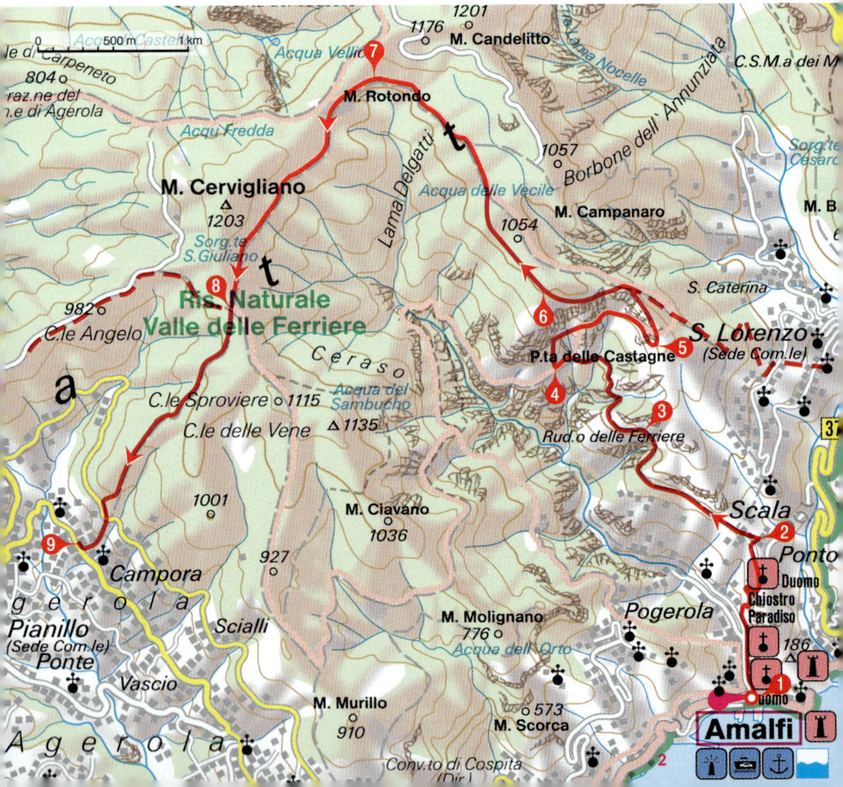

Ausgangspunkt: Amalfi, Piazza Duomo, 10 m. Knotenpunkt von Buslinien nahe beim Kai der Linienschiffe.
Endpunkt: Agerola Campora, 640 m. Haltestelle bei der Sporthalle mit Bus nach Amalfi.
Höhenunterschied: 1120 m im Aufstieg, 490 m im Abstieg.
Anforderungen: Aufstieg teils über Treppenwege, Waldwege und gute Pfade, abschnittsweise kurze Kraxelpartien bzw. Wege, bei denen man schwindelfrei sein muss. Auf der Höhe schattig. Meist rot-weiße Markierungen und an einer heiklen Stelle (verblassende) gelbe Rhomben.
Einkehr/Einkauf: Unterwegs in Pontone möglich.
Varianten: 1) Von der Wegkreuzung Imbarrata wie bei Tour 19 zum Colle S. Angelo und dann hinab nach Agerola Santa Maria (Bus, 45 Min. länger) – sehr schöner Blick auf den Golf von Neapel. 2) Verkürzung durch Start in Scala, Kirche S. Lorenzo, 377 m, wie bei Tour 9, weiter auf Tour 12 bis zur Verzeigung Castello (ca. 2.30 Std. weniger).

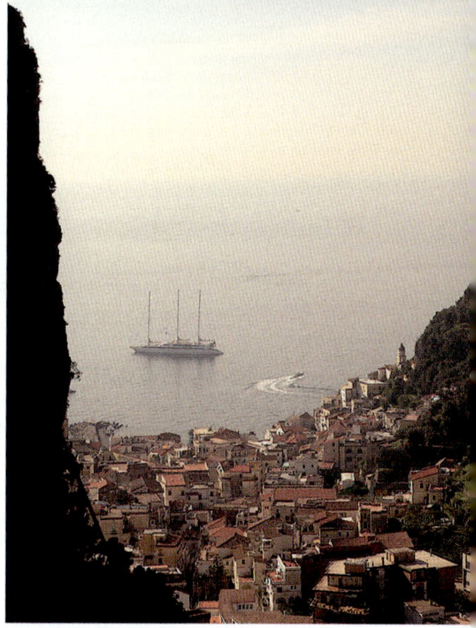

Beim Anstieg nach Pontone: Blick auf Amalfi.

Wir folgen von **Amalfi (1)** zunächst Tour 13 über **Pontone (2)** nach **Punta d'Aglio (3)**. In leichtem Auf und Ab durch den Felshang gelangen wir zur **Verzweigung Pellagra (4)**, vor der linksseitig eine dicke Stützmauer und rechts blanke Felsen sichtbar sind (rot-weiße Markierungen).
Hier geht es scharf rechts über Felsen zunächst in nördlicher Richtung (rot-weiß markiert). Bald geraten wir in ein Macchiagebiet, das wir leicht ansteigend auf einem kleineren und größeren Taleinschnitt durchschreiten (nicht entlang der Felswand hinauf). Der Weg ist insbesondere im Frühjahr durch das frische Grün schwer erkennbar. Nach dem Passieren des zweiten größeren Taleinschnittes setzt sich der nun wieder bessere Weg auf felsigem Grund fort. Er führt leicht ansteigend durch den Hang hinauf zu einem Sattel mit der **Punta delle Castagne (5)**.
Etwas oberhalb des Kastanienhains biegen wir in nördlicher Richtung ab und steigen durch ein felsiges, baumfreies Gebiet in Richtung einer Burgruine an. Dieses hoch oben liegende Castello diente früher zur Verteidigung von Scala und Amalfi, zur Bewachung der wichtigen Verbindungswege, aber auch als Fluchtburg. Von der Burg aus setzt sich der Weg relativ eben auf dem Felsgrat fort und hält auf den Felsenzirkus des Valle delle Ferriere zu. Wir passieren die Reste eines Turmes der ehemaligen Burg, gehen halbrechts diagonal den Hang hinab und erreichen gut 100 m weiter am felsigen

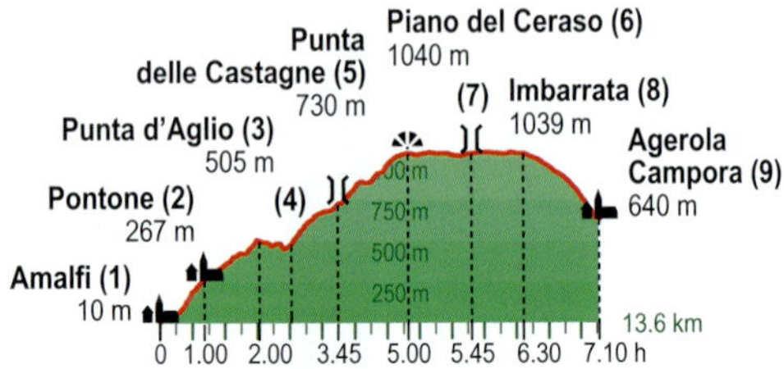

Abhang die Verzweigung **Il Castello**, 840 m. (Wenige Schritte unterhalb führt Tour 12 nach C. S. Maria dei Monti vorbei.) Wir bleiben auf dem rotweiß markierten Weg und wandern halblinks auf erkennbar altem Treppenweg bergan. Dieser schlängelt sich teils in steilen Serpentinen den felsigen Hang hinauf. Bei einer Verzweigung vor einer Felswand führt der rot-weiß markierte Weg durch diese hinauf zur Bergnase »Il Castello« – hier muss man streckenweise kraxeln. Schöner ist der scharf links abzweigende, noch gut erhaltene Treppenweg – er verlangt allerdings Schwindelfreiheit. Er steigt durch eine atemberaubende, fast senkrecht abfallende große Felswand des Valle delle Ferriere an, ist gut ausgebaut, verfügt aber über kein Geländer. Sobald man einen Sporn als Schlusspunkt der Felswand passiert hat, geht es rechts auf felsigen Pfaden schräg durch den Hang hinauf zur Felsnase »Il Castello«. Dort treffen wir wieder auf den CAI-Weg. Nun schließt die sich weitende Hochebene **Piano del Ceraso (6)** an, die teilweise zum Naturschutzgebiet Valle delle Ferriere gehört (sichtbar am Zaun).

Reste eines Turms, Teil des ehemaligen Kastells oberhalb von Amalfi.

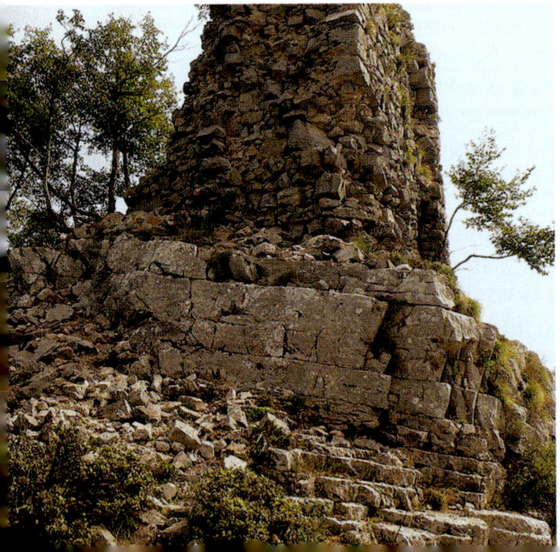

Mitten auf der Tuffsand-Hochebene, mit Weiden, Farnflächen und Wald, folgen wir weiterhin dem Weg am Schutzzaun entlang. Rechts entdecken wir, etwa 500 m entfernt, die Casa S. Maria dei Monti – früher wohnte dort ein Einsiedler. Nach einem fast ebenen, bequemen Wegstück gelangen wir auf einen lichten **Sattel** beim **Monte Rotondo (7)**. Dort kann man in nördlicher Richtung einen Abstecher zu Quellen und zu einem (meist wasserarmen) Wasserfall machen.

Wir folgen nun der Naturstraße in südwestlicher Richtung. Sie führt mitten durch den Wald. Später begleitet uns ein Zaun des Naturschutzgebietes. Sobald wir den doppelt geführten Zaun mit diversen Schildern sehen, ist die Kreuzung im Gebiet **Imbarrata (8)** erreicht. (Hier kreuzt Tour 19 unseren Weg, Tour 20 schließt sich an.)
Wir gehen jenseits des Zaunes in der bisherigen, südwestlichen Richtung weiter und nehmen den breiten, jedoch etwas von Bäumen verdeckten alten Verbindungsweg (nicht markiert). Er steigt ein paar Schritte leicht an und führt dann mit mäßigem Gefälle bergab. Nach einer Strecke mit beidseitigen Mauerresten an einer kleinen, steinigen Lichtung mit sich diagonal kreuzenden Wegen angelangt, halten wir uns links und gehen auf dem Grat auf den in ca. 100 m Entfernung stehenden Strommasten zu. Nach einem weiteren Abstieg auf einem stark ausgewaschenen Weg (Tuffsand) in etwa gleicher südöstlicher Richtung kommt ein Gebiet, in dem mehrere Waldwege abwärts führen. Sie münden alle auf eine asphaltierte Nebenstraße, die am Hang entlangführt. Dieser folgen wir links bis nach einem Haus vor einem Taleinschnitt und links liegenden ehemaligen Steinbruch mit steilen Felswänden. Davor nehmen wir rechts die Stichstraße zu einem Gebäude hinab. Anschließend setzt sich unser Weg auf einer betonierten Treppe und einem alten, teilweise sehr ungepflegten Treppenweg fort. Nachdem wir einen Torbogen unterquert haben, erreichen wir die Hauptstraße. Dieser folgen wir nach rechts, bis wir etwa 100 m weiter im Zentrum von **Agerola Campora (9)** die Busstation erreichen.

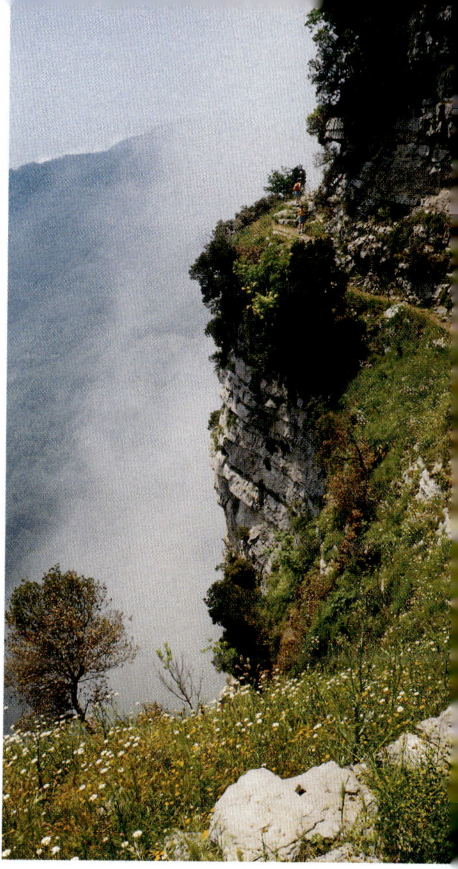

Ein atemberaubender Weg durch eine steile Felswand über dem Valle delle Ferriere.

TOP 15

Valle dei Mulini

2.40 Std.

Rundweg durch das berühmte Mühlental

Im landschaftlich schönen Mühlental, bekannt für seine reiche Flora mit teils seltenen Pflanzen, arbeiteten vom frühen Mittelalter an bis hinein in die Neuzeit viele große, wasserbetriebene Papiermühlen. Diese verarbeiteten Lumpen zu Papier. Im oberen Teil des Tales bestand zudem ein Eisenwerk, dessen Ruinen (Ruderi delle Ferriere) noch sichtbar sind. Der romantische Wanderweg führt uns zunächst diese frühindustrielle Kultur vor Augen, später bietet er eindrucksvolle Blicke in das Mühlental und auf Amalfi.

Ausgangspunkt: Amalfi, Piazza Duomo, 10 m. Knotenpunkt von Buslinien nahe beim Kai der Linienschiffe.
Höhenunterschied: Im Auf- und Abstieg je 290 m.
Anforderungen: Leichte Wanderung auf alten Treppenwegen und guten Pfaden mit nur kleinen Steigungen. Im Tal schattig. Hin und wieder Hinweisschilder.
Einkehr/Einkauf: In Pontone möglich.
Variante: Statt steilem Abstieg nach Amalfi Weitermarsch von Pontone über Tour 10 zur Dragone-Brücke (Bushaltestelle).

Von der Piazza Duomo in **Amalfi (1)** aus folgen wir der Hauptstraße Via Lorenzo di Amalfi in nördlicher Richtung. Wir unterqueren zweimal Häuser und kommen nach ca. 800 m zum links liegenden Papiermühlen-Museum (»Museo della Carta«). Hier biegen wir rechts in das Sträßchen ein (Hinweisschild »Valle delle Ferriere«). Nach wenigen Schritten zweigen wir vor einer Schule links in einen Treppenweg ab und folgen diesem aufwärts über dem Tal des Flüss-

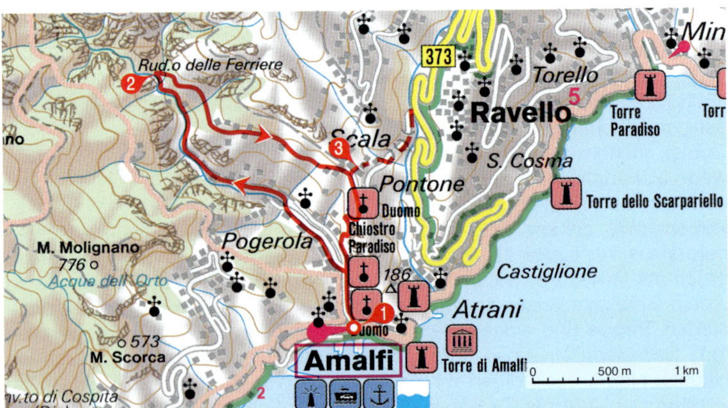

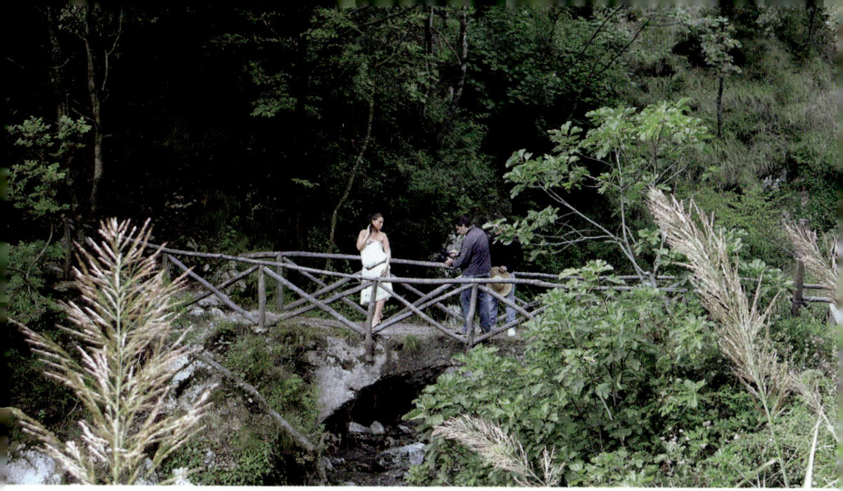

Im hinteren Teil des romantischen Mühlentals: ein attraktiver Ort auch für Modefotografen.

chens Grevone. Der Weg führt nun durch weitläufige Zitronengärten in das enger werdende Mühlental hinein und kommt an den überwachsenen Ruinen mehrerer Mühlen vorbei. Dann folgt ein Kleinkraftwerk –früher eine Ruine –, welches reaktiviert wurde. Wir verbleiben stets im Talgrund und steigen hin und wieder über Staustufen des Flüsschens. Dann geht es über einen Treppenweg schräg den Hang hinauf zu einer großen Ruine mit den markanten Bogen eines ehemaligen Aquäduktes – die **Rudere delle Ferriere (2)** – und zu einer Wegkreuzung. Hier lohnt ein Abstecher durch einen der Bogen zum Flussbett des Grevone, ein Ort, der sich für ein Picknick anbietet.
Zurückgekehrt mit dem Rücken zum Aquädukt folgen wir talauswärts dem zunächst fast ebenen Naturweg (Wegweiser »Pontone«). Nach dem Überqueren einer schmalen Steinbrücke steigen wir alsbald zu einem Wasserwerk an. Wenige Schritte weiter biegen wir halblinks ab. Nun geht es auf einem Treppenweg zu einem kleinen Pass, ca. 300 m, mit einigen kleinen Bauernhäusern. Wir wandern weiter auf das bereits sichtbare Pontone zu. Der alte Treppenweg mündet in ein Sträßchen. Hier biegt links der alte Verbindungsweg ab und führt ins Zentrum von **Pontone (3)** mit der »Bar Blu«, einem Restaurant und einer Wasserstelle.
Für den Weiterweg gehen wir vom Platz die Stufen abwärts zur Straße, überqueren diese und folgen dem alten Treppenweg hinab (rot-weiße Markierung). Nach vielen Serpentinen kommen wir an überhängenden Felsen vorbei und dann nach **Amalfi (1)** hinein.

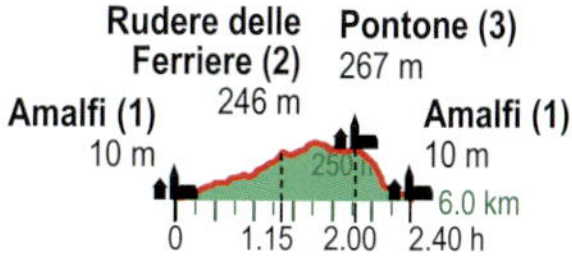

16 Amalfi-Panoramaweg

3.00 Std.

Amalfi aus verschiedenen Perspektiven und Höhen betrachtet

Diese Wanderung durch malerische Terrassengärten und vorbei an regionaltypischen alten Kirchen vermittelt uns herrliche Ausblicke auf die großartige Küstenstadt Amalfi.

Ausgangspunkt: Amalfi, Piazza Duomo, 10 m. Knotenpunkt von Buslinien nahe beim Kai der Linienschiffe.
Höhenunterschied: Im Auf- und Abstieg je 320 m.
Anforderungen: Überwiegend leichte Wanderung, meist auf unterhaltenen Treppenwegen. Zwischendurch auch längere, steilere Treppen. Teilweise schattig. Hin und wieder Markierungen.
Einkehr/Einkauf: Unterwegs in Pogerola möglich.

Vom Domplatz in **Amalfi (1)** gehen wir, mit dem Rücken zur großen Freitreppe, unter einem Haus hindurch zur Piazza dei Dogi. Wir überqueren den Platz links haltend und steigen dann durch ein Haus hindurch die Salita San Nicola dei Greci an. Nach einigen Stufen zweigen wir links ab. Weiter oben führt der alte Weg in westlicher Richtung über dem Hafen an einer am Fels »klebenden« Häuserzeile entlang. Nach den letzten Häusern gehen wir halblinks hinab zum Straßentunnel (rechts geht es hinauf zum ehemaligen Kloster und berühmten Hotel Cappuccini). Wir überqueren die Straße und folgen links neben dem Tunneleingang dem Weg Passeggiata Longfellow. Er führt durch ein ehemaliges Felssturzgebiet, in dem heute wunderbar duftende Nadelbäume wachsen. Beim anderen Tunnelausgang erreichen wir die kleine Cappella S. Cristoforo. Nach dem Überqueren der Straße folgen wir links dem Treppenweg parallel zur Via Maestra dei Villaggi und zweigen vor der Cappella S. Maria del Carmine scharf rechts ab (unterqueren also nicht den reizvollen Kirchturm wie bei Tour 17). Unser Weg steigt alsbald, teils in Serpentinen, sehr steil an. Weiter oben bei einem halbrechts abzweigenden betonierten Weg biegen wir links ab und bleiben zunächst auf dem leicht ansteigenden alten Treppenweg. Dieser geht bald in einen schmalen Pfad über (keine Markierungen mehr), der von großen Strommasten, Lampen und einer land-

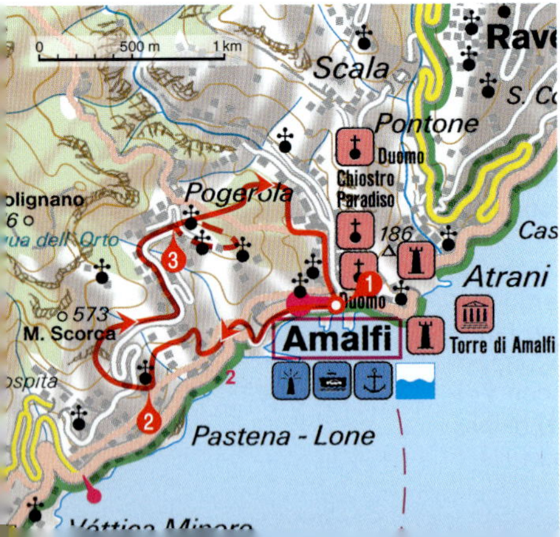

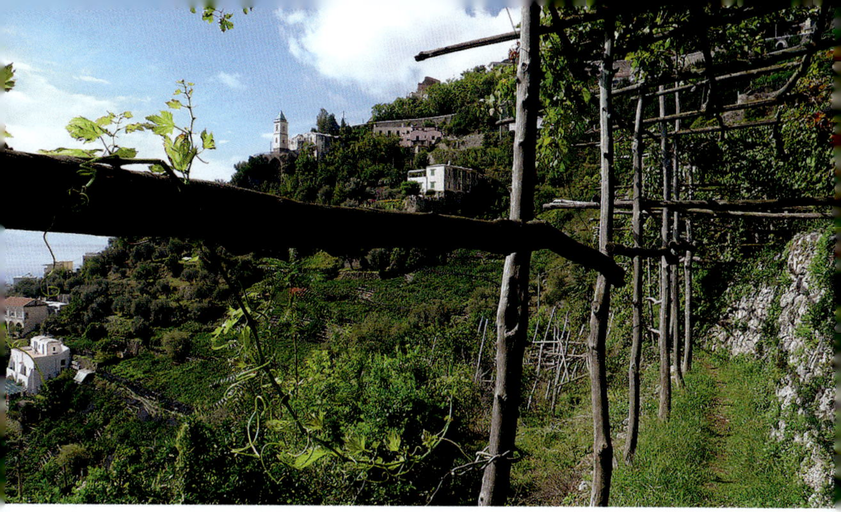

Über Gartenterrassen auf dem Weg nach Pastena mit der bereits sichtbaren Kirche.

wirtschaftlichen Einschienenbahn begleitet wird. Durch Terrassengärten, zwischendurch über ein paar Treppenstufen hinab, gehen wir auf die bereits sichtbare, markante Kirche mit ihren runden Gewölben und Konchen zu. Über Treppenwege, die uns links über ein Brücklein führen, gelangen wir hinauf zu dieser in **Pastena (2)** stehenden Kirche S. Maria Assunta (14. Jh.) mit großartiger Panoramasicht.

Oberhalb der Kirche überqueren wir die Straße und steigen den alten, weiter oben etwas bewachsenen, Treppenweg an. Er mündet in einen fast ebenen, betonierten Verbindungsweg, auf dem wir rechts weitergehen. Dabei gerät ein in eine große Grotte gebauter Friedhof ins Blickfeld. Bei einigen Häusern geht der Weg in ein Sträßchen über, das beim Hotel »Excelsior« in die Straße nach Pogerola mündet. Dieser folgen wir links ca. 600 m bis zur Piazza Don Gaetano Amodio im Ortszentrum von **Pogerola (3)**, an der sich die »Cocktailbar« befindet. Von dort kann man nach rechts, an den Kirchen vorbei, einen aussichtsreichen Rundweg um den Hügel machen. Diesen krönte ehemals die Burg Pigellule.

Von der Piazza Don Gaetano Amodio aus gehen wir in nördlicher Richtung ein paar Stufen hinab in die Gasse hinein und nehmen dann den Treppenweg rechts abwärts. Er führt uns bequem in vielen Serpentinen hinab, zunächst in Richtung Valle dei Mulini und dann nach **Amalfi (1)**.

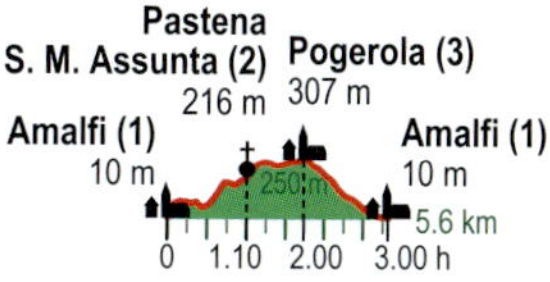

17 Amalfi – Conca dei Marini

3.10 Std.

Aussichtsreiche Wanderung zur sehenswerten Grotta dello Smeraldo

Diese Wanderung führt, begleitet von schönen Ausblicken, hinauf zum weithin sichtbaren ehemaligen Kloster Convento S. Rosa, das dramatisch auf einem Felssporn thront. Von dort steigen wir hinab zur exponiert gelegenen Kirche S. Pancrazio und gelangen schließlich über die Küstenstraße zur Grotta dello Smeraldo, die der berühmten Grotta Azzurra auf Capri in nichts nachsteht.

Ausgangspunkt: Amalfi, Piazza Duomo, 10 m. Knotenpunkt von Buslinien nahe beim Kai der Linienschiffe.
Endpunkt: Conca dei Marini, Grotta Smeraldo, 80 m. Bushaltestelle für die Fahrt nach Amalfi.
Höhenunterschied: 260 m im Aufstieg, 190 m im Abstieg.
Anforderungen: Gut unterhaltene Treppenwege, mäßige Steigungen. Wenig Schatten. Bis Vettica Minore rot-weiße Markierungen.
Einkehr/Einkauf: Bars am Ziel bei der Grotte und in den Ortschaften unterwegs.

Von **Amalfi (1)** folgen wir zunächst dem markierten Weg, der bei Tour 16 detailliert beschrieben ist. Wir genießen Blicke auf den Hafen von Amalfi und gelangen beim Straßentunnel zur kleinen Cappella S. Cristoforo. Auf der anderen Straßenseite wandern wir auf dem alten Treppenweg parallel zur Via Maestra dei Villaggi weiter und unterqueren den reizvollen Kirchturm der Kapelle S. Maria del Carmine (Tour 16 biegt vorher scharf rechts ab). Im Durchgang können wir links ein beachtenswertes Bild der Flucht von Maria und

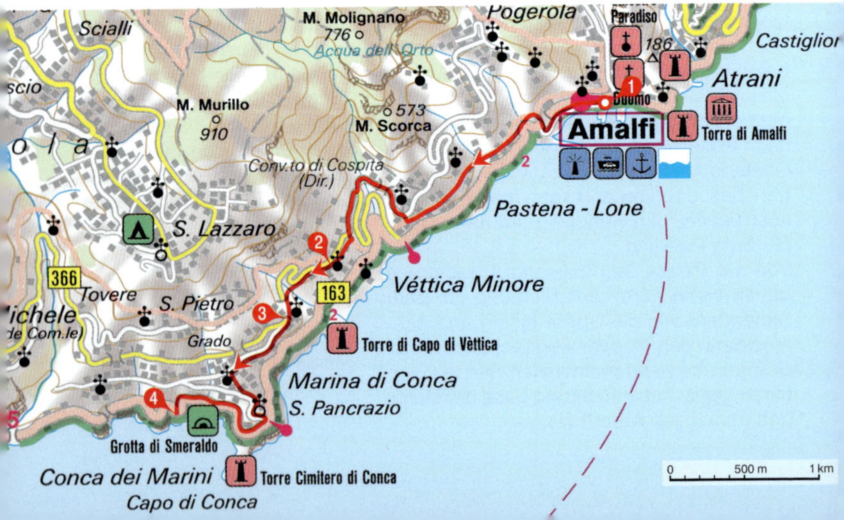

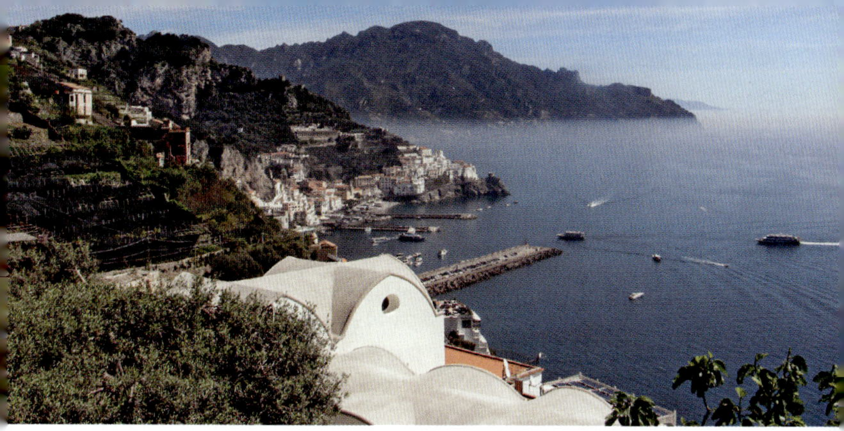

Traditionelles Wohnhaus mit kühlendem Tonnengewölbe, im Dunst dahinter: Amalfi.

Josef nach Ägypten bewundern. Der folgende Wegabschnitt führt zu einer Terrasse im Ort Lone. Hier biegen wir scharf rechts auf den ansteigenden Treppenweg ab, queren den Vorplatz der Kirche Santa Maria Virgine und steigen weiter bis zur Straße an. Dieser folgen wir nach links, passieren einen Tunnel und gelangen zur Einmündung unserer Straße in jene nach Agerola. Dieser folgen wir geradeaus leicht aufwärts und biegen bei der Hausnummer 24 nach links ab. Der Weg führt jetzt leicht abwärts und dann zur Kirche S. Michele Arcangelo von **Vettica Minore (2).**

Mit dem Rücken zur Kirche folgen wir der leicht ansteigenden Asphaltstraße und biegen nach ca. 400 m, bei einer 180°-Kurve, auf eine links ansteigende Treppe ab. Wieder auf der Straße, gelangen wir durch einen knapp 100 m langen Tunnel zum ehemaligen Kloster **Convento S. Rosa (3)** – heute ein Hotel. Hier nehmen wir die halblinks hinabführende, von Laternen gesäumte Straße. Nach gut 500 m erreichen wir einen terrassenartigen Platz mit alten Lindenbäumen und einer Kapelle. Davor steigen wir links die gerade, lange Treppe (Via Petingolo) hinab. Dabei kreuzen wir eine Straße und kommen zu einem modern gestalteten Platz. Von der dort nach rechts schwenkenden Straße aus folgen wir links der Salita S. Pancrazio hinab zur gleichnamigen Kirche. Davor angelangt, nehmen wir rechts einen gepflasterten Weg und dann ein links abzweigendes Sträßchen zum **Hotel Belvedere**, 80 m, an der Küstenstraße. Von dort gehen wir rechts ca. 800 m auf der Hauptstraße bis zur **Conca dei Marini (4)**, ignorieren möglichst den Verkehr und genießen dafür den schönen Blick in die Bucht.

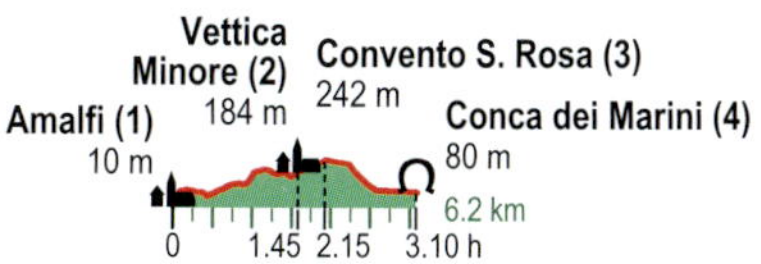

18 Amalfi – Agerola San Lazzaro

3.30 Std.

Von der felsigen Küste bis hinauf zum grünen Becken von Agerola

Der Anstieg von Amalfi nach Agerola vermittelt uns ein großartiges Panorama des Golfes von Salerno mit der amalfitanischen Küste. Sichtbar wird auch, wie diese eigentlich unwirtlichen, teils steilen Felshänge durch kreative Siedler kultiviert und durch Treppenwege erschlossen wurden. Es lässt sich zudem erkennen, wie diese Siedlungen ständig von Zerstörungen bedroht werden.

Ausgangspunkt: Amalfi, Piazza Duomo, 10 m. Knotenpunkt von Buslinien nahe beim Kai der Linienschiffe.
Endpunkt: Agerola S. Lazzaro, im Zentrum an der Piazza Generale Avitabile, 640 m. Haltestelle für Busse nach Amalfi.
Höhenunterschied: 660 m im Aufstieg, 30 m im Abstieg.
Anforderungen: Gut unterhaltene Treppenwege. Rot-Weiße Markierungen. Von Vettica Minore aus Südhang mit starker Sonneneinstrahlung.
Einkehr/Einkauf: Unterwegs in Vettica Minore möglich.

Panoramablick in den Golf von Salerno auf dem Weg nach Agerola S. Lazzaro.

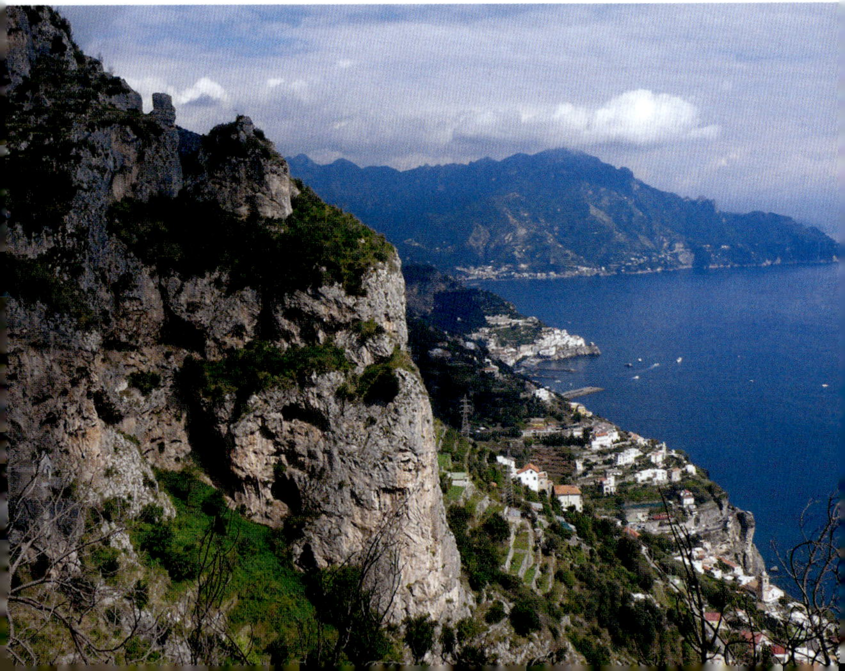

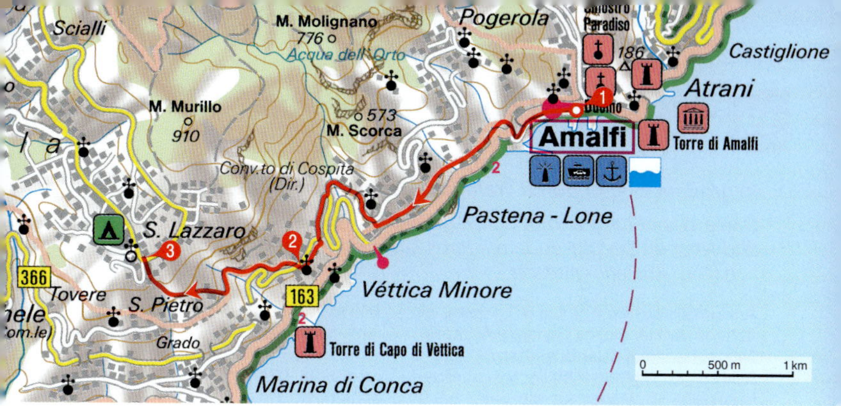

Von der Piazza Duomo in **Amalfi (1)** folgen wir zunächst dem rot-weiß markierten Weg, der bei Tour 16 detailliert beschrieben ist. Beim Eingang des Straßentunnels mit der kleinen Cappella S. Cristoforo überqueren wir die Straße und wandern auf dem alten Treppenweg parallel zur Via Maestra dei Villaggi weiter. Wir unterqueren den Kirchturm der Kapelle S. Maria del Carmine (Tour 16 biegt vorher scharf rechts ab). Der folgende Weg führt zu einer Terrasse im Ort Lone. Hier biegen wir scharf rechts auf den ansteigenden Treppenweg ab, queren den Vorplatz der Kirche Santa Maria Virgine und steigen weiter bis zur Straße an. Dieser folgen wir nach links, passieren einen Tunnel und gelangen zur Einmündung unserer Straße in jene nach Agerola. Dieser folgen wir geradeaus leicht aufwärts und biegen bei der Hausnummer 24 nach links ab. Der Weg führt jetzt leicht abwärts und dann an der Kirche S. Michele Arcangelo von **Vettica Minore (2)** vorbei.
Der Weg mündet in die Straße. Von hier nehmen wir nach etwa 20 m rechts den markierten Treppenweg bergauf. Er kreuzt eine Nebenstraße, führt über eine Betonbrücke und steigt dann an felsigen Abhängen hinauf. Bei einem kleinen Wasserwerk folgen wir rechts dem relativ steilen Treppenweg aufwärts, der uns durch Siedlungsausläufer des Ortes Tovere führt. Nach einem weiteren längeren Anstieg stoßen wir unterhalb von einigen Gebäuden, ersten Ausläufern von Agerola, auf eine Verzweigung. Hier wählen wir den rot-weiß markierten Weg rechts aufwärts und erreichen oben eine asphaltierte Straße. (Dort lohnt sich ein Abstecher in den Parco Colonia Montana, der rund um ein renoviertes Gebäude aus der Zeit des Faschismus angelegt ist und einen herrlichen Ausblick bietet. Dazu muss man links auf den Hügelrücken steigen.) Wenn wir der Straße weiter folgen, gelangen wir zur Piazza Generale Avitabile im Zentrum von **Agerola S. Lazzaro (3)**.

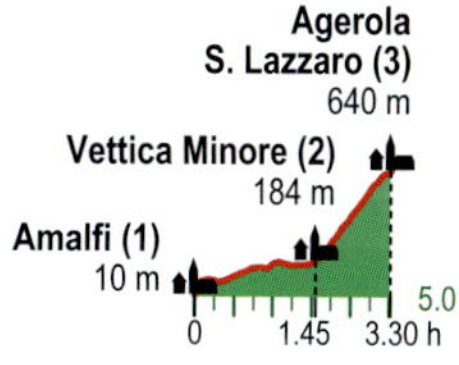

19 Agerola San Lazzaro – Agerola Pianillo

4.10 Std.

In großem Bogen durch Waldgebiete auf Höhenrücken über Agerola

Diese Wanderung erfreut durch großartige Blicke auf die Golfe von Salerno und Neapel. Sie gibt zudem interessante Einblicke in die intensive Waldwirtschaft im Küstenhinterland.

Ausgangspunkt: Agerola S. Lazzaro, im Zentrum an der Piazza Generale Avitabile, 640 m. Haltestelle der Busse von Amalfi.
Endpunkt: Agerola Pianillo, 658 m. Bushaltestelle »S. Maria« für die Fahrt nach Amalfi oder S. Lazzaro.
Höhenunterschied: 470 m im Aufstieg, 450 m im Abstieg.
Anforderungen: Alte Treppenwege, Wald- und Feldwege, teilweise rote und rot-weiße Markierungen. Zum Teil in schattigem Wald.
Einkehr/Einkauf: Unterwegs nicht möglich.

Von der Piazza in **Agerola S. Lazzaro (1)** gehen wir die Straße in südöstlicher Richtung abwärts. Etwa 100 m weiter schwenken wir links in die Via Radicosa. Nach etwa 300 m zweigt rechts ein Sträßchen zum Castello Lauritano ab – wegen des umfassenden Blickes in den Golf von Salerno ein lohnenswerter Abstecher, hin und zurück ca. 30 Min. Nach weiteren 200 m

Die Hochebene bei Pontichito mit alten Kastanienbäumen.

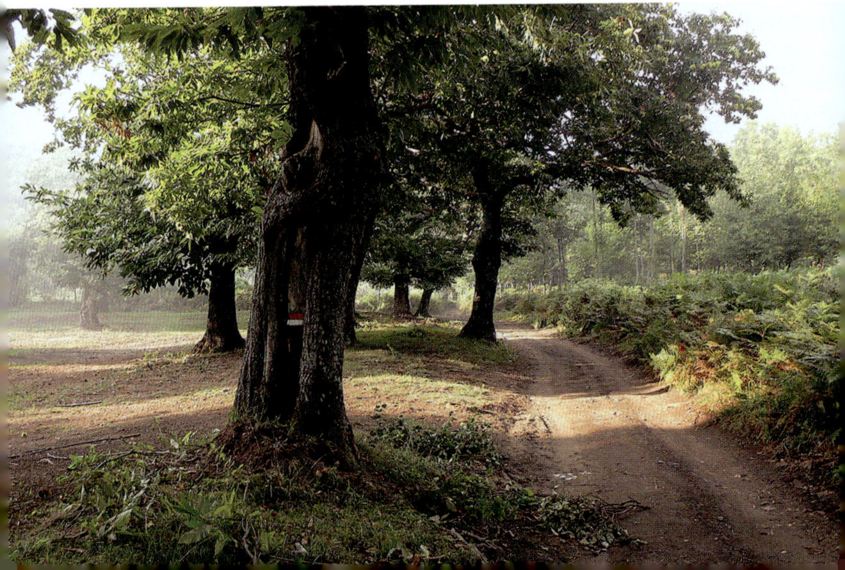

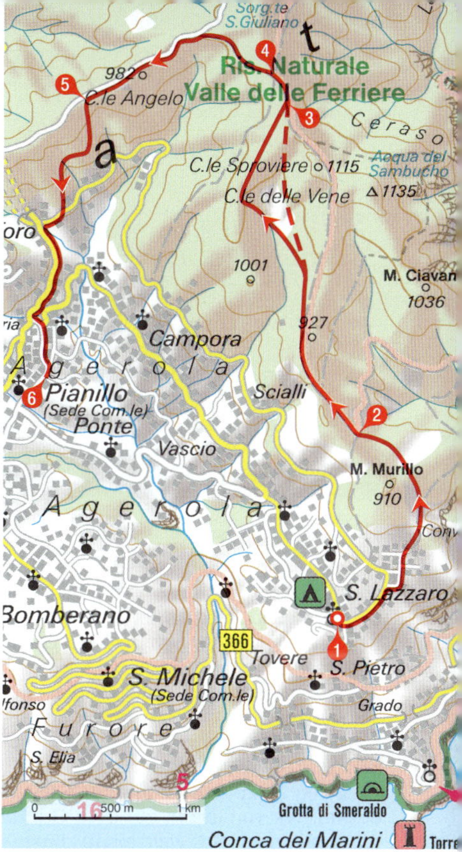

biegt unsere Straße nach rechts und dann wieder nach links. Weiter ansteigend setzt sich die Straße als Via Lucia geradeaus bis zu einem Bauernhof fort (Hinweisschild, rot-weiße Markierung). Hier beginnt links ein alter, gut unterhaltener Treppenweg, der durch Terrassenfelder hinaufführt. Bei einer Verzweigung halten wir uns halblinks (rechts geht es zum Convento di Cospita). Am Ende des Treppenweges angekommen, nehmen wir links leicht aufwärts den Waldweg (nicht geradeaus abwärts zum Valle delle Ferriere). Der nun nicht markierte Weg führt uns um die Spitze des Monte Murillo herum zum kleinen Pass **Monte (2)** – Kreuzungspunkt von Wegen und Holzlagerplatz.

Auf dem Pass nehmen wir weiter geradeaus das Natursträßchen, welches in zunächst nördlicher Richtung ansteigt (hin und wieder rot-weiße Markierungen). Alsbald kommen Partien auf Beton und Asphalt, welche den leichten Tuffsand vor Erosion schützen. Etwa 900 m nach dem Pass Monte durchqueren wir einen Kastanienhain und erreichen bei einem links in 50 m Entfernung stehenden alten Bauernhaus den Punkt **Pontichito**, 916 m. Wir gehen auf dem Natursträßchen in nördlicher Richtung geradeaus weiter. Bei einer Gabelung wählen wir den halbrechts ansteigenden Weg. Nach weiteren ca. 400 m Wanderung durch den Wald aufwärts zweigt halblinks hinab ein Waldweg ab. Hier können wir halbrechts auf den später recht holprigen Weg im Taleinschnitt direkt zum Pass hinaufsteigen. Oder wir folgen dem Abzweig halblinks in eine kleine Talsenke hinab. Von dort schlängeln sich über eine kurze Strecke ebenfalls holprige Waldpfade hinauf zur Kammhöhe des Bergrückens. Oben angekommen, folgen wir dem Pfad nach rechts. Er führt uns später auf einen mit Felsen

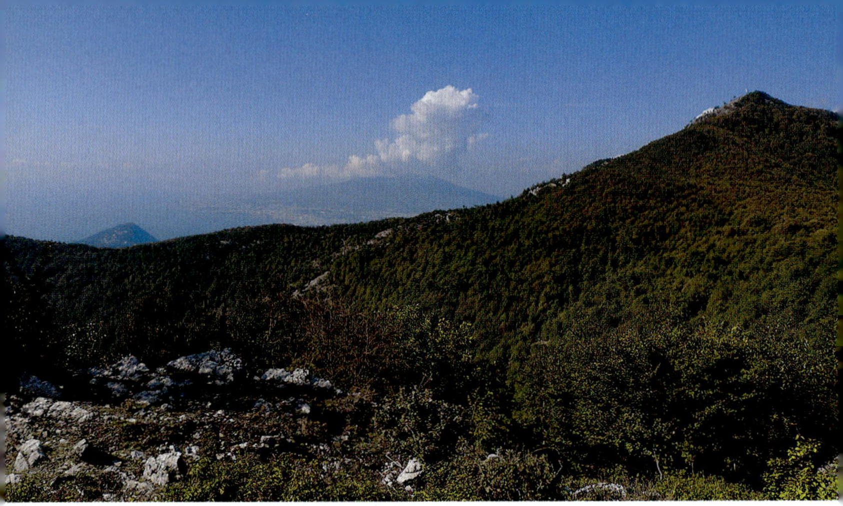

Am Pass Croce di Scupolo mit Blick in Richtung Golf von Neapel.

durchsetzten Bergrücken und dann zum höchsten Punkt der Wanderung **Croce di Scupolo (3)**. Ein Kreuz sucht man auf diesem Sattel vergeblich, genießt dafür aber einen Blick auf die umgebenden Wälder und in den Golf von Neapel.

Weiter auf schönem Höhenweg erreichen wir beim Zaun um das Naturschutzgebiet »Valle delle Ferriere« die Kreuzung im Gebiet **Imbarrata (4)**.

Mit dem Rücken zum Zaundurchgang wandern wir in zunächst westlicher Richtung auf einer Naturstraße weiter. In einer Lichtung stößt von rechts ein Waldweg hinzu (dieser führt in 5 Minuten zu einer gefassten Trinkwasserquelle). Wir verbleiben auf dem Grat und folgen dem Wald- und Feldweg durch niedrigen Nutzwald hinab zum früher viel benutzten Pass **Colle S. Angelo (5)**. Der Golf von Neapel liegt zu Füßen.

Am Pass nehmen wir den Weg in generell südlicher Richtung in Serpentinen abwärts. Dieser breite, nicht mehr unterhaltene und erodierte Treppenweg führt uns zu einer Stichstraße hinab, die sogleich in eine Nebenstraße mündet. Hier enden die Wanderzeichen. Wir gehen auf der Nebenstraße nach rechts und gelangen beim Tunnel zur Hauptstraße, auf der wir links in etwa 10 Minuten den Ortsteil **Agerola Pianillo (6)** mit der Bushaltestelle S. Maria erreichen.

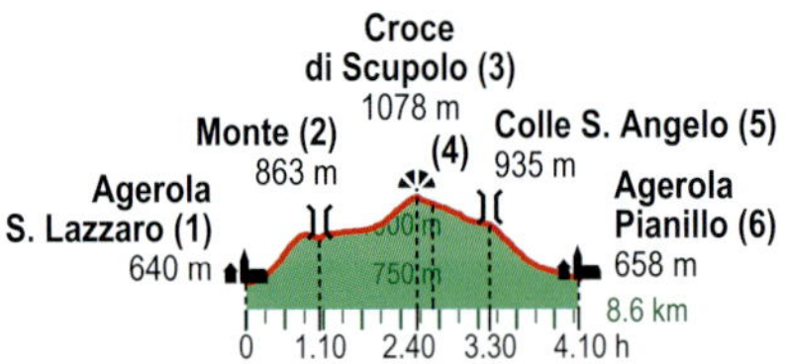

4.10 Std.

Croce di Scupolo, 1078 m

20

Rundweg über aussichtsreiche, bewaldete Höhenzüge

Die weiten Wälder auf den Höhenzügen über Agerola sind eines der beliebtesten Ausflugsziele der Region. Von dort hat man eine großartige Aussicht auf das Massiv des Monte S. Angelo und den Golf von Neapel. Am Anfang der Wanderung liegt Agerola zu Füßen.

Ausgangspunkt: Agerola S. Lazzaro, bei der Busstation, 640 m.
Höhenunterschied: Im Auf- und Abstieg je 480 m.
Anforderungen: Alte Wald- Feld und Treppenwege sowie Nebenstraßen ohne große Steigungen. Aufstieg schattig. Teilweise rot-weiße Markierungen.

Einkehr/Einkauf: Unterwegs nicht mögl.
Variante: Abstecher von der Wegekreuzung Imbarrata wie bei Tour 19 in Richtung Colle S. Angelo, um den großartigen Blick in den nördlichen Teil der Monti Lattari und in den Golf von Neapel zu genießen (zusätzlich 1.00 Std. hin und zurück).

Von der Busstation im Zentrum von **Agerola S. Lazzaro (1)** aus folgen wir der Hauptstraße in nördlicher Richtung. Nach etwa 200 m biegt unser Weg rechts in die zunächst schmale Via Fontana. Diese steigen wir ca. 20 Minuten lang an, bis wir die Via Panoramica auf rund 700 m Höhe erreichen. Nun folgen wir links dieser wenig befahrenen Straße mit Blicken auf Agerola. Nach ca. 2700 m in leichtem Auf und Ab erreichen wir einen rechts sichtbaren ehemaligen Steinbruch mit senkrecht aufsteigenden Felswänden und gleich danach die **Abzweigung oberhalb Campora (2)**.
Hier steigen wir rechts den breiten, aber nicht mehr unterhaltenen Treppenweg an. Nach ca. 150 m zweigen wir auf Pfaden links ab (man kann mehrere Varianten nutzen) und kommen zu einer Mulattiera. Diese führt uns weiter oben an einem Starkstrommast vorbei. Gut

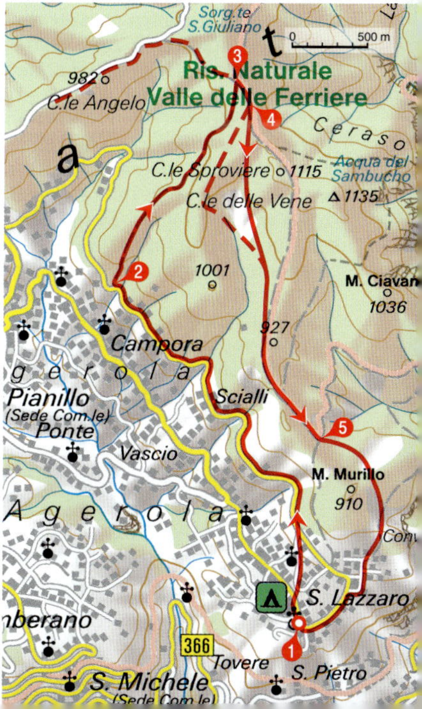

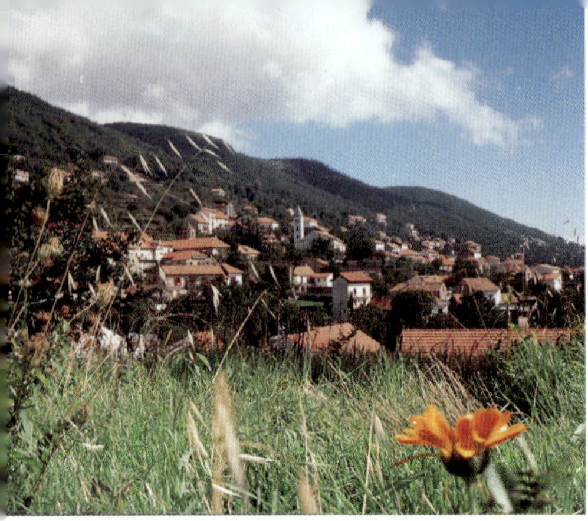

Agerola Campora mit seinen roten Dächern am Rande bewaldeter Höhenzüge.

100 m weiter kommt eine kleine, steinige Lichtung mit sich diagonal kreuzenden Wegen. Hier halten wir uns halblinks und stoßen auf einen steinigen Waldweg, der später hin und wieder von Steinmauern gesäumt wird. Nach einem längeren bequemen Anstieg erreichen wir beim Zaun des Naturschutzgebietes Valle delle Ferriere die Kreuzung **Imbarrata (3)**.

Unsere markierte Route führt vor dem Zaun des Naturschutzgebietes rechts in südlicher Richtung weiter. Wir wandern zunächst parallel den Zaun entlang. Er setzt sich als ehemals gut ausgebauter Weg zur Lichtung des kleinen Passes **Croce di Scupolo (4)** fort. Dort ist kein Kreuz zu sehen, dafür eine großartige Sicht bis in den Golf von Neapel zu genießen (s. Tour 19).

Nach dem Queren des Passes folgen wir den rot-weißen Markierungen abwärts. Der recht holprige Weg über Felsbrocken mündet weiter unten in einen breiten Waldweg. Immer südlich, nun leicht abwärts, durchqueren wir später einen Kastanienwald mit großen Bäumen. Sobald sich dieser Wald lichtet, sehen wir rechts in ca. 50 m Entfernung ein Bauernhaus. Hier erreichen wir den Punkt **Pontichito**, 918 m. In der gleichen südöstlichen Richtung weiter gelangen wir zum kleinen Pass **Monte (5)** mit einer Wegkreuzung.

Wir queren die Kreuzung und gehen in südöstlicher Richtung in den Wald hinein (nicht markiert). Etwa 700 m weiter treffen wir auf einen Treppenweg, dem wir rechts abwärts folgen. Nach ersten Gärten und Häusergruppen setzt sich unser Weg in derselben Richtung auf Nebenstraßen fort. Weiter unten, bei einer links abbiegenden Nebenstraße, lockt uns ein Schild zu einem Abstecher zum Castello Lauritano – ein großartiger Aussichtspunkt mit einigen Ruinen (ca. 30 Min. hin und zurück). Bei der Hauptstraße angelangt, halten wir uns rechts und erreichen nach etwa 100 m die Piazza Generale Avitabile, das Zentrum von **Agerola S. Lazzaro (1)**.

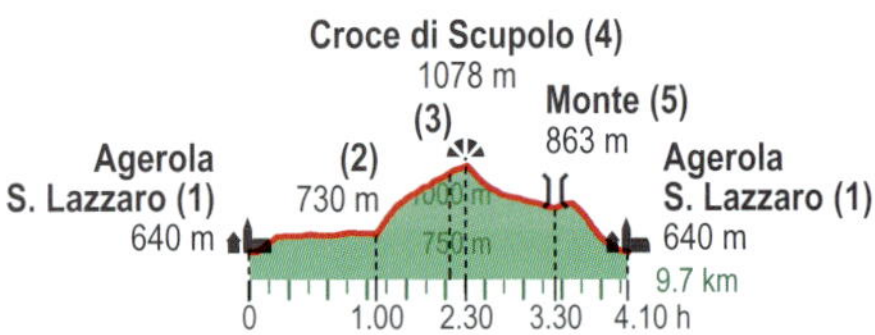

8.50 Std.

Agerola Pianillo – Monte Sant'Angelo, 1444 m

21

Auf bewaldetem Grat zum majestätischen Monte S. Angelo

Fantastische Ausblicke und großartige Wälder bilden die Glanzpunkte dieser Wanderung. Dafür erfordert sie aber einiges an Kondition und Trittsicherheit. Nach längerem Anmarsch steht man vor dem kantigen Klotz des Monte S. Michele, auch »Mahlzahn« (Molare) genannt, dem höchsten Gipfel des Monte S. Angelo-Massivs. Von dort oben bietet sich ein überwältigender Rundblick, der bei guter Sicht sogar bis Kalabrien reicht.

Ausgangspunkt: Agerola Pianillo, 658 m. Busstation »S. Maria« bei Anfahrt aus Richtung Amalfi.
Endpunkt: Montepertuso, Ortsteil von Positano, Piazza Cappella, 352 m. Haltestelle des Busses »Interno Positano« mit Verbindung hinab zum Hauptort Positano. Dort Busse nach Amalfi und anschließend nach Agerola.
Höhenunterschied: 800 m im Aufstieg, 1080 m im Abstieg.
Anforderungen: Teilweise bequeme Treppen- und Waldwege, teilweise aber auch steile, exponierte Pfade. Generell liegen die Wege überwiegend im Schatten, was im Winter zu Vereisungen führen kann. Die rot-weißen Markierungen dieser CAI-Wege sind nur teilweise zu entdecken (daher wurde die angegebene Gehzeit dieser Tour besonders großzügig bemessen).
Einkehr/Einkauf: Unterwegs nicht möglich.
Varianten: Abstieg auf demselben Weg (4.30 Std.) oder über Tour 32 zum Monte Faito, 1102 m (2.30 Std., dann Busfahrt).

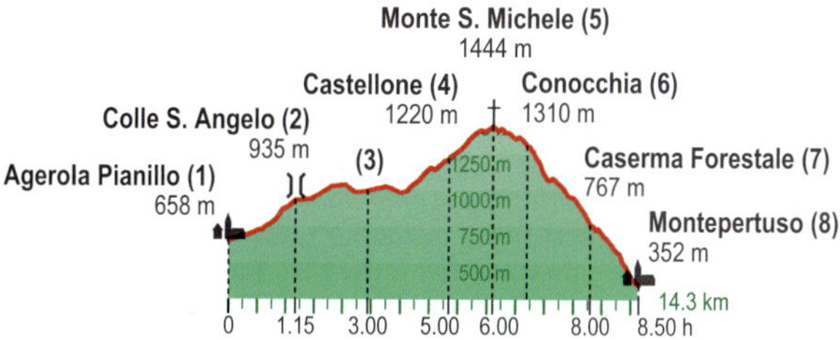

Von **Agerola Pianillo (1)** mit der Bushaltestelle S. Maria steigen wir die Hauptstraße hinauf und biegen vor dem Straßentunnel rechts in eine Nebenstraße ein (rot-weiße Markierungen). Diese verlassen wir bereits nach wenigen Schritten bei einem Haus auf einer links abzweigenden betonierten Stichstraße. Bald geht die Stichstraße in einen ungewöhnlich breiten, jedoch nicht unterhaltenen Weg, später ein Treppenweg, über. Er führt durch Kastanien- und Buschgebiete hinauf zum **Colle S. Angelo (2)**, früher eine bedeutende Verkehrsverbindung.

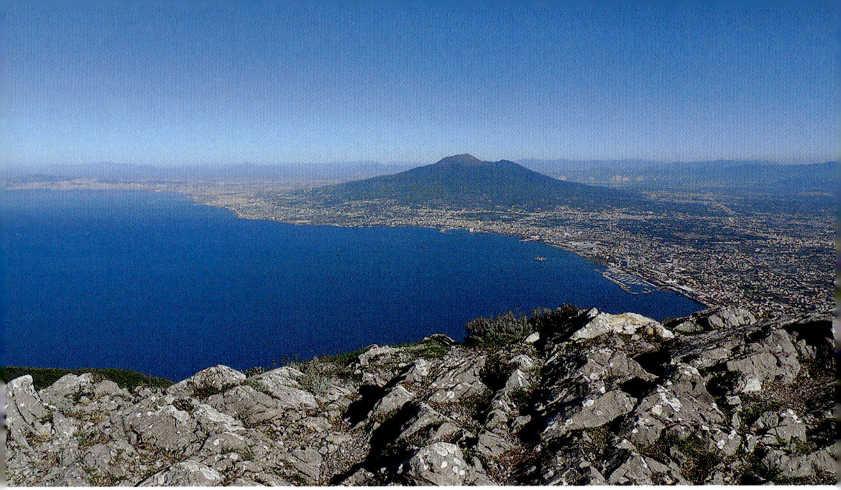

Der Golf von Neapel mit dem Blickfang Vesuv.

Auf dem Pass folgen wir links dem Natursträßchen, das über den Bergrücken ansteigt und dabei einige Hochspannungsleitungen unterquert. Vor uns sehen wir bereits das Massiv des Monte S. Angelo. Der Weg wird später schmäler. Bei Verzweigungen bleiben wir immer auf dem Grat und orientieren uns an den Wanderzeichen, soweit noch sichtbar. An einem stark überwachsenen Tuffsand-Hang werden die Wanderzeichen spärlicher. Schließlich gelangen wir nach einem lang gestreckten Sattel durch Buschwerk zur **Verzweigung Crocella (3)**.
Hier (man muss die Wanderzeichen suchen) folgen wir rechts in Richtung Nordflanke dem Weg entlang des Grates. Nach etwa 400 m biegen wir rechts ab (CAI-Markierung »Via alta«). Wir wandern nun teilweise auf gutem Weg die nach Norden abfallende Felsflanke entlang. Nach einem felsigen, steilen Anstieg und 50 m eben weiter, erreichen wir die **Verzweigung Castellone (4)**. Hier führt geradeaus ein Weg weiter zum M. Faito (siehe Touren 28 und 32).
Wir aber biegen scharf links in den rot-weiß markierten Weg ein und steigen durch ein Waldgebiet mit großen Bäumen an. Nach einem felsigen Abschnitt mit Metallgeländer kommen wir zum Punkt Acqua Santa mit höhlenartigen Ausbuchtungen im Fels und Wasserquellen. Wir verbleiben auf dem geraden markierten Weg und gelangen nach einem Anstieg bei einem Fels mit den Hinweisen »Conocchia« und »Molare« zu einer Verzweigung. Hier gehen wir links und dann in südöstlicher Richtung zwischen Felsen hindurch. Schließlich steigt ein steiler Pfad in Serpentinen hinauf zum **Monte S. Michele (5)**, 1444 m, dem höchsten Gipfel im Massiv des **Monte S. Angelo**.

Nach dem Abstieg vom Gipfel kehren wir zur Verzweigung zurück. Nun folgen wir links dem mit »Conocchia« angeschriebenen Weg. Ein breiter Pfad führt uns generell westlich an einem Felsloch und dann an einer Funkstation vorbei. Wir wandern danach fast eben den bewaldeten Hang entlang. Danach steigen wir in Serpentinen hinab zur **Verzweigung Conocchia (6)** – oberhalb einer langgestreckten Felsnase gelegen (noch schwach gelb markierte Steine).

Hier wenden wir uns nach links und folgen dem Pfad den Hang entlang. Am Rande einer Felsarena angelangt, führt uns ein teilweise renovierter ehemaliger Treppenweg, teils noch mit Holzgeländer, hinab zur Spitze einer weiteren Felsnase. Unser Weg führt nach links, später den Hang hinab. Weiter unten in einem Gebiet mit Buschwerk steigen wir in Serpentinen hinab zur **Caserma Forestale (7)** – ein Steingebäude und Stützpunkt von Waldarbeitern.

Mit dem Rücken zum Gebäude wählen wir den in südöstlicher Richtung absteigenden Treppenweg. Nach einer Wanderung abwärts durch eine parkartige Landschaft erreichen wir die Via Tagliata. Diese führt uns hinein nach **Montepertuso (8)**.

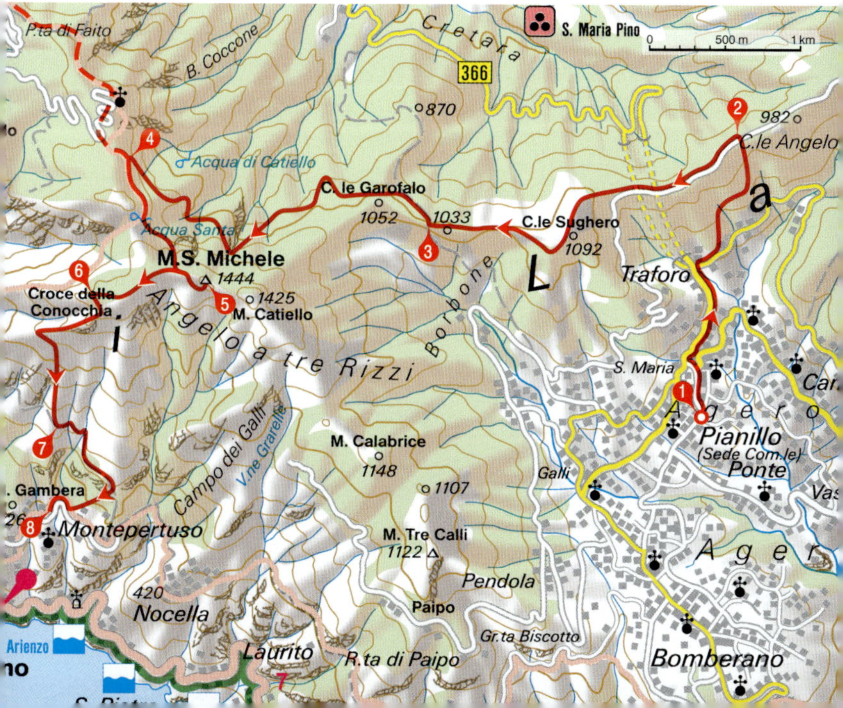

Positano und seine hoch aufragenden Berge

Das Wandergebiet um Positano wird vor allem die Liebhaber größerer Bergwanderungen begeistern, denn man kann hier bis zu 1400 m Höhendifferenz bewältigen. Belohnt wird man nicht nur mit der Genugtuung über die eigene körperliche Leistung, sondern auch mit einer grandiosen Sicht auf die zu Füßen liegende Halbinsel, auf den Golf von Neapel und den Golf von Salerno. Auch hier bestehen die Wanderwege oft in alten Verbindungen für Maultiere ins Hinterland und über Pässe.
Der Ort **Positano** hat sich zu einem mondänen Touristenziel entwickelt. Dementsprechend hoch liegt auch das Preisniveau. Doch man kann auch in anderen Orten übernachten (z. B. Praiano, Santa Maria del Castello) und im Gebiet Positano wandern gehen. Dass sich Positano zu einem Magnet entwickelte, liegt natürlich auch an der großartigen Lage inmitten einer Arena gebildet aus Felsabhängen. Zudem ist der Ort selber mit seinen altgriechisch anmutenden Häusern sehr sehenswert.

Abstieg nach Positano auf einem gut ausgebauten Treppenweg.

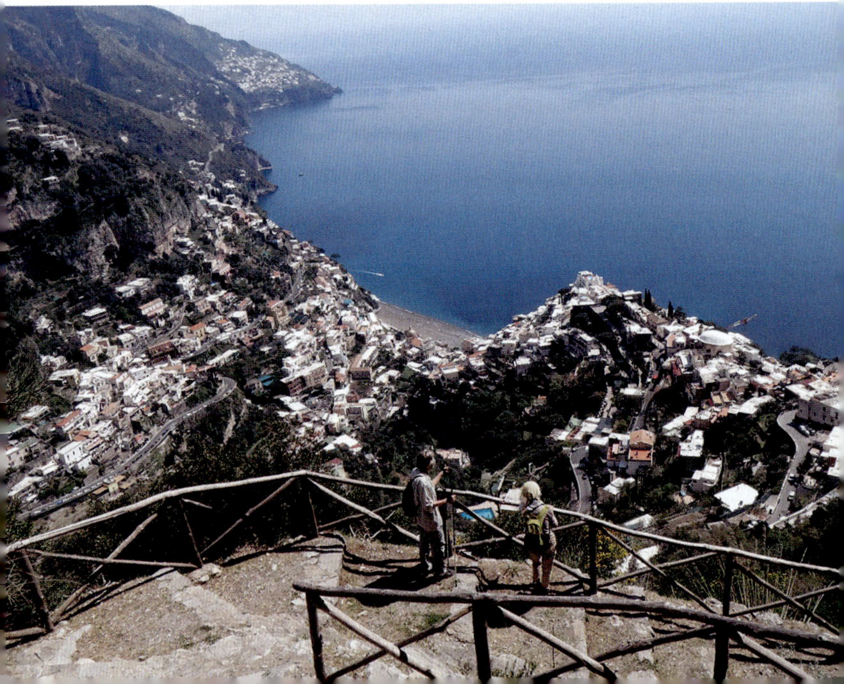

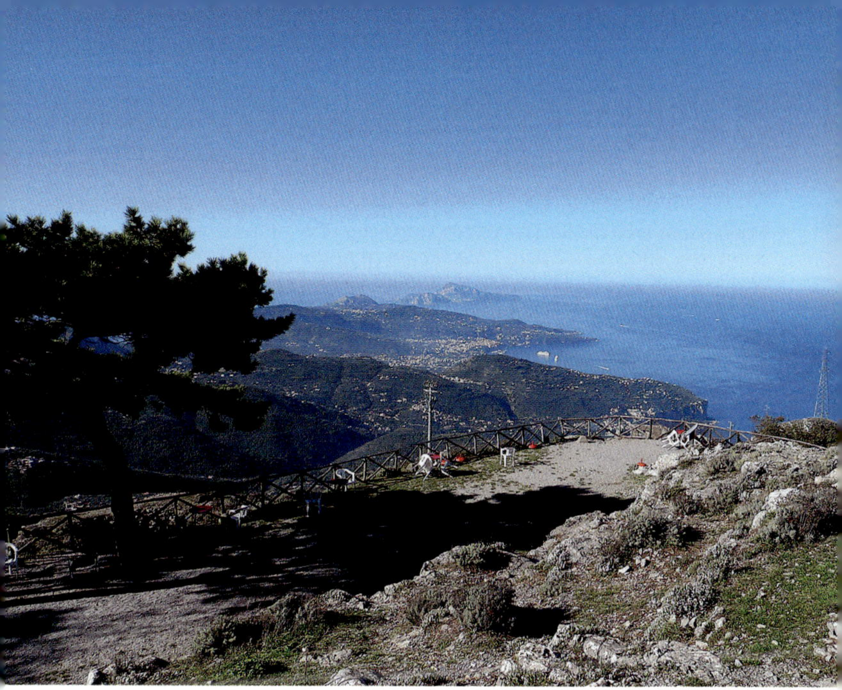

Blick vom Belvedere unterhalb der Stazione Monte Faito mit Blick in Richtung Sorrento und Capri.

Etwa 350 m oberhalb von Positano thront auf einer felsigen Terrasse der Ort **Montepertuso**. Hier beginnen bzw. enden so großartige Touren wie der »Weg der Götter« oder die Durchquerung der Halbinsel über den Conocchia bis zum Monte Faito.

Am Fuße des Monte Faito liegt **Vico Equense** mit seinem Hafen und Bademöglichkeiten am Golf von Neapel. Auch dieser reizvolle Ort bietet verschiedene Wandermöglichkeiten – mehr als die Auswahl in diesem Buch erwarten lässt. Die Steigungen der Wanderwege sind meist kleiner als von Positano aus. Es besteht auch die Chance, günstigere Übernachtungsmöglichkeiten als in Positano oder Sorrento zu finden. Die Anreise mit öffentlichen Verkehrsmitteln wird durch die Bahn »Circumvesuviana« leicht gemacht.

Zwischen den Wanderregionen Positano und Amalfi findet sich **Praiano** – ein ebenfalls viel besuchter Touristenort. Auch hier beginnen etliche markierte Wanderrouten. Allerdings geht es wie in Positano zunächst recht steil bergauf.

22 Praiano – Agerola Bomerano

2.50 Std.

Ein aussichtsreicher, alter Passweg

Noch heute wird dieser alte Verbindungsweg über den kleinen Pass Colle la Serra von Bauern und deren Maultieren rege genutzt. Denn trotz fehlender Straßen wird hier oben weiterhin Landwirtschaft betrieben. Der anfangs anstrengende Anstieg belohnt den Wanderer mit großartigen Ausblicken auf die gesamte Küste von Salerno bis Capri. Oben kommen wir in einen beeindruckenden Felszirkus mit vielen Höhlen, in denen sich zum Teil Ställe befinden. Dazu gehört auch die große Grotta Biscotto. Über dem Felszirkus thront als Kontrast der Ort Agerola Bomerano mit seinen weißen Häusern und ziegelroten Dächern.

Ausgangspunkt: Praiano, am Abzweig der Straße vor dem Tunnel in das oberhalb gelegene Dorf, 93 m. Haltestelle für Busse aus Amalfi und Positano »Praiano-Cimitero«.
Endpunkt: Agerola Bomerano, Piazza Paolo Capasso, 633 m. Dort Bushaltestelle in Richtung Amalfi und weiter in Richtung Praiano/Positano.
Höhenunterschied: 570 m im Aufstieg, 30 m im Abstieg.
Anforderungen: Steiler Anstieg bis zum Colle la Serra, jedoch auf alten Maultierwegen gut zu wandern. Wenig Schatten. Hinweisschilder, gelegentlich Markierungen.
Einkehr/Einkauf: Unterwegs nicht möglich.
Variante: Vom Colle La Serra könnte man wie bei Tour 23 nach Positano weiterwandern (von dort 2.30 Std.).

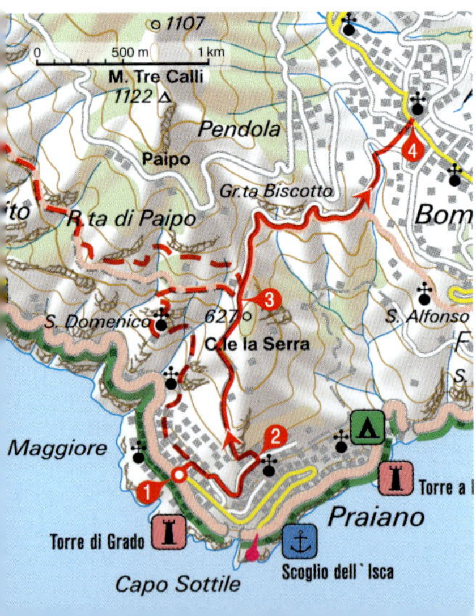

Von der Haltestelle in **Vettica Maggiore (1)** aus gehen wir 30 m in Richtung der sichtbaren Kirche mit der Majolikakuppel und steigen dann auf Treppen rechts an. Weiter oben quert bei einer Wasserstelle ein Treppenweg. Diesem folgen wir nach rechts (an der Hauswand fantasievolle Bilder auf Keramikplatten). Kurz nach dem Beginn eines (gesperrten) Straßenstücks gehen wir links die steile Treppe hinauf. Sobald diese in ein querendes Sträßchen mündet, wenden wir uns nach rechts und wandern dann die anschließende Straße bergan. An deren höchster Stelle erreichen wir eine Station des Ortsbusses **oberhalb** der Kirche **San Luca (2).**

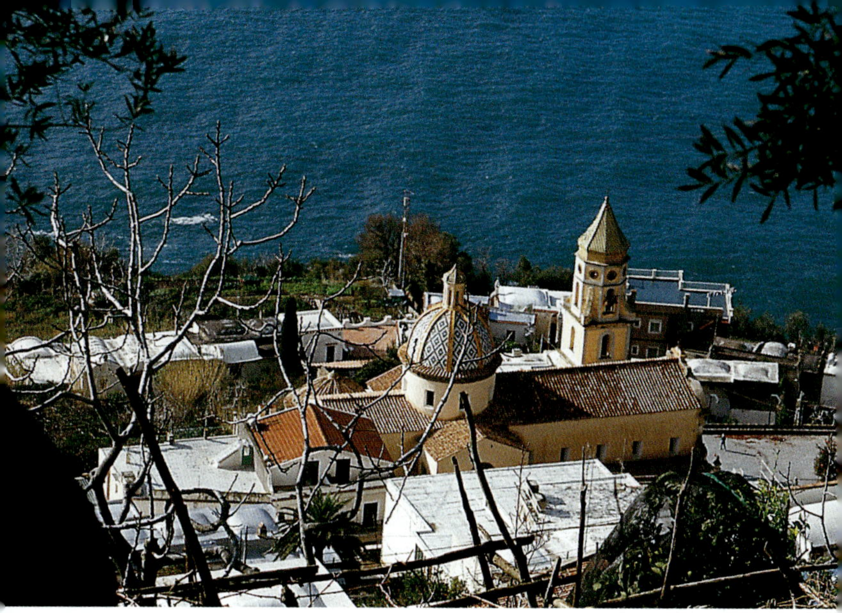

Die schön gelegene Kirche von Vettica Maggiore mit ihrer Majolikakuppel.

Hier steigt unser Weg links als Treppe durch ein Haus hindurch steil an. Bei der Mündung in einen zunächst ebenen alten Treppenweg geht es diesen, begleitet von einer landwirtschaftlichen Einschienenbahn, links hinauf zu einem Wasserwerk mit Aussichtsplattform. Weiter wandern wir auf der alten Mulattiera steil bergan. Oben werden neu bewirtschaftete Terrassen und ein Bauernhaus sichtbar. Bei einer Wasserstelle erreichen wir eine Verzweigung und nach einem weiteren kurzen Anstieg den Pass **Colle la Serra (3)** – hier kreuzen sich mehrere Maultierwege.

Wir folgen nun der breiten Mulattiera in zunächst nördlicher Richtung leicht abwärts. Dabei kommen wir an einem fingerförmigen Felsen mit CAI-Marmortafel vorbei. Später steigt die Mulattiera wieder an und führt in einem dramatischen Wegstück (bequem) an der Grotta Biscotto vorbei. Der nun neu ausgebaute Weg mündet in eine Asphaltstraße. Wir bleiben auf dieser, bis unsere Route rechts zu einem alten Verbindungsweg hinabführt. Diesem folgen wir links unter einer Brücke hindurch direkt nach **Agerola Bomerano (4)** zur Piazza Paolo Capasso hinein.

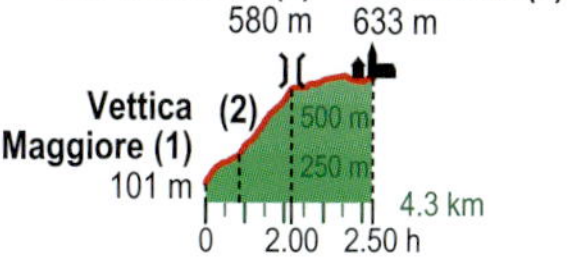

TOP **23**

Agerola Bomerano – Positano Montepertuso

3.00 Std.

»Weg der Götter« (Sentiero degli Dei)

»Sentiero degli Dei« haben die Italiener diesen Weg getauft – und das mit gutem Grund: Er bietet fantastische Blicke auf die Küsten- und Berglandschaft von Praiano bis zur Insel Capri. Man wandert hoch über dem Meer sowohl durch eine Felslandschaft als auch über schön geschwungene Terrassen.

Ausgangspunkt: Agerola Bomerano, Piazza Paolo Capasso, 633 m. Bushaltestelle »Bomerano« aus Richtung Amalfi in 150 m Entfernung.
Endpunkt: Montepertuso, Ortsteil von Positano, Piazza Cappella, 352 m. Haltestelle des Busses »Interno Positano« mit Verbindung hinab zum Hauptort Positano. Dort Busse nach Amalfi und anschließend nach Agerola.
Höhenunterschied: 180 m im Aufstieg, 450 m im Abstieg.
Anforderungen: Überwiegend Pfade bzw. ehemalige Treppenwege, meist leicht bergab, manchmal etwas holprig.

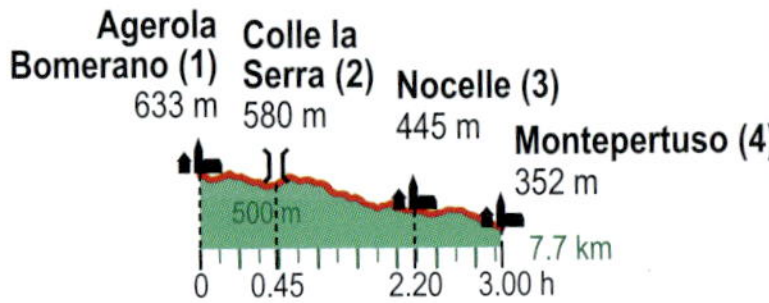

Wenig Schatten. Ab und zu Wegweiser und Markierungen, gut zu finden.
Einkehr/Einkauf: In Nocelle.
Varianten: 1) Rundweg ab Montepertuso über Tour 24 (ca. 8.00 Std.). 2) Anmarsch ab Praiano über Tour 22. 3) Fortsetzung nach Positano über Touren 27 und 29.

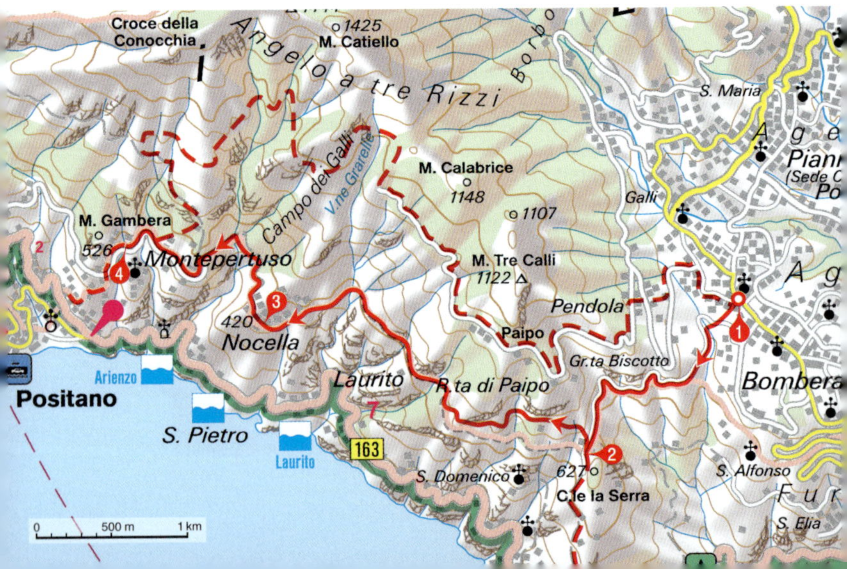

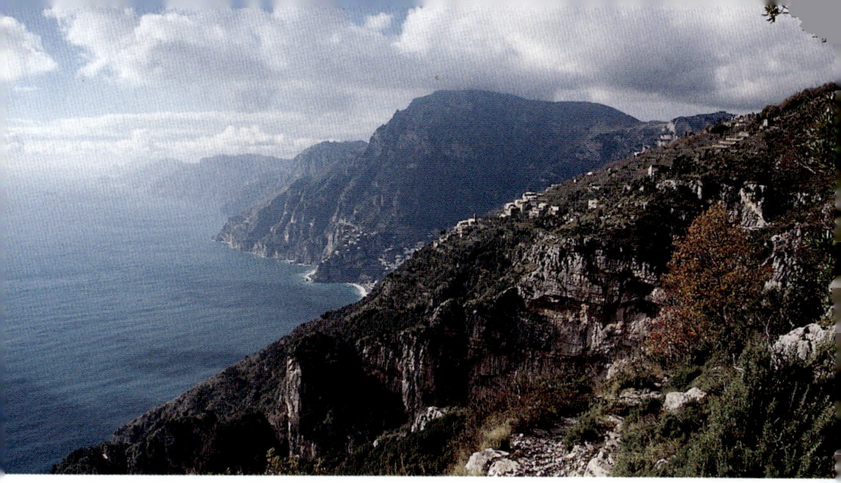

Auf dem »Weg der Götter« mit seinem großartigen Küstenpanorama.

Von der Piazza Paolo Capasso in **Agerola Bomerano (1)** aus folgen wir in südlicher Richtung der schmalen Via Pennino (Hinweisschilder) leicht abwärts. Nach dem Unterqueren einer kleinen Straßenbrücke nehmen wir rechts einen Treppenweg zur Straße hinauf und folgen dieser links. Die Straße geht später in einen betonierten Weg über. Um einen Felsen herum passieren wir die Grotta Biscotto und weitere Felshöhlen mit hineingebauten Häusern. Anschließend folgen wir der alten und breiten Mulattiera. Südlich kommt der **Colle la Serra (2)** ins Blickfeld, den wir nach einem leichten Ab- und Aufstieg erreichen.

Auf der Passhöhe gabelt sich der Weg: In südlicher Richtung führt ein Weg nach Praiano hinab, der nach wenigen Schritten an einer Häusergruppe und Wasserstelle vorbeiführt (vgl. Tour 22). Wir aber schwenken nach rechts (Markierung rot-weiß). Unser Schotterpfad steigt oberhalb von einzelnen Bauernhöfen an. Er führt in leichtem Auf und Ab über Felsnasen sowie durch kleine Macchia- und Waldgebiete. Bei einer rot-weiß markierten Verzweigung halten wir uns halbrechts. Wir passieren Höhlen und wandern an Rändern tiefer Schluchten. Schließlich im prächtig gelegenen Ort **Nocelle (3)** angelangt, steigen wir eine Treppe hinab und kommen bei einer künstlichen Grotte zu einem Kreuzungspunkt von Wegen.

Hier wenden wir uns nach rechts und folgen zunächst leicht ansteigend der schmalen Dorfgasse durch Nocelle. Am Ende schwenkt der alte Verbindungsweg nach rechts und mündet später in eine Straße. Sie führt durch die Schlucht des Flüsschens Porto und bald hinab nach **Montepertuso (4)**, einem Ortsteil von **Positano** (Busstation).

24 Positano Montepertuso – Agerola Bomerano

5.20 Std.

Auf einem Höhenweg zum Aussichtspunkt Capo Muro

Nach kräftigem Anstieg genießt man einen wunderbaren, fast 1000 m ü. NN verlaufenden Höhenweg. Man bewegt sich oberhalb vom »Weg der Götter«, weitab vom Trubel an der tief unten liegenden Küste. Der meist gut ausgebaute Weg durchquert wilde Felslandschaften, Wald- und Buschgebiete. Den Höhepunkt bildet der Sattel Fungo di Capo Muro mit dem pilzförmigen Felsen. Von dort überblickt man die westliche Halbinsel, den weiten Talkessel von Agerola und die felsigen Abhänge des Monte S. Angelo.

Ausgangspunkt: Montepertuso, Ortsteil von Positano, Piazza Cappella, 352 m. Haltestelle des Lokalbusses »Interno Positano«.
Endpunkt: Agerola Bomerano, Piazza Paolo Capasso, 633 m. Dort Bushaltestelle in Richtung Amalfi und weiter in Richtung Praiano/Positano.
Höhenunterschied: 790 m im Aufstieg, 510 m im Abstieg.
Anforderungen: Gute alte Verbindungswege (bis auf zwei Schotterhänge). Schattiger Anstieg. CAI-Wanderwege mit meist gut sichtbaren Markierungen.
Einkehr/Einkauf: Unterwegs nicht möglich.
Varianten: 1) Anmarsch über Tour 27 ab Positano Li Parlati oder Tour 29 ab Positano Chiesa Nuova. 2) Lohnend und weniger anstrengend ist ein Anstieg von Agerola Bomerano nur bis Capo Muro (hin/zurück ca. 3.15 Std.). 3) Erweiterung der Tour zu einem Rundweg, wenn man über Tour 23 nach Montepertuso zurückkehrt (ca. 3.00 Std. zusätzlich).

Von der Piazza Cappella, dem Zentrum von **Montepertuso (1)** wählen wir den Treppenweg in nördlicher Richtung. Sobald wir die Straße erreichen, folgen wir dieser durch eine Rechtskurve. Nach gut 100 m steigen wir scharf links die neuere Betontreppe hinauf (mit CAI-Zeichen und gelber »3« markiert). Der Treppenweg führt uns in Serpentinen zunächst zwischen Häusern und dann durch eine parkartige Landschaft hinauf. Immer den Markierungen (nun auch rote Streifen) folgend, kommen wir an einer Grotte mit einer Madonna vorbei, passieren eine tief eingeschnittene Felswand (zu Regenzeiten ein Wasserfall) und erreichen die **Caserma Forestale (2)** – ein Steinhaus für Waldarbeiter.

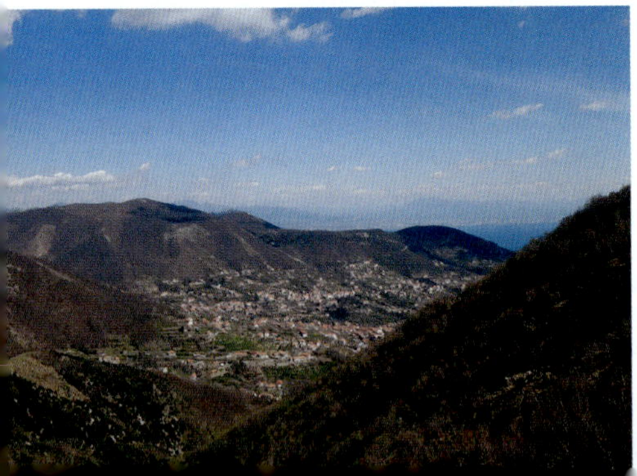

Blick vom Capo Muro auf das breite Tal von Agerola.

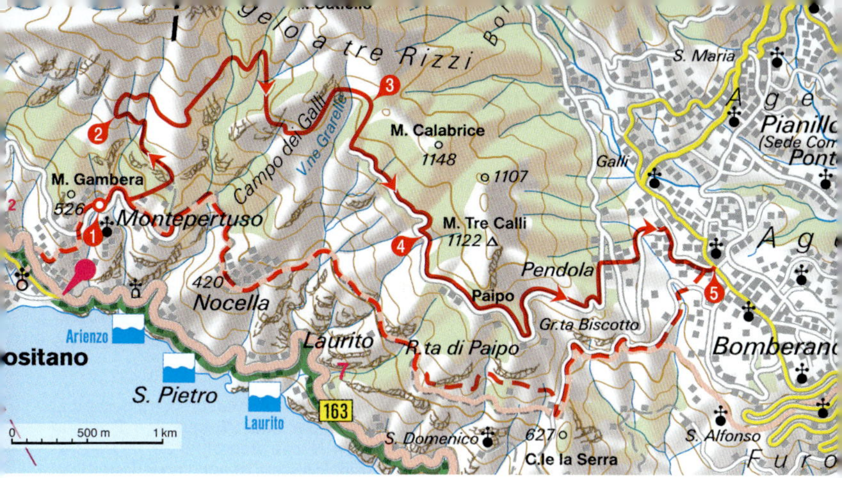

Wir steigen in nördlicher Richtung an der links liegenden Caserma vorbei an. Nach ca. 90 m, bei einer Wegkreuzung, nehmen wir den flach ansteigenden Weg rechts. Dieser führt markiert zunächst abermals durch eine parkartige Landschaft, dann auf guten Pfaden durch schroffe Felsabhänge. Nach dem Durchqueren eines Felssturzgebietes (man sieht an einem der Gipfel des Monte S. Angelo noch die Abbruchfläche aus dem Jahre 2002) erklimmen wir steil die Höhe von ca. 1050 m. Dann führt ein relativ ebener Weg zum Sattel **Capo Muro (3)** mit dem markanten Felsen »Il Fungo«.

Von dort geht es nach Süden zuerst weitgehend eben den Berghang entlang (markiert). Anschließend steigen wir auf schottrig-felsigem Pfad am Rande eines Taleinschnittes hinab. Gut 100 Höhenmeter tiefer schwenken wir am Ende des mäßig steilen Hanges links in den Buschwald. Der Weg geht in einen Feldweg, dann in eine Straße über. Nach dem Einschnitt eines Bergtales erreichen wir bei den Ruinen eines Bauernhofes den Punkt **Il Casino (4)**.

Wir bleiben auf der wenig befahrenen Straße, die aussichtsreich den Hang entlang führt. Bereits oberhalb von Agerola bei einer Häusergruppe kurz vor einem Buschwald nehmen wir rechts den alten Treppenweg hinab. Er quert eine Asphaltstraße, führt weiter unten durch Gartenterrassen und mündet abermals in eine Asphaltstraße. Dieser folgen wir nach links und biegen nach 130 m wieder rechts in den Weg hinab. Über Straßen gelangen wir in den Ort **Agerola Bomerano (5)** und zur Piazza Paolo Capasso.

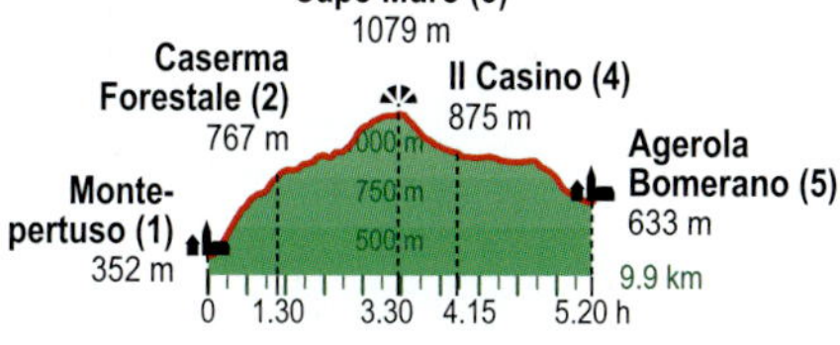

TOP **25**

Positano Montepertuso – Monte Sant'Angelo, 1444 m

7.20 Std.

Durch parkartige Landschaften und über schroffe Felsen hoch zum Massiv des Monte S. Angelo

Der majestätische Monte S. Angelo mit der würfelförmigen Spitze Monte S. Michele, 1444 m, auch »Molare« genannt, bietet einen totalen Rundblick (vgl. Tour 21). Der Anstieg erfolgt zunächst auf guten Treppenwegen durch eine parkartige Landschaft. Weiter oben führen Treppenwege durch eine beeindruckende Felsarena. Auf der Höhe angelangt, genießen wir schöne Waldwege.

Ausgangspunkt: Montepertuso, Ortsteil von Positano, Piazza Cappella, 352 m. Haltestelle des Lokalbusses »Interno Positano«.

Höhenunterschied: Im Auf- und Abstieg je 1100 m.

Anforderungen: Teilweise unterhaltene Treppenwege und Bergpfade. Überwiegend gute Markierungen.

Einkehr/Einkauf: Unterwegs nicht mögl.

Varianten: 1) Anmarsch von Positano Li Parlati über Tour 27 und von Positano Chiesa Nuova über Tour 29. 2) Die Caserma Forestale ist auch über Tour 31 erreichbar. 3) Weiterweg über Touren 28 bzw. 32 in Gegenrichtung zum Monte Faito (2.30 Std.; von dort Bus nach Vico Equense). 4) Weiterweg nach Agerola über Tour 21 in Gegenrichtung (4.30 Std.).

Aufstieg durch den Felskessel unterhalb von der Croce delle Conocchia.

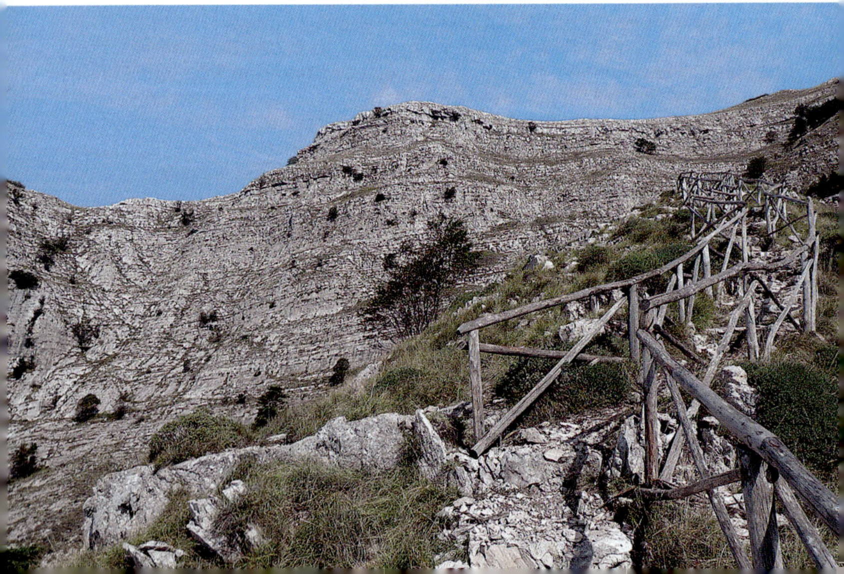

Von der Piazza Capella, dem Zentrum von **Montepertuso (1),** wählen wir zunächst wie bei Tour 24 den Treppenweg in nördlicher Richtung. Sobald wir die Straße erreichen, folgen wir dieser durch eine Rechtskurve. Nach gut 100 m steigen wir scharf links die neuere Betontreppe hinauf (markiert). Der Treppenweg führt uns in Serpentinen zunächst zwischen Häusern und dann durch eine parkartige Landschaft hinauf. Immer den Markierungen folgend, kommen wir an einer Grotte mit Madonna vorbei, passieren eine tief eingeschnittene Felswand und erreichen die Forsthütte **Caserma Forestale (2),** mit der Verzweigung verschiedener Wege.

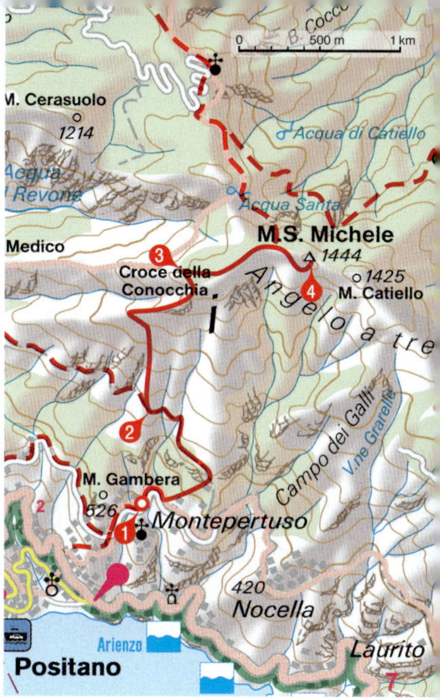

Von dort steigen wir in nördlicher Richtung an der links stehenden Caserma vorbei an. Nach etwa 90 m bei einer Kreuzung von Wegen wählen wir halbrechts den rot-weiß markierten felsigen Treppenweg (nicht rechts den flach ansteigenden von Tour 24). Es folgt ein längerer Anstieg in Serpentinen durch Baum- und Buschhaine. Weiter oben in der nun sehr felsigen Landschaft zieht sich unser Weg links den Hang entlang, bis wir eine Felsnase erreichen. Von der »Nasenspitze« aus steigen wir einen ehemaligen Treppenweg mit Holzgeländer an. Dieser führt uns durch die Felsarena hinauf. Oberhalb der in mehreren Schichten waagerecht verlaufenden Felskanten folgen wir dem fast ebenen Weg nach links. Ca. 100 m weiter erreichen wir bei einer Buschgruppe und oberhalb einer weiteren

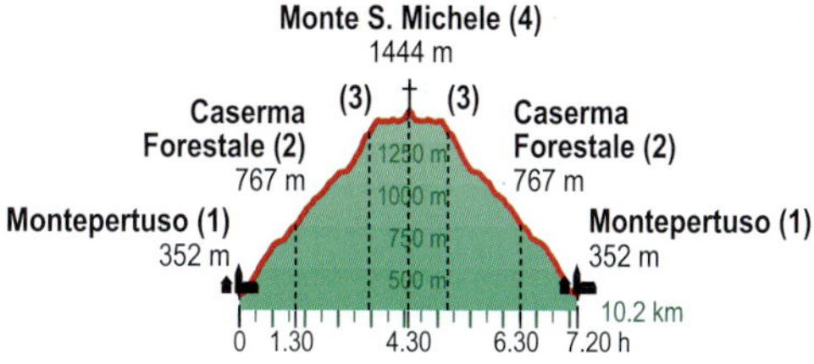

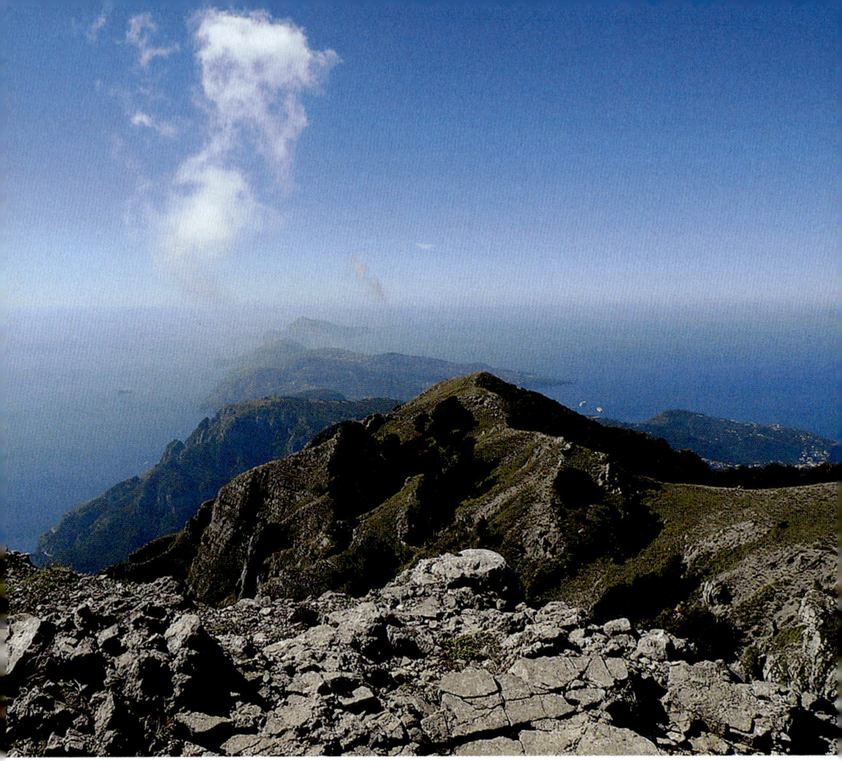

Blick vom höchsten Gipfel des Monte-S.-Angelo-Massivs in Richtung Capri.

Felsnase die **Verzweigung Conocchia (3)**, 1310 m (schwach gelb markierte Steine).
Wir folgen nun dem markierten Pfad in Serpentinen den Berggrat hinauf. Weiter oben geht es links durch kleinere Wäldchen fast eben am Hang entlang. Rechts sieht man den Gipfel der Croce della Conocchia mit dem Metallkreuz. Danach einem Grat entlang, erreichen wir eine Richtfunkstation. Dort wandern wir in östlicher Richtung weiter, schauen durch ein Felsloch hindurch und kommen zu einer Verzweigung mit Wegweiser. Wir folgen der Richtung »Molare« zwischen zwei Felsen hindurch. Schließlich geht es in Serpentinen steil hinauf zum höchsten Gipfel des **Monte-S.-Angelo-Massivs**, dem **Monte S. Michele (4)**.
Unser Rückweg nach **Montepertuso (1)** verläuft über den Anstiegsweg (weitere Möglichkeiten s. Varianten).

3.00 Std.

Felsloch von Montepertuso, 510 m

26

Rundweg mit markantem Höhepunkt

Das markante Felsloch mit dem italienischen Namen »Buco di Montepertuso« ist von Positano aus gut zu sehen und übt eine starke Anziehungskraft aus. Es gab Montepertuso den Namen (durchlöcherter Berg) und ist Stoff für religiöse Legenden. Beim Loch angekommen wird man durch reizvoll umrahmte Blicke auf Montepertuso und Positano belohnt.

Ausgangspunkt: Positano Li Parlati, an der Via Guglielmo Marconi bei einem abzweigenden, überbrückten Sträßchen, 96 m. SITA-Bushaltestelle »Li Parlati«.
Endpunkt: Positano Chiesa Nuova, im Ortsteil Corvo, 164 m. Bushaltestelle »Chiesa Nuova« für die Fahrt zurück nach Li Parlati.
Höhenunterschied: 400 m im Aufstieg, 330 m im Abstieg.
Anforderungen: Gute, bequeme Wege aufwärts. Abwärts teils steil und ausgesetzt.
Einkehr/Einkauf: In Montepertuso.

Blick aus dem Loch im Monte Gambera in Richtung der Passhöhe S. Maria Castello.

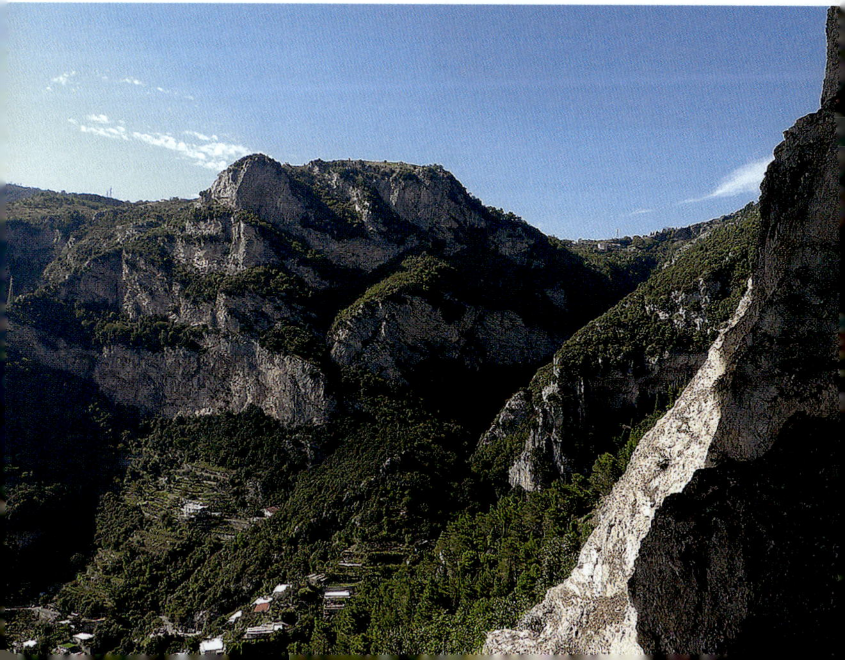

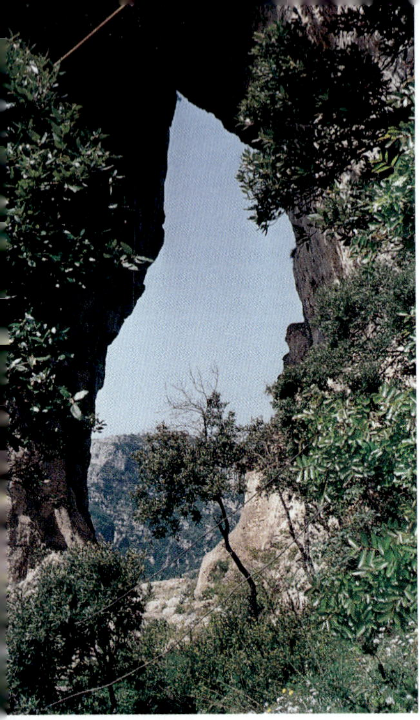

Das große sagenumwobene Felsloch im Monte Gambera, das Buco di Montepertuso, bietet einen Rahmen für reizvolle Blicke.

Wir starten in **Positano (1)**, gehen durch das Tor aus Natursteinen (Hinweisschild »Cimitero/Sentieri«) und dann die Treppenbrücke über ein Sträßchen hinauf. Nach einer abermaligen Brücke schwenken wir nach links und gleich wieder nach rechts. Nun folgen wir dem alten Verbindungsweg aufwärts. Dieser führt später an älteren, teils herrschaftlichen Häusern vorbei. Bei der abzweigenden Via Stefan Andres mit dem Keramikschild »Cimitero« (eine Verbindung in ca. 10 Minuten zum berühmten Friedhof von Positano) gehen wir den alten Treppenweg links hinauf, vorbei an einer Häusergruppe (hier wirkt der Weg fast privat). Es schließt sich ein neuer, betonierter Treppenweg an, der in Serpentinen direkt über der Küste, durch Olivenhaine bergan und später in einen Taleinschnitt führt. Abermals in Serpentinen aufwärts erreichen wir den Ortsrand von Montepertuso. In den Gassen bei einer Verzweigung wenden wir uns links dem Treppenweg zu (kleines Hinweisschild »Piazza Cappella«). Er führt, immer geradeaus, unterhalb der Kirche vorbei und die Via Pestella entlang zur Piazza Cappella, dem kleinen Zentrum von **Montepertuso (2)**.

Auf dem Platz gehen wir links am Restaurant »Il Ritrovo« vorbei und steigen dann in der Ecke rechts den zunächst schmalen und steilen Treppenweg Via Campola hinauf. Nach einem längeren Anstieg (ca. 80 Höhenmeter) und am Ende dieses Treppenweges schwenken wir nach links und nehmen einen ebenen Naturweg über eine Feldterrasse. Nach ca. 50 m geht es rechts in den Buschwald. Es folgen eine Steintreppe und dann ein Pfad in Serpentinen

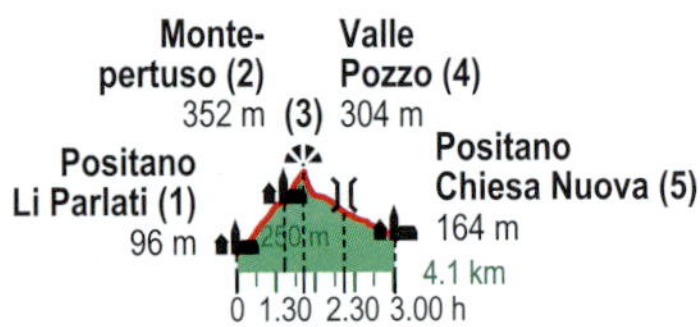

hinauf bis zum **Buco di Montepertuso (3),** 510 m.
Wir durchschreiten das Felsloch und kraxeln ein paar Schritte steil bergab. Anschließend gehen wir rechts weiter am Felsen entlang. Der Weg führt danach scharf nach links durch den Buschwald, dann in Serpentinen bergab und gelangt zu einer in den Fels gehauenen Höhle mit Gittertor. Dort wenden wir uns scharf nach rechts und folgen weiter dem Weg bergab. An einem breiten querenden Weg müssen wir uns wiederum scharf rechts halten (folgen wir links dem breiten Weg, so kommen wir zur Hauptstraße). Genussvoll folgen wir nun dem ebenen Weg, der an einem schön angelegten Rastplatz in das Valle Pozzo hineinführt. Geradeaus kommen wir an glatten Felsbändern entlang zu einem Bach (über dem Weg ist ein kleines Wasserwerk). Wir nehmen vor dem Bach links die Treppe, die in das enge Tal hinabführt. Der Weg verläuft direkt am Bach entlang und nach größeren Wasserwerkanlagen zur Brücke am Eingang des **Valle Pozzo (4)**.
Weiter geht es mit Blicken auf das zu Füßen liegende Positano rechts die Straße in südwestlicher Richtung abwärts. Nach gut einem Kilometer bei einer scharfen Rechtskurve der Straße steigen wir links die zunächst schmale Treppe hinab und gelangen so zum Kirchplatz der **Chiesa Nuova** in **Positano (5)**. Dort folgen wir dem Weg halblinks und unterqueren eine Passerelle. Danach geht es rechts hinab zur Hauptstraße Via Marconi.

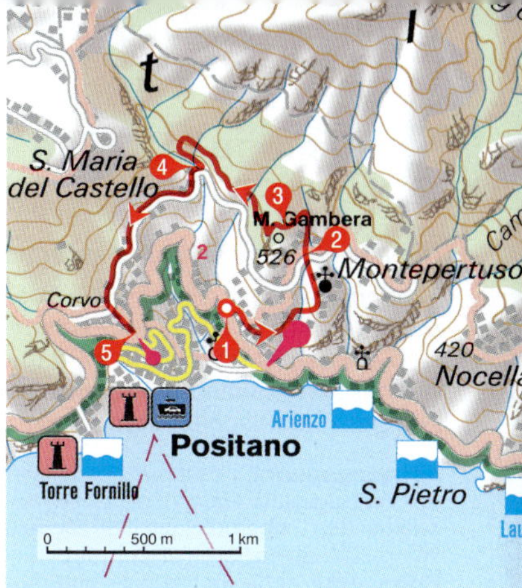

Blick zurück zum Felsloch von Montepertuso.

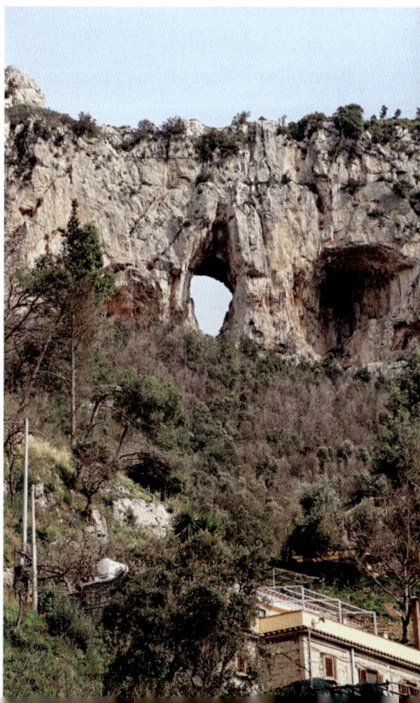

27 Positano Li Parlati – Positano Montepertuso

1.40 Std.

Die alte Hauptverbindung zwischen Li Parlati und Montepertuso

Montepertuso, ein Stadtteil von Positano, lockt als ideales Ziel für einen interessanten Kurzausflug. Man kommt trotz der Nähe ins Schwitzen, denn es sind etwa 260 Höhenmeter zu überwinden. Belohnt wird man mit Panoramablicken auf Positano, abwechslungsreicher Landschaft und einem vielfältigen gastronomischen Angebot am Zielort.

Ausgangspunkt: Positano Li Parlati, an der Via Guglielmo Marconi bei einem abzweigenden überbrückten Sträßchen, 96 m. SITA-Bushaltestelle »Li Parlati«.
Höhenunterschied: Im Auf- und Abstieg je 260 m.
Anforderungen: Gute, unterhaltene Treppenwege.
Einkehr/Einkauf: Unterwegs in Montepertuso möglich.

Varianten: Abstieg über Tour 29 (in Gegenrichtung) nach Positano Chiesa Nuova (zusätzlich 30 Min.).

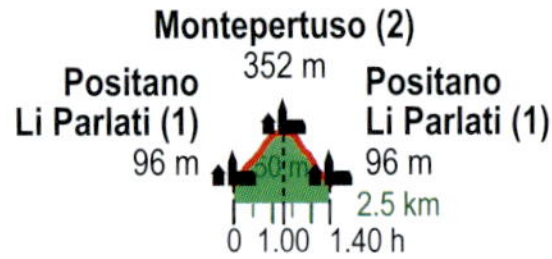

Der berühmte Friedhof von Positano direkt über dem Meer.

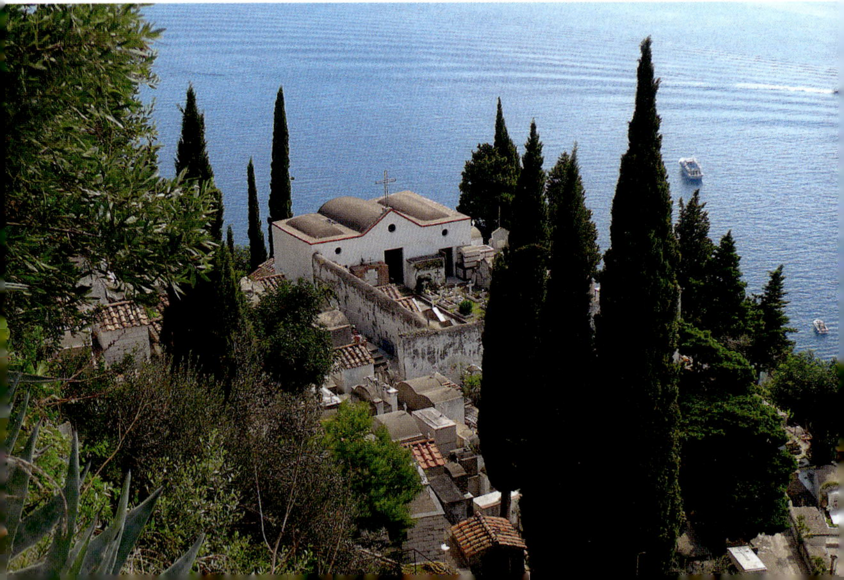

Von **Positano Li Parlati (1)** gehen wir das gepflasterte Sträßchen unter der Fußgängerbrücke hindurch aufwärts. Diesem folgen wir zunächst geradeaus in Richtung auf Li Parlati zu. In gleicher Richtung weiter folgt ein Treppenweg (Schild »Montepertuso«). Etwa 100 m danach bei einer Stelle mit einer Stützmauer rechts und weißen Gebäuden links wählen wir rechts den Treppenweg. Nun steigen wir in vielen Serpentinen aufwärts zu schroffen Felswänden mit pittoresken Tropfsteinformen. Auf bequemem breitem Weg geht es anschließend hinauf zu einer Straße. Auf der anderen Straßenseite führt der alte Verbindungsweg nach **Montepertuso (2)** zur Piazza Cappella hinein.

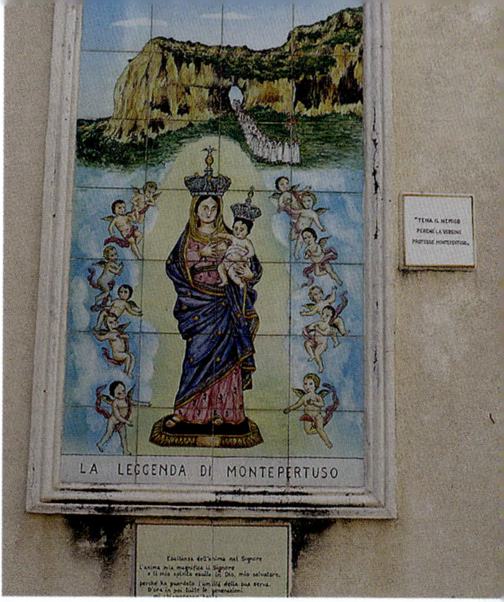

Darstellung der frommen Marienlegende zum Loch von Montepertuso.

Für den Rückweg überqueren wir vom Platz aus die Straße und nehmen den in gleicher Richtung weiterführenden Weg. Auf der rechten Seite an der breiten Treppe zur Kirche vorbei, folgen wir immer dem Weg mit den in Beton eingelegten Streifen und Mustern aus Ziegeln. Dieser mündet in einen Treppenweg rechts hinab. Nun durchqueren wir Olivenhaine und nähern uns dem Ortsteil Grado von Positano. Sobald wir auf die eben verlaufende Via Stefan Andres treffen (sie führt links in 10 Minuten zum berühmten Friedhof mit dem Grab des deutschen Schriftstellers Stefan Andres), gehen wir rechts hinab auf das rosarot gestrichene herrschaftliche Haus zu. Bei einer Verzweigung biegen wir links in das gepflasterte Sträßchen und folgen ihm hinab, unter der Fußgängerbrücke hindurch, zur Hauptstraße Via Marconi in **Positano Li Parlati (1).**

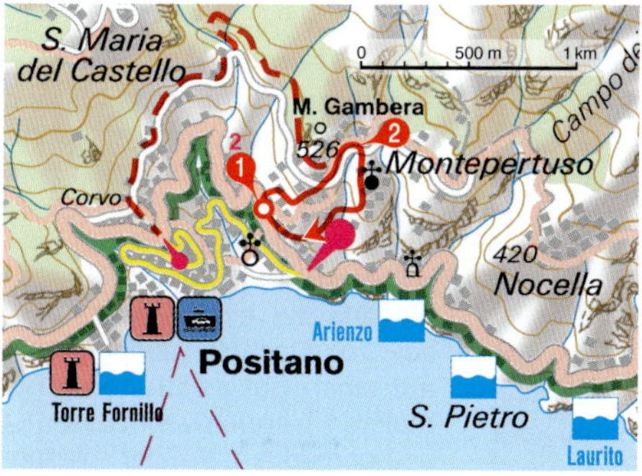

28 Positano Montepertuso – Monte Faito

6.50 Std.

Quer durch die Halbinsel mit vielfältigen Landschaften und Panoramen

Wer körperliche Herausforderungen nicht scheut und dafür grandiose Panoramen genießen möchte, kommt bei dieser Wanderung voll auf seine Kosten. Zu Füßen liegen der Golf von Salerno und der Golf von Neapel. Es geht vorbei an schroffen Kalkfelsen und dann wieder durch liebliche Waldlandschaften.

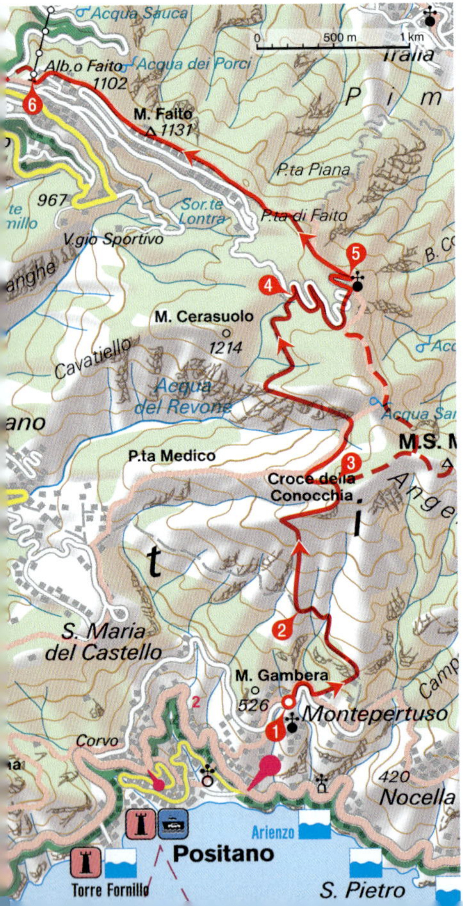

Ausgangspunkt: Montepertuso, Ortsteil von Positano, Piazza Cappella, 352 m, bei der Station des Lokalbusses »Interno Positano«.
Endpunkt: Stazione Monte Faito, 1102 m. Haltestelle der EAV-Busse für die Fahrt bis Vico Equense Station. Von dort Circumvesuviana bis Sorrento und von dort Bus nach Positano.
Höhenunterschied: 1060 m im Aufstieg, 310 m im Abstieg.
Anforderungen: Meist gute Treppenwege, Waldwege und Pfade. Teilweise rot-weiß markiert.
Einkehr/Einkauf: Unterwegs nicht möglich.
Variante: Über Tour 25 Abstecher möglich auf den Monte S. Angelo, 1444 m, und von dort direkt hinab zum Sattel Castellone.

Von **Montepertuso (1)** folgen wir zunächst der Wegbeschreibung von Tour 25 über die **Caserma Forestale (2)** zur **Verzweigung Conocchia (3)** auf einer Felsnase. Hier führt Tour 25 rechts nach Osten zum Monte S. Angelo hinauf.
Wir wandern jedoch auf dem »Nasenrücken« nach Westen abwärts auf eine felsige »Warze« zu. Danach gelangen wir auf einen gut sichtbaren, ehemaligen Treppenweg. Dieser ist später markiert. Vor der »Nasen-

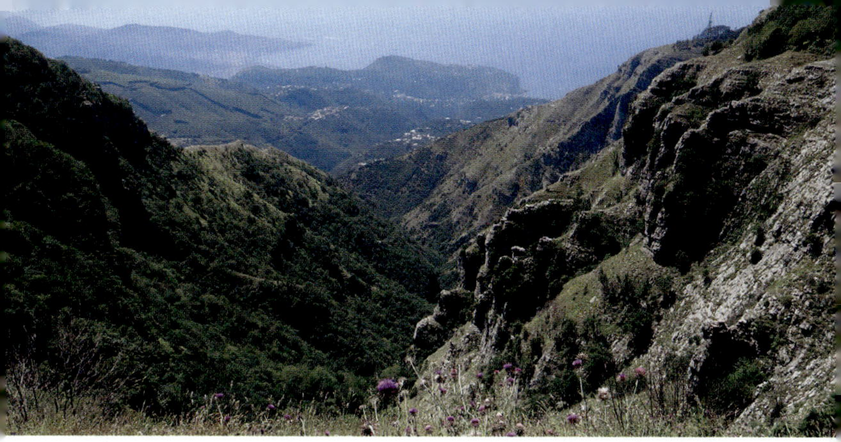

Tiefe Schluchten auf dem Weg zum Monte Faito (Blick Richtung Sorrento und Capri).

spitze« folgen wir rechts dem Weg durch Wald. Bequem verläuft dieser über Felsabhänge und -schluchten. Er geht später in einen breiteren Schotterweg und dann grasigen Feldweg über. Nach einem längeren Wegstück und gut 200 m nach einem links stehenden Strommasten schwenkt dieser in einen Wald. Hier verlassen wir den markierten CAI-Weg, der sehr anspruchsvoll durch Felswände nach Moiano hinabführt. Unser lauschiger Waldweg schlängelt sich fast eben durch kleine Taleinschnitte zur Lichtung und Ebene **Campo del Pero (4),** 1158 m.

Es folgt rechts ein Aufstieg in Serpentinen durch Wald die Straße hinauf. Diese führt zum **Sattel Castellone**, 1233 m – ein merkwürdiges Schottergebiet, zeitweilig mit kleinen Tümpeln (von dort führt Tour 21 zum Monte S. Angelo). Wir steigen zunächst weiterhin auf der Straße an. Die Serpentinen können wir auf Pfaden abkürzen. Oben endet die Straße bei der bereits sichtbaren **Cappella S. Michele (5)**, von der wir einen prächtigen Blick in den Golf von Neapel und in die Monti Lattari genießen können.

Der Weiterweg folgt stets dem Grat, wobei allerdings immer wieder Antennenanlagen stören. Mit kleinen Partien aufwärts und abwärts geht es am Monte Faito vorbei und dann zur **Stazione M. Faito (6)**. Von der Bergstation lohnt sich auch eine Fortsetzung auf markiertem Weg abwärts zum Belvedere, wo diverse Ausflugs-Restaurants auf Gäste warten (etwa 15 Min., ebenfalls Station des Busses nach Vico Equense).

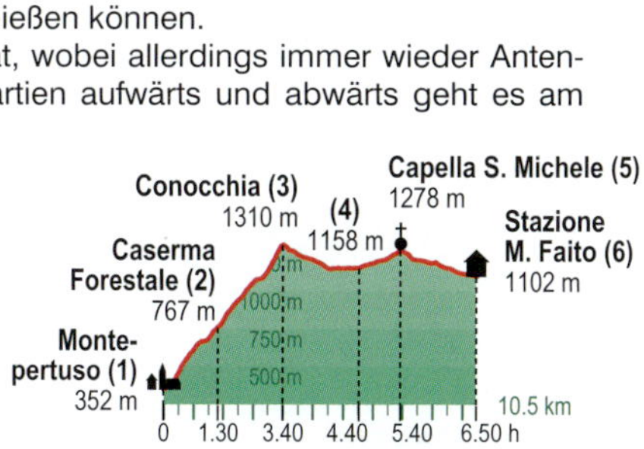

29 Positano-Rundweg

3.00 Std.

Positano aus verschiedenen Blickwinkeln und Höhen betrachtet

Positano liegt in einer von steilen Bergabhängen gebildeten Arena, die sich zum Meer hin öffnet. Diese einzigartige Lage und die noch gut erhaltene, gepflegte Bebauung in griechisch geprägtem Stil machen den Ort zu einem Schmuckstück. Die Wanderung bietet Blicke auf Positano aus verschiedenen Höhen und Perspektiven sowie Einblicke in die griechisch beeinflusste Baukultur.

Ausgangspunkt: Positano, Chiesa Nuova, im Ortsteil Corvo an der Via Guglielmo Marconi, 164 m. SITA-Bushaltestelle »Chiesa Nuova« bei der Bar Internazionale.
Höhenunterschied: Im Auf- und Abstieg je 350 m.
Anforderungen: Bequeme, wenig befahrene Straßen und Treppenwege. Keine Markierungen, aber leicht zu finden.
Einkehr/Einkauf: Zahlreiche Möglichkeiten in den Ortsteilen von Positano.

Von der Straße unterhalb der **Chiesa Nuova (1)** in **Positano** wählen wir in nordwestlicher Richtung den Treppenweg Via Chiesa Nuova und steigen zur gleichnamigen Kirche im Ortsteil Corvo hinauf. Nach dem Kirchplatz geht es eine Gasse entlang und dann über eine neuere Treppe zur Asphaltstraße nach Montepertuso. Dieser folgen wir rechts aufwärts bis zur Brücke am Eingang des **Valle Pozzo (2)**.
Wir bleiben auch danach auf der Panorama-Straße. Sie führt uns am zauberhaften Ort »Fontana Vecchia« vorbei. Bei einer Verzweigung mit diversen Reklameschildern steigen wir halblinks an. Das Sträßchen mündet in einen alten Verbindungsweg, der uns nach **Montepertuso (3)** zur Piazza Cappella führt. Dort überqueren wir die Straße und nehmen den in gleicher Richtung weiterführenden Weg. Rechts an der breiten Treppe zur Kirche vorbei, folgen wir immer dem Weg mit den in Beton eingelegten Streifen und Mustern aus Ziegeln. Dieser mündet in einen Treppenweg rechts hinab. Nun durchqueren wir Olivenhaine und nähern uns dem Ortsteil Grado von Positano. Wir treffen auf die Via Stefan Andres (sie führt links in 10 Min. zum berühmten Friedhof) und gehen rechts hinab auf das rosarot ge-

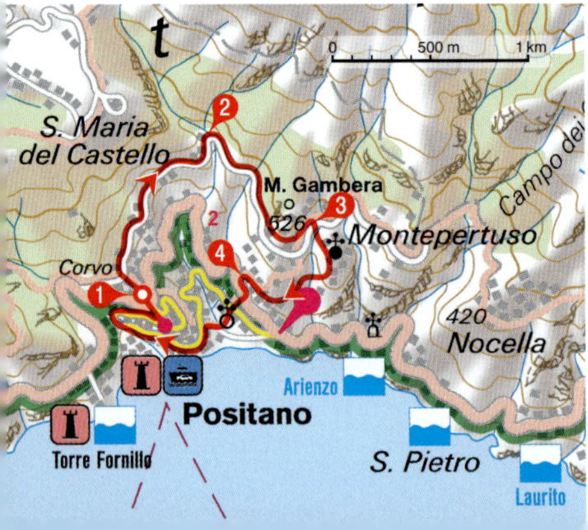

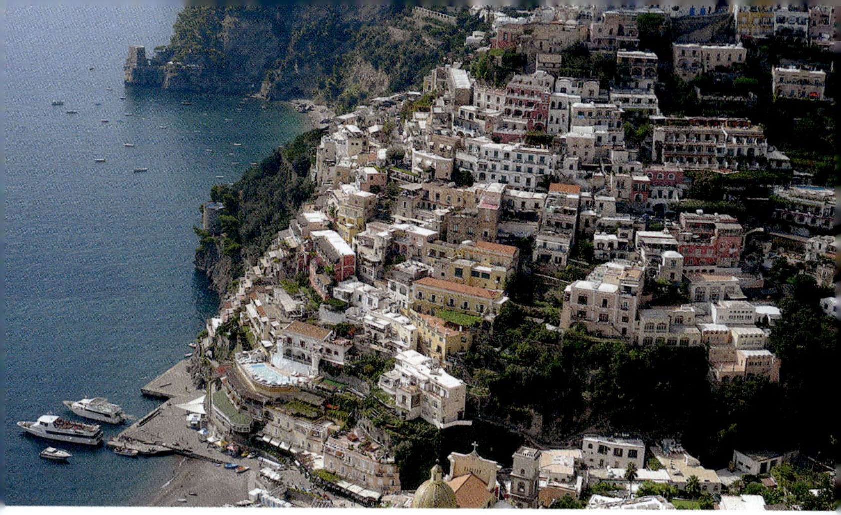

Blick auf Positano beim Abstieg von Montepertuso aus.

strichene herrschaftliche Haus zu. Bei einer Verzweigung biegen wir links in das gepflasterte Sträßchen und folgen ihm hinab, unter der Fußgängerbrücke hindurch, zur Hauptstraße Via Marconi in **Positano Li Parlati (4).**
Links diagonal auf der anderen Straßenseite geht es die Via S. Sebastiano abwärts. Wir nehmen anschließend die Via Cristoforo Colombo nach rechts, ca. 50 m weiter den Weg wieder links und weiter unten abermals scharf links. Nun auf der Via dei Mulini, erreichen wir den Platz vor der Kirche **S. Maria Assunta**, 50 m (schöne farbige Majolikakuppel, am Kampanile mittelalterliches Relief aus dem 11. Jh. mit Meeresungeheuer). Von dort steigen wir die breite Freitreppe hinunter und können dem Strand (Spiagga Grande) mit seinen vielen Restaurants einen Besuch abstatten.
Zurück am Fuße der Freitreppe nehmen wir an der gegenüberliegenden Felswand den Treppenweg links hinauf. Später biegen wir rechts in die Via degli Oleandri und gelangen weiter oben zur Viale Pasitea. Hier gehen wir links die Straße bergan und passieren die Kapelle S. Caterina. Weiter geht es zur Grotta Fornillo mit Marienschrein und durch die Straßenkehre bis zum Hotel Villa Franca. Von dort führen uns der links abzweigende Treppenweg und dann die Viale Pasitea wieder zurück zur **Chiesa Nuova (1)** in **Positano**.

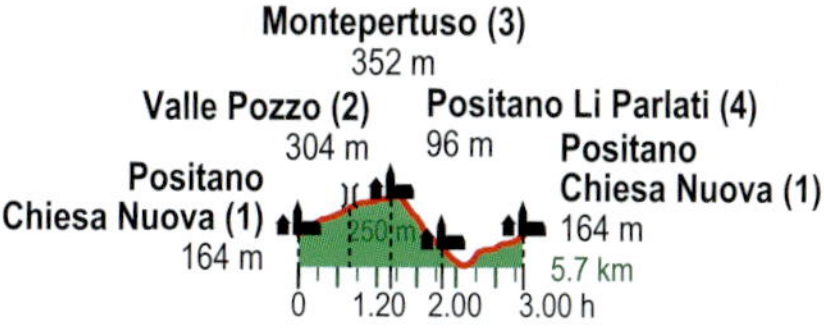

30 Santa Maria del Castello, 685 m

3.50 Std.

Rundweg über einen historisch wichtigen Pass

Eine Kirche im spanischen Barockstil erinnert noch an die einstige Bedeutung des Passes bei S. Maria del Castello, über den früher der wichtigste Land-Transportweg zwischen Positano und dem Golf von Neapel führte. Von der Passhöhe, auf der früher ein Kastell stand, blickt man jäh hinab nach Positano. Großartige Blicke eröffnen sich auch auf die Küste und die umgebenden Berge (Monte S. Angelo, Monte Comune) sowie in den Golf von Neapel.

Ausgangspunkt: Positano, Chiesa Nuova, im Ortsteil Corvo an der Via Guglielmo Marconi, 164 m. SITA-Bushaltestelle »Chiesa Nuova« bei der Bar Internazionale.
Höhenunterschied: Im Auf- und Abstieg je 530 m.
Anforderungen: Straßen, relativ bequeme alte Maultierwege, zwischendurch alte Treppenwege und steilere Pfade mit kurzen Kraxelpartien. Anstieg schattig. Rot-weiße und andere Markierungen sowie Hinweisschilder.
Einkehr/Einkauf: Restaurant »Zii Pepe« bei S. Maria del Castello.

Von **Positano (1)** unterhalb der **Chiesa Nuova** aus folgen wir – wie bei Tour 29 – in nordwestlicher Richtung dem Treppenweg Via Chiesa Nuova und steigen zur gleichnamigen Kirche im Ortsteil Corvo hinauf. Nach dem Kirchplatz geht es eine Gasse entlang und dann über eine neuere Treppe zur Asphaltstraße nach Montepertuso. Dieser folgen wir rechts aufwärts bis zur Brücke am Eingang des **Valle Pozzo (2)**.
Unmittelbar nach der Brücke führt ein schmaler Pfad links ins enge Tal. Vorbei an Staustufen und Wasserwerk-Anlagen, halten wir uns rechts und steigen eine (nicht unterhaltene) Betontreppe in das felsige Tal hinein. Bei einer Wegekreuzung angelangt, folgen wir links dem alten Weg über den Bach und dann rechts bergan. Etwa 20 m nach dem Überqueren eines weiteren Bachbettes auf glattem Fels und vor einem einladenden, restaurierten Wegteil biegt unser markierter Weg rechts ab. Er führt uns zunächst links und später rechts vom Bachlauf durch das enge und wildromantische Tal steil hinauf. Weiter oben steigen wir links in ein kleines Seitental. Außerhalb des Waldes

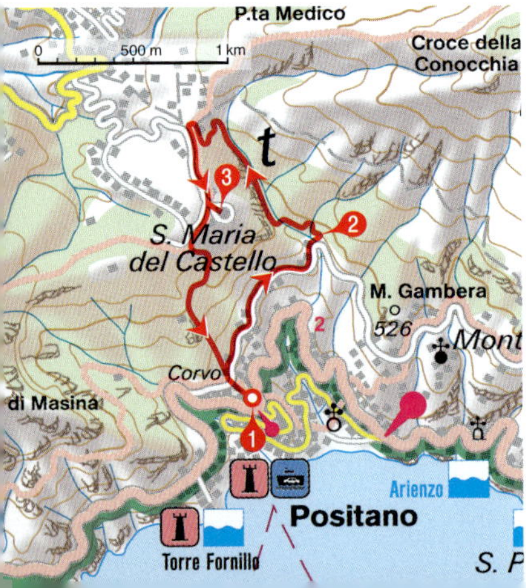

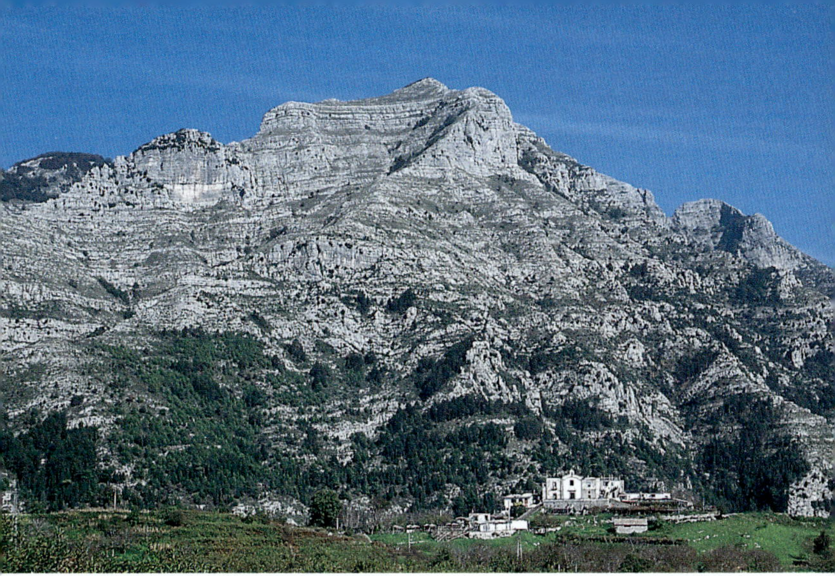

Santa Maria del Castello, am alten Passweg vor dem Massiv des Monte S. Angelo.

lassen wir einige Häuser rechts liegen und erreichen an der Asphaltstraße mit Bushaltestelle (Linie nach Vico Equense, hier quert auch die Tour 31) die Verzweigung, 663 m, am Rande des Gebietes **Gradoni**. Wir folgen der Straße links am Restaurant »Zii Pepe« vorbei zur Plattform vor der Kirche **S. Maria del Castello (3)**.

Mit dem Rücken zur Kirche wandern wir ein paar Schritte die Straße zurück bis zur Verzweigung und nehmen das zwischen Bruchsteinmauern links hinabführende asphaltierte Sträßchen. Nach gut 200 m biegt links unser markierter Weg ab und mündet abermals links in einen zunächst grasigen Pfad und dann in den gut erkennbaren alten Passweg. Diesem folgen wir relativ bequem in zahllosen Serpentinen hinab. Er trifft im Ortsteil Positano Corvo auf die Straße nach Montepertuso. Wir überqueren diese und gehen bei einem Spiegel den schmalen Treppenweg hinab. Dieser führt an der runden Chiesa Nuova vorbei. Weiter geht es links unter einer Passerelle hindurch und dann halbrechts hinab zur Straße, dem Ausgangspunkt in **Positano (1)**.

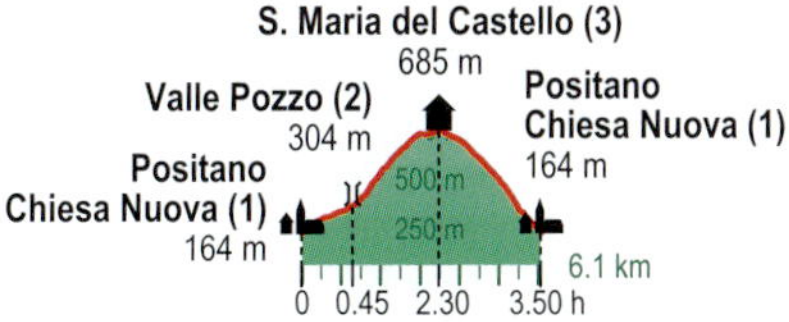

31 Positano Corvo – Caserma Forestale, 767 m

4.40 Std.

Auf parkartigen Wegen zum Forsthaus hoch über Positano

Immer wieder stellen wir erstaunt fest, wie dicht das Netz der alten Verbindungswege oberhalb von Positano ist. Dabei zwang die Landschaft die Wegebauer oft zu mühevollen Felsbearbeitungen (vgl. Kapitel »Wanderwegenetz«). Unser Wanderweg bietet ein typisches Beispiel. Er führt durch eine Landschaft, die durch viele ehemalige Terrassengärten ein parkartiges Gepräge bekam. Gesteigert wird der Genuss durch die großartige Aussicht auf Positano, die Küstenlandschaft bis Praiano und die umgebende Bergwelt mit dem Monte-S.-Angelo-Massiv.

Ausgangspunkt: Positano, Chiesa Nuova, im Ortsteil Corvo an der Via Guglielmo Marconi, 164 m. SITA-Bushaltestelle »Chiesa Nuova« bei der Bar Internazionale.
Endpunkt: Positano Li Parlati, an der Via Guglielmo Marconi, 96 m. SITA-Bushaltestelle »Li Parlati« für die Fahrt zum Ausgangspunkt.
Höhenunterschied: 680 m im Aufstieg, 750 m im Abstieg.
Anforderungen: Gute alte Verbindungswege, heute noch als Maultierwege benutzt. Diverse Hinweisschilder und Markierungen.
Einkehr/Einkauf: Bei S. Maria del Castello das Restaurant »Zii Pepe«.
Variante: Schattiger Anstieg entsprechend Tour 30.

Von **Positano (1)** unterhalb der **Chiesa Nuova** aus gehen wir den Treppenweg Via Chiesa Nuova durch den Ortsteil Corvo hinauf. Unser Weg quert den Vorplatz der Kirche, folgt einer Gasse und nutzt dann eine neuere Treppe zur Asphaltstraße nach Montepertuso. Links schräg gegenüber setzt sich der alte Treppenweg fort. Er führt nach den letzten Häusern in vielen Serpentinen durch die felsige Landschaft hinauf – Positano liegt unmittelbar zu unseren Füßen. Fast oben angelangt, führt der Treppenweg auf einen ehemaligen Bauernhof zu. Davor schwenken wir nach rechts, kommen zu einem Sträßchen und folgen diesem rechts hinauf. Bei der Straßenverzweigung erblicken wir rechts die Anlage **S. Maria del Castello (2)**.

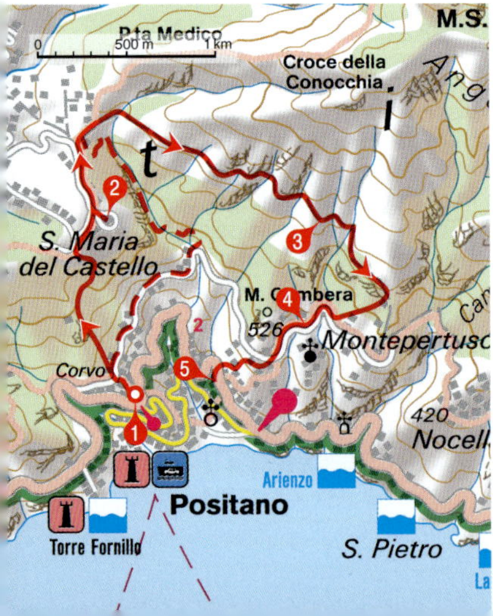

Mit dem Rücken zur Kirche folgen wir der Asphaltstraße in nördlicher Richtung, vorbei am Restaurant

»Zii Pepe«. Nach ca. 600 m gelangen wir zur Verzweigung, 663 m, am Rande des Gebietes **Gradoni** (mit Busanschluss nach Vico Equense). Wir nehmen scharf rechts das Nebensträßchen und schwenken dann nach links auf eine Häusergruppe zu. (Hier mündet der Pfad von Tour 30 ein.) Wir folgen nun einem fast ebenen, alten Verbindungsweg unterhalb einer Felswand. Nach einem Auf und Ab bei einer markierten Verzweigung wählen wir halbrechts den Weg zur **Caserma Forestale (3)** – einer steinernen Forsthütte.

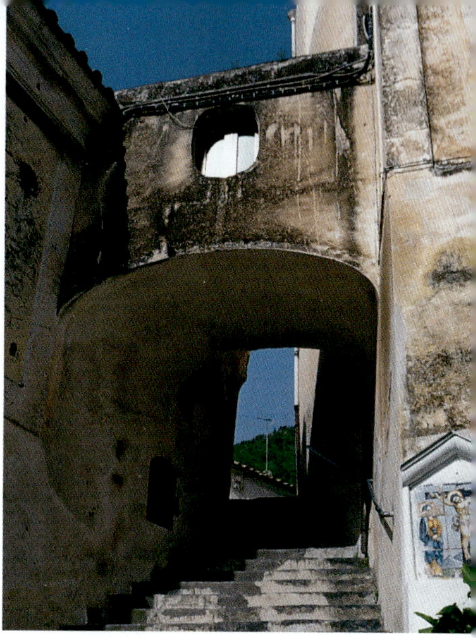

Der Anstieg von Positano führt unter einer Passerelle und dann an der Chiesa Nuova vorbei.

Mit dem Rücken zum Gebäude wählen wir den in südöstlicher Richtung absteigenden Treppenweg. Er passiert eine tief eingeschnittene senkrechte Felswand (Wasserfall nach Regen) und später eine Grotte mit Madonna. Weiter führt er in vielen Serpentinen hinab. Bei der Via Tagliata angelangt, folgen wir dieser nach rechts. Etwa 30 m nach einer Linkskurve um einen Eukalyptusbaum herum, gehen wir bei einem rechts stehenden Haus eine kleine Betonrampe hinauf. Es schließt sich der Treppenweg ins Zentrum von **Montepertuso (4)** zur Piazza Cappella an.

An der Westseite des Platzes biegen wir nach dem Restaurant »Il Ritrovo« links in den alten Verbindungsweg (rechts geht Tour 26 zum Monte Gambera hinauf). Sobald der Hauptweg halbrechts ansteigt, zweigen wir links hinab. Wir überqueren die Straße und folgen dem breiten, aus Natursteinen gebauten Treppenweg in vielen Serpentinen abwärts. Nach einer bizarren Felswand, weiter unten bei einem querenden ebenen Weg gehen wir links und gelangen zu einem gepflasterten Sträßchen, das hinab zur Hauptstraße Via Marconi in **Positano**, nahe **Li Parlati (5)** führt.

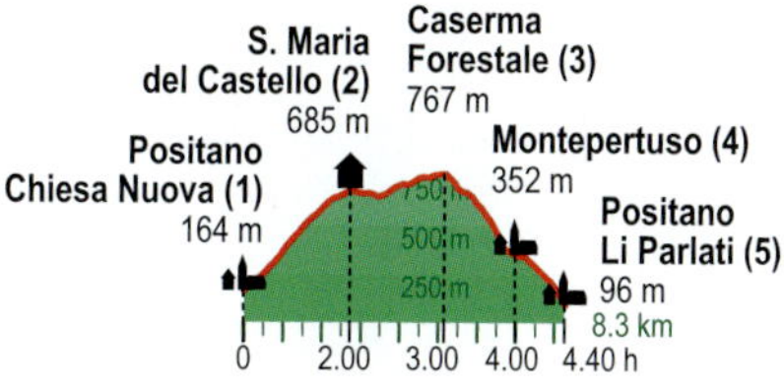

32 Monte Faito – Monte Sant'Angelo, 1444 m

5.00 Std.

Königsweg auf die höchste Erhebung der Monti Lattari

Dieser erhabene und zugleich bequemste Weg auf den Monte S. Angelo vermittelt grandiose Blicke auf den Golf von Neapel und die Südküste, sofern das Wetter mitspielt. Dank dem Bus, der uns auf 1100 m Höhe hinaufbringt, müssen nur mäßige Steigungen bewältigt werden.

Ausgangspunkt: Stazione Monte Faito, 1102 m, Bergstation der Seilbahn von Castellamare aus (nur von April bis September in Betrieb). Zudem Busverkehr dorthin von EAV-Bussen von Vico Equense aus (ganzjährig, Abfahrt an der Station der Circumvesuviana).
Höhenunterschied: Im Auf- und Abstieg je 500 m.
Anforderungen: Überwiegend alte Naturwege, einige steinige Pfade. Rot-weiße Markierungen und einige Wegweiser.
Einkehr/Einkauf: Bei den Bushaltestellen Stazione Monte Faito und Belvedere.
Varianten: 1) Abstecher von der Bergstation M. Faito aus in nordwestlicher Richtung zum Belvedere mit Busstation (hin ca. 15 Min.). 2) Abstieg südwärts über Tour 25 nach Montepertuso/Positano (3.00 Std.).

Wir gehen bei der **Stazione Monte Faito (1)** die Treppe zum Grat hinauf und steigen auf dem Waldweg an. Unser Weg bleibt stets nahe beim Grat, passiert erste Antennenanlagen und umgeht einen größeren Funkturm. Später können wir alternativ zum steinigen Pfad auch ein Natursträßchen durch den

Bei der Kapelle S. Michele mit dem Golf von Neapel zu Füßen.

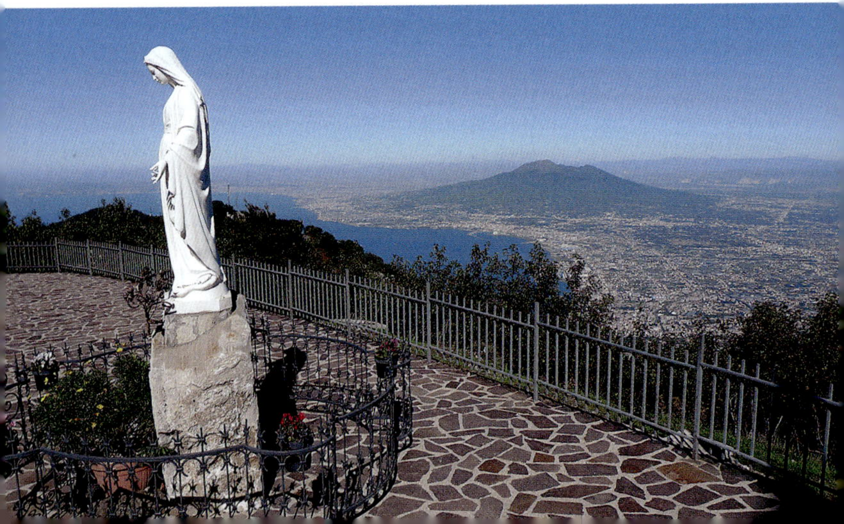

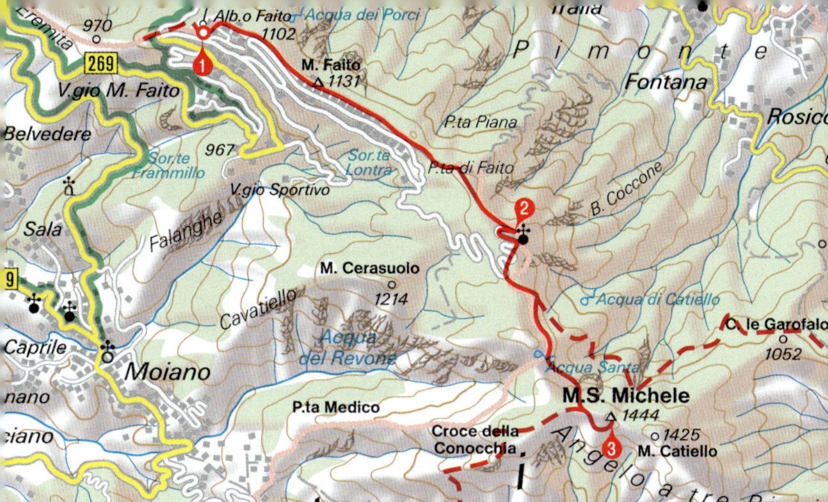

Wald benutzen. Bei einem Sattel und vor einer bewaldeten Bergkuppe mit Sendemasten steigen wir halblinks hinauf und erreichen die aussichtsreiche **Cappella S. Michele (2)**.

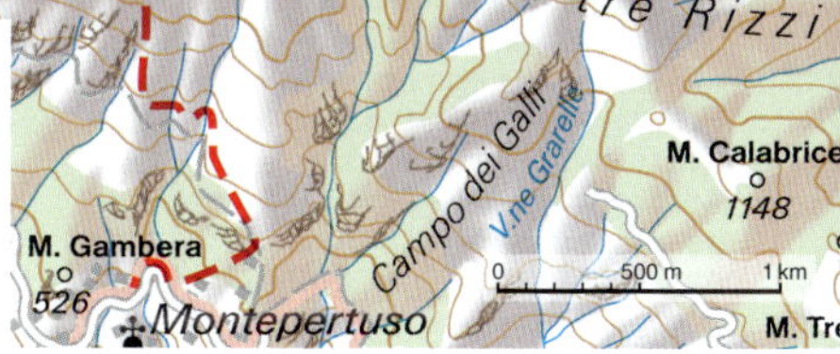

Von dort gehen wir, den kantigen »Molare« (zu deutsch Mahlzahn) des Monte-S.-Angelo-Massivs vor Augen, die Asphaltstraße hinunter. Die Serpentinen lassen sich abkürzen. Auf dem **Sattel Castellone**, 1233 m, kommt ein merkwürdiges Schottergebiet mit zeitweilig kleinen Tümpeln. Hier biegen wir halblinks ab und gehen teilweise auf Resten eines Treppenweges in südöstlicher Richtung abwärts. Einen einladenden Pfad nach rechts ignorieren wir. Nach einem steileren Abstieg in Serpentinen erreichen wir die Verzweigung Castellone, 1220 m (rot-weiße Markierung). Dort mündet Tour 21. Von hier folgen wir, rechts haltend, dem in Tour 21 beschriebenen Weg bis zum **Monte S. Michele (3)**, auch »Molare« genannt, dem Hauptgipfel des **Monte-S.-Angelo-Massivs**.

Der Rückweg zur **Stazione Monte Faito (1)** folgt derselben Route. Von der Bergstation lohnt sich auch eine Fortsetzung auf markiertem Weg abwärts zum Belvedere (etwa 15 Min., ebenfalls Station des Busses nach Vico Equense).

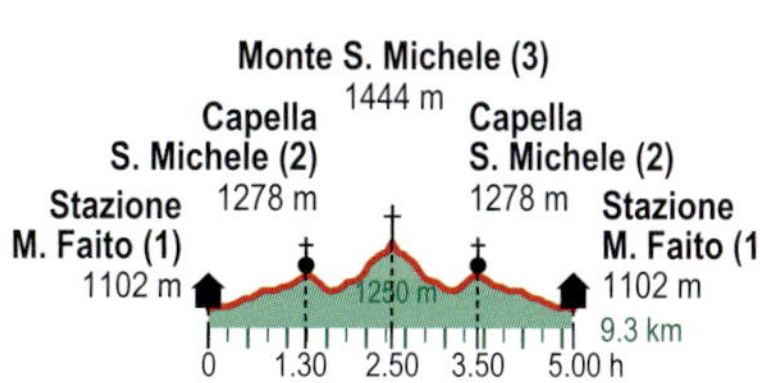

33 *Positano Corvo – Colli di San Pietro*

6.10 Std.

Vom Golf von Salerno über den Monte Comune zu den Colli di San Pietro

Die Hochfläche des Monte Comune, die höchste Erhebung der westlichen Halbinsel, bietet einen grandiosen Ausblick: auf der einen Seite der Golf von Neapel, auf der anderen Seite der Golf von Salerno. Beim Auf- und Abstieg erlebt man zudem die typischen Landschaftsformen der Halbinsel: schroffe Felsabhänge auf der Südseite, sanft abfallendes Agrarland auf der Nordseite. Der Zielort liegt oberhalb von Sorrento.

Ausgangspunkt: Positano, Chiesa Nuova, im Ortsteil Corvo an der Via Guglielmo Marconi, 164 m. SITA-Bushaltestelle »Chiesa Nuova« bei der Bar Internazionale.
Endpunkt: Pass Colli di S. Pietro, 312 m. Bushaltestelle für die Fahrt nach Positano, Sant'Agata und Sorrento.
Höhenunterschied: 830 m im Aufstieg, 680 m im Abstieg.
Anforderungen: Meist gute alte Treppenwege und Pfade, von denen einzelne Abschnitte holprig bzw. etwas überwachsen sind. Teilweise rot-weiße Markierungen.
Einkehr/Einkauf: In S. Maria del Castello möglich.
Varianten: 1) Start der Tour in S. Maria del Castello (Bus von Vico Equense). 2) Vom Punkt Sella di Arola Abstieg nach Arola und dann weiter nach Piano di Sorrento oder Meta. 3) Vom Zielort nach P. di Sorrento oder Meta. Dazu von C. di S. Pietro in das Nebensträßchen halbrechts, dann erste Straße rechts und immer den Hang entlang abwärts.

Von **Positano**, **Chiesa Nuova (1)** steigen wir direkt nach S. Maria del Castello auf und folgen dabei der Beschreibung von Tour 31.
Oben angekommen, können wir **S. Maria del Castello (2)** rechts liegen lassen. Denn sobald unser Treppen- und Naturweg oben die kleine asphaltierte Straße erreicht, biegen wir links ab. Die spätere Naturstraße führt uns durch einen Kastanienwald leicht aufwärts. Immer den Strommasten entlang, kommen wir zum Bed & Breakfast »Il Rifugio«. Danach wandern wir auf einem Pfad immer geradeaus am Grat entlang. Nach einem Sattel geht es auf einem teilweise markierten Weg wieder bergan. Alsbald sind in dem felsigen Gelände mehrere Pfade erkennbar. Wir halten uns eher links und achten auf die nun wieder häufigere Markierung. So gelangen wir auf die Hochebene des **Monte Comune (3),** die sich überraschend als Weide bzw. Ackerfläche entpuppt.

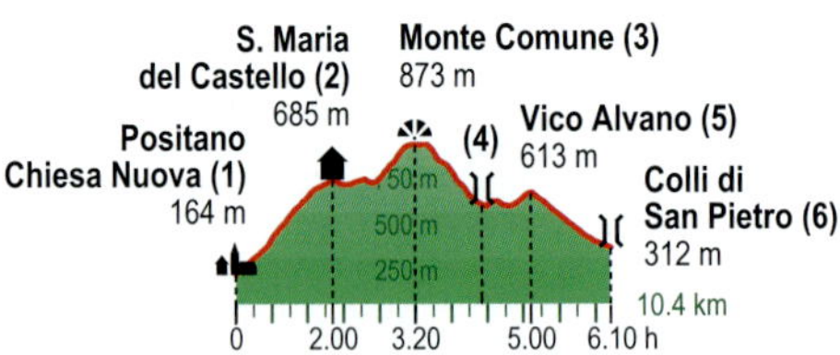

Wir wandern am Südrand der Hochfläche in westlicher Richtung (Markierungen, jedoch stark überwachsene Wege) und stei-

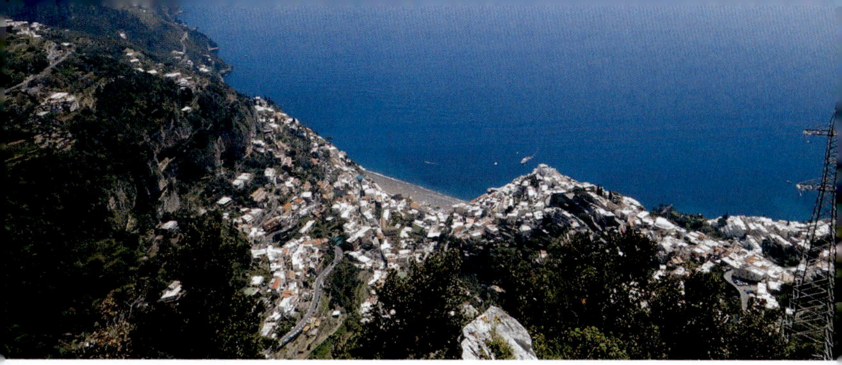

Wanderung hoch über Positano.

gen bei einer Felsnase schräg den von Felsbrocken durchsetzten Hang hinab. Nach der Ruine eines Bauernhauses verläuft unsere Route nahe der Kante des Felsabhanges abwärts (großartige Tiefblicke auf die Steilküste). Bevor der Grat wieder ansteigt, führt unser Weg links in Serpentinen hinab und durchquert anschließend den Abhang. Bei einer links liegenden Mauer mit den Resten gemauerter Torpfosten und am Rande eines niedrigen Waldes erreichen wir den Punkt **Sella di Arola (4)**, 540 m.
Einem rot-weiß markierten Pfad folgen wir nun durch den Wald. Es schließen sich Partien entlang von kleinen Äckern, des steil abfallendenen Grates und durch Wald an. Nach einem milden Anstieg erreichen wir den quer verlaufenden Bergrücken des **Vico Alvano (5).** Von hier kann man einen Abstecher zur aussichtsreichen Bergspitze, 642 m, machen (hin und zurück ca. 20 Min.).
Der Abstieg folgt einem teilweise überwachsenen Treppenweg abwärts. Nach vielen Serpentinen gelangen wir zum Antico Parco del Principe mit schlossartigen Gebäuden (heute ein Hotel). Wir durchqueren den Hotel-Park und erreichen auf einer westlich hinabführenden Straße den Pass **Colli di S. Pietro (6).**

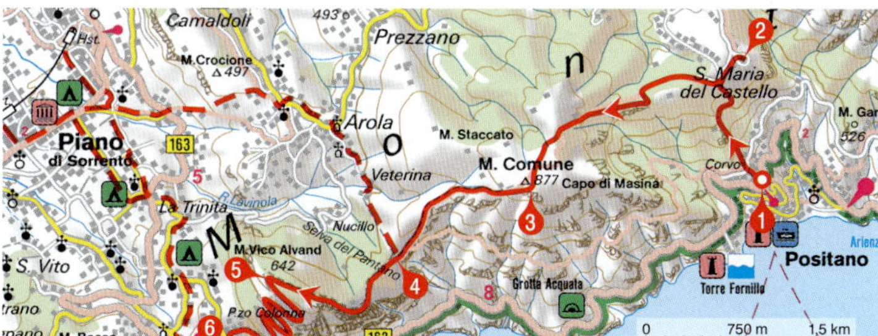

An der Spitze der Sorrentinischen Halbinsel

Wer sanfter verlaufende und dennoch landschaftlich attraktive Wanderwege sucht, findet an der Spitze der sorrentinischen Halbinsel eine reiche Auswahl. Die Berge erreichen nur noch eine Höhe von 500 m und bieten dennoch großartige Panoramen. Das Gelände fällt nach Sorrento hin milde ab, wirkt jedoch durch verschiedene Erhebungen, Täler und Buchten sehr abwechslungsreich. Eine intensive Landwirtschaft (Orangen-, Zitronen- und Olivenbäume, Wein) trägt ebenfalls zum Reiz dieser Wanderregion bei.
Zentrum dieses westlichen Teils der Halbinsel ist die Stadt **Sorrento** mit ihren Vorstädten S. Agnello, Piano und Meta. Dieses bereits von den Römern intensiv besiedelte Gebiet (Kaiser Augustus hatte einen Palast nahe beim Zentrum von Sorrento) war schon seit Jahrhunderten Ziel von Touristen. Zu den Besuchern gehörte auch J. W. Goethe. Das Umland von Sorrento durchzieht eine Vielzahl von alten Verbindungswegen.

Blick auf Sorrento (am Ende der Tour 36).

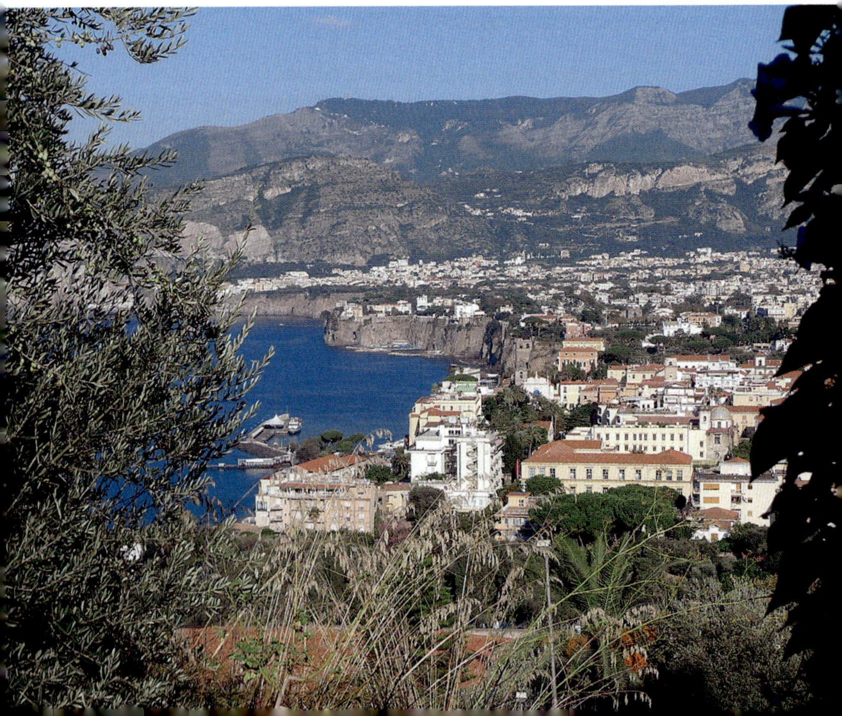

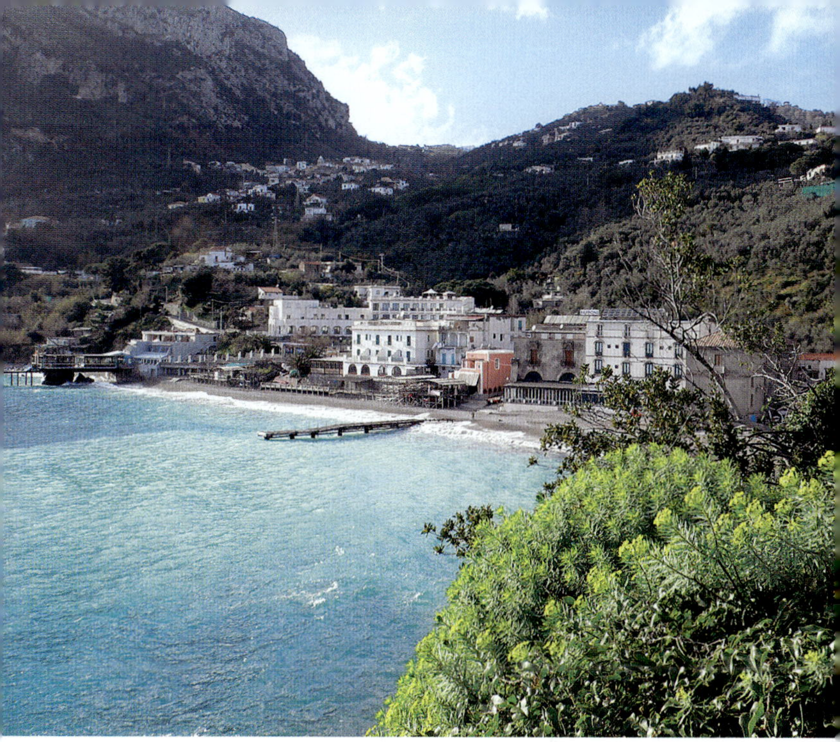

Der kleine, in einer romantischen Bucht gelegene Badeort Marina del Cantone.

Das Gebiet von **Massa Lubrense** schließt südöstlich an Sorrento an. Die landschaftliche Attraktivität verführte nicht nur viele Römer dazu, hier ihre Villen zu bauen, sondern später auch reich gewordene Handelsherren und Seefahrer. Diese stifteten für ihr Seelenheil wiederum zahlreiche Klöster. Die Wanderwege entsprechen in der großen Zahl und Art denen von Sorrent.
Termini setzt den Schlussakkord auf der Halbinsel. Wie auf einem Balkon sieht man hier nach Capri hinüber. Besondere Wanderlust bekommt man beim Anblick des Höhenrückens des Monte S. Costanzo – viel Ausblick für wenig Anstieg. Rechts vom Monte S. Costanzo liegt das Küstengebiet bis zur Punta Campanella, links davon das Gebiet bis zur Marina del Cantone und zur Ieranto-Halbinsel.
Zentral in dieser Wanderregion thront auf der Höhe der fast städtisch wirkende Ort **Sant'Agata** – ebenfalls gut geeignet als Ausgangspunkt für Wanderungen.

34 Sorrento – Sant'Agata

3.40 Std.

Aussichtsreicher Rundweg über den Klosterberg Deserto

Diese Wanderung beschert gute Einblicke in die Landwirtschaft, Kultur und Geschichte rings um Sorrent. Beim Kloster Deserto, dem höchsten Punkt dieser Tour, fand man wunderschöne Grabbeilagen (Vasen, Schmuck, etc.), z. T. bereits aus griechisch-archaischer Zeit (600 v. Chr.). Vom Klosterdach bietet sich ein großartiger Rundblick auf Capri, den Vesuv und das Städtchen Sant'Agata mit den dahinterliegenden Bergketten.

Ausgangspunkt: Sorrento, Piazza Tasso im Zentrum, 53 m. Stazione Circumvesuviana mit Knotenpunkt von Buslinien in ca. 300 m Entfernung.
Höhenunterschied: Im Auf- und Abstieg je 420 m.
Anforderungen: Bequeme alte Verbindungswege, jedoch bei Feuchtigkeit Rutschgefahr auf bemoosten Steinen. Hin und wieder Wegweiser und Markierungen.
Einkehr/Einkauf: In Sant'Agata.
Hinweis: Für die Kloster-Aussichtsplattform sind als Öffnungszeiten zu beachten: 10–12 Uhr, nachmittags von Sept. bis April 15–17 Uhr, in den übrigen Monaten 17–19 Uhr. Für aktuelle Überprüfungen monachedeserto@gmail.com.

Von der **Piazza Tasso (1)** in **Sorrento** folgen wir dem Corso Italia in westlicher Richtung. Nach der Kathedrale biegen wir links in die Via A. Sersale. Wir unterqueren eine Passerelle und weiter oben ein Stadttor (hier Besichtigungsmöglichkeit eines Teiles der alten Stadtmauer). Es folgen die Piazza Antiche Mura und geradeaus weiter leicht ansteigend die Via degli Aranci. Nach einer anschließenden Linkskurve zweigen wir rechts in die Via Parsano und dann wieder rechts in die Via S. Antonio ab. Bei einem großen Hotelkomplex links und dem rechts liegenden Kloster S. Antonio, 85 m, beginnt in Laufrichtung ein Treppenweg. Wir steigen an Kreuzwegstationen vorbei in Serpentinen aufwärts und genießen die Aussicht auf Sorrento. Nach einer flacher ansteigenden Partie durch Gärten erreichen wir die kleine Kirche **S. Maria del Toro (2)** und eine Straße (Busstation). Hier wenden wir uns nach rechts und wandern dann geradeaus – und können dabei das landwirtschaftliche »Pergolasystem« studieren: von Gestängen getragene Mischung von Gemüse, Weinre-

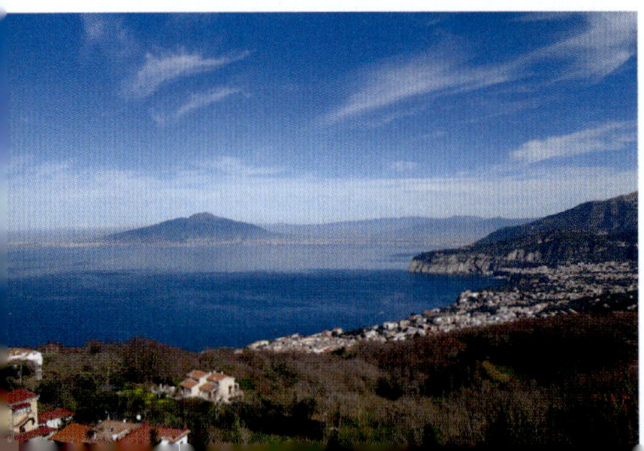

Der Golf von Neapel beim Aufstieg nach Sant'Agata.

ben, Zitronen- und Olivenbäumen, gegen Wind und Hagel geschützt. Immer in generell westlicher Richtung erreichen wir die Häuser von Crocevia und später den Ortskern von **Priora**, 255 m. Bei der klassizistischen Kirche nehmen wir scharf links und beim Kreuz gleich wieder rechts den ansteigenden Treppenweg Salita Priora. Sobald wir auf die Hauptstraße nach S. Agata stoßen, geht es auf dieser kurz links und dann bei der Busstation gleich wieder scharf rechts. Die sich dort fortsetzende Salita Priora mündet in ein Sträßchen, das sich durch ein Gebiet mit niedrigen Bäumen hinaufschlängelt. Weiter oben bei einer Verzweigung folgen wir dem Sträßchen links am Hang hinauf. Bei einer weiteren Verzweigung im Ortsteil Pignatelli geht es halblinks weiter bergauf. Alsbald sehen wir rechts oben bereits das Kloster Deserto (»Einöde«). Wir bleiben auf der Straße den Hang entlang bis zum Hotel »O Sole Mio« und machen von dort rechts durch das Tor einen Abstecher zum **Monastero del Deserto (3)**. Sehr lohnend ist hier das Besteigen der Aussichtsplattform Belvedere.

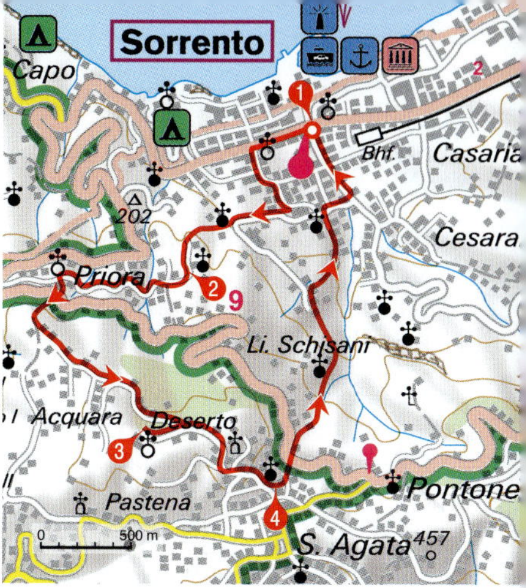

Vom Kloster kehren wir zur Straße zurück und folgen dieser am Hotel »O Sole Mio« vorbei. Später bei einer Verzweigung geht es links weiter hinein nach **S. Agata (4)** zum Platz vor der gleichnamigen Kirche.

Mit dem Rücken zur Kirche S. Agata geht es weiter und nach ca. 60 m links in die Via Termine. Vor einer Hausdurchfahrt schwenkt unser Weg links in die Via Pagliaro di Santolo. Wir folgen dieser in einer Schlangenlinie abwärts und unterqueren die Straße nach Sorrento (grüne Streifen). Vor einem niedrigen Haus mit grauen Tuffquadern nehmen wir rechts das asphaltierte, dann betonierte Sträßchen hinab. Nun wechseln sich Treppenwege und Sträßchen gegenseitig ab. Bereits bei den Ausläufern von Sorrento, vor einem weiß gestrichenen Haus, schwenken wir rechts in die alte Via Talagnano. Sie mündet bei der ockergelb gestrichenen Kirche S. Lucia auf eine breitere Straße, der wir rechts und später links hinab ins Zentrum von **Sorrento** zur **Piazza Tasso (1)** folgen.

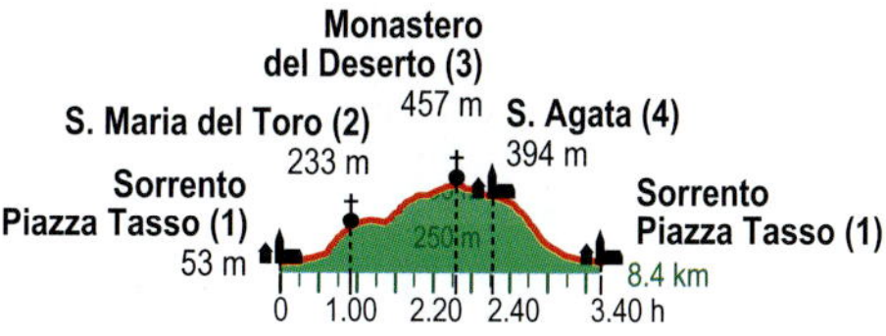

35 Sorrento – Massa Lubrense

3.00 Std.

Auf römischen Siedlungsspuren

Nach dem Tod von Caesar verlegten die römischen Kaiser ihre Residenzen zunehmend außerhalb von Rom. Im Zuge dieser Entwicklung errichteten u. a. Augustus und später Tiberius ihren »zweiten Wohnsitz« in Sorrento bzw. Capri. Die Nähe zum Meer, die Landschaft und beste landwirtschaftliche Voraussetzungen für gutes Essen und Trinken übten einen besonderen Reiz auf die Herrscher aus. Auch andere hochgestellte Persönlichkeiten folgten den Kaisern und ließen große Villen erbauen, vornehmlich auf Felsrücken über dem Meer und auf den Inseln. Es entstand eine regelrechte römische »Streusiedlung«, die sich noch bis heute auswirkt: Außer Sorrento gibt es auf der westlichen Halbinsel keine Städte, sondern nur in der Landschaft verstreute, teils prächtige Paläste und Klöster mit ergänzenden Siedlungen. Man spricht daher von der »Città mancata«, der verfehlten Stadt. Unsere Tour führt zu einem dieser ehemaligen Prachtbauten: der großen römischen Villa di Pollio auf einem Felssporn am Meer. Die Wanderung geht aber auch durch wunderschöne Wein-, Orangen- und Olivenhaine.

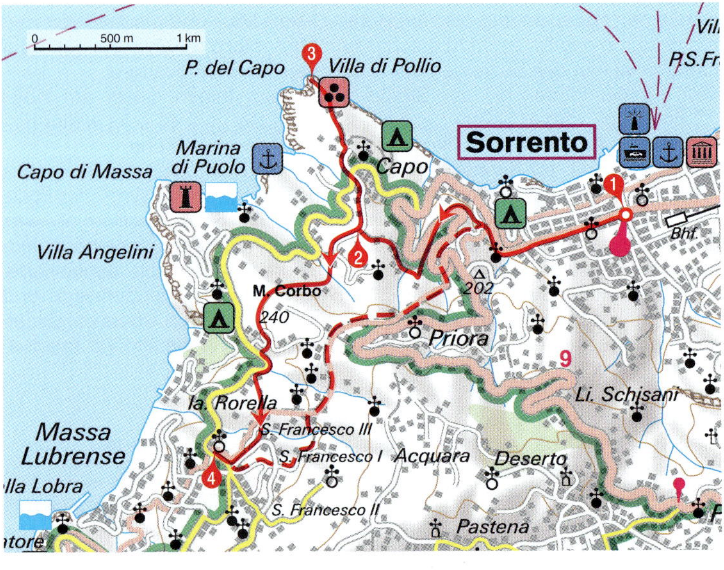

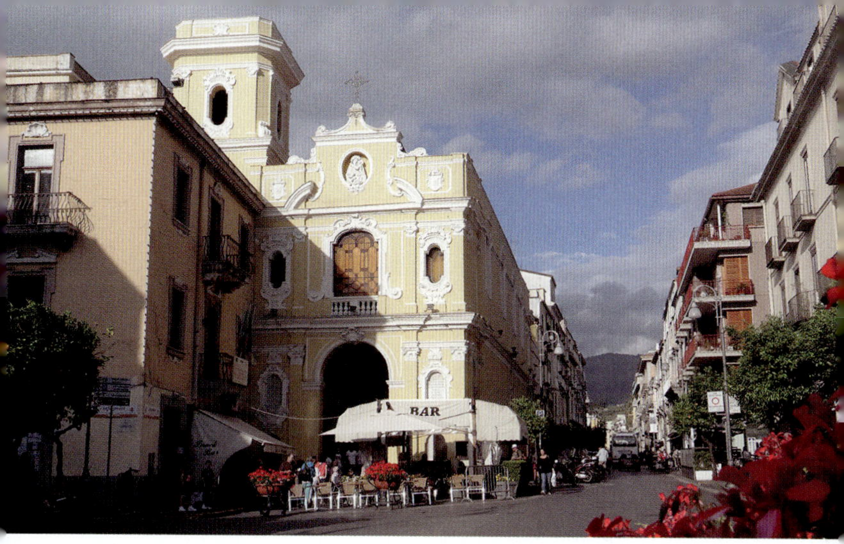

Die Piazza Tasso in Sorrento mit Blick in Richtung der Stazione Circumvesuviana.

Ausgangspunkt: Sorrento, Piazza Tasso im Zentrum, 53 m. Stazione Circumvesuviana mit Knotenpunkt von Buslinien in ca. 300 m Entfernung.
Endpunkt: Massa Lubrense, Piazza Vescovado vor der Ex-Kathedrale S. Maria delle Grazie, 137 m. Bushaltestelle von EAV und SITA für die Fahrt zurück nach Sorrento.
Höhenunterschied: 230 m im Aufstieg, 150 m im Abstieg.
Anforderungen: Bequeme alte Verbindungswege. Zum Teil schattige Abschnitte. Hinweisschilder und Markierungen.
Einkehr/Einkauf: In Capo möglich.
Variante: Rückkehr von Massa Lubrense nach Sorrento über Tour 36. Damit entsteht ein Rundweg.

Von der **Piazza Tasso (1)** in **Sorrento** aus folgen wir dem Corso Italia in westlicher Richtung und verlassen auf der Via Capo die Stadt. Alsbald erreichen wir das links liegende Hotel Capodimonte, 63 m, und die rechts abzweigende Stichstraße zum Campingplatz »Nube d'Argento«. Hier gehen wir halblinks das gepflasterte Sträßchen hinauf. Es steigt in Serpentinen an, wobei ein Treppenweg abkürzen hilft. Bei einer Linkskurve und links liegenden Funkanlagen folgen wir dem Sträßchen geradeaus und steigen dann halblinks den mit großen Steinplatten gepflasterten Weg hinauf. Bei schönen, knorrigen Olivenbäumen gelangen wir auf die Hauptstraße nach S. Agata, der wir rechts hinab folgen. Nach etwa 100 m zweigen wir bei einer Busstation halblinks in die Via Pantano ab, überqueren einen Bach

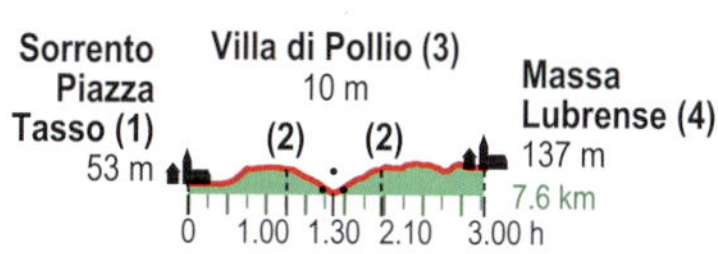

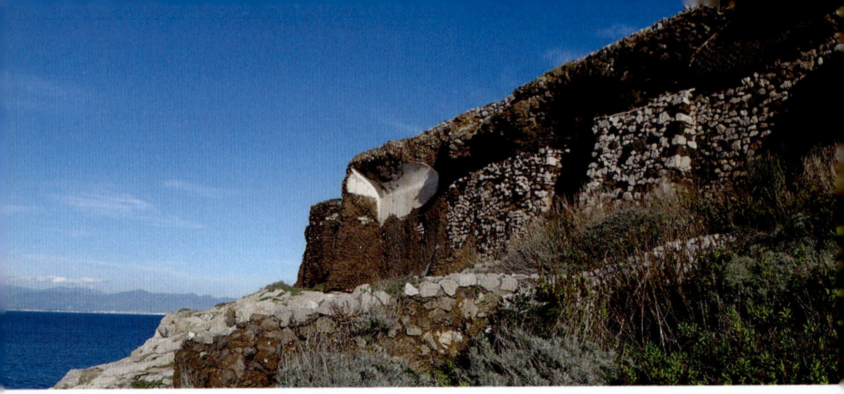

Teile der Ruine der antiken römischen Villa di Pollio.

und nehmen das rechts weiterführende Sträßchen durch Olivenhaine, Zitronen- und Orangengärten. Wir gehen bei Abzweigungen immer geradeaus, bis zur Verzweigung **Pantano (2)** oberhalb vom Ortsteil Capo di Sorrento, wo das Sträßchen in eine Asphaltstraße mündet.
Von hier führt uns rechts ein Abstecher auf der Via Pantano durch ein Villengebiet ins Zentrum von Capo und zur Hauptstraße hinab (blaue Streifen). Jenseits geht es die Trav. Punta Capo (gelbe Streifen) und später ein Sträßchen mit Natursteinbelag abwärts. Unten am Kap treffen wir auf die vom Meer umspülten Ruinen der einst sehr großen römischen **Villa di Pollio (3)**. Nach der Besichtigung nehmen wir den gleichen Weg wieder zurück zur Verzweigung **Pantano (2)** oberhalb von Capo di Sorrento.
Hier verbleiben wir auf der Asphaltstraße, die in westlicher Richtung ansteigt (Markierung rote Streifen). Nach ca. 200 m ist die Straße infolge eines Erdrutsches unterbrochen, ein Trampelpfad führt aber durch die Mulde auf die andere Straßenseite. Dort zweigen wir rechts auf die kleine asphaltierte Nebenstraße ab. Bei einem rechts liegenden Gehöft nehmen wir geradeaus den leicht bewachsenen Weg, überqueren auf einem Damm ein kleines Bachtal und steigen eine Treppe aufwärts. Es schließt sich ein Sträßchen durch Olivenhaine an, welches nach ca. 800 m in eine etwas breitere Straße mündet. Wir folgen dieser rechts hinab. Nach etwa 40 m zweigt links ein Pfad ab (leicht zu übersehen). Er führt uns über eine Gartenterrasse zu einer Treppe. Unten an der Hauptstraße nach Massa Lubrense angelangt, folgen wir dieser links durch eine Kurve hindurch. Nach nur 200 m bei einer Linkskurve der Hauptstraße biegen wir links auf den Treppenweg Via San Montano ab. Dieser steigt in Serpentinen hinauf zu einer Häusergruppe. Dort trauen wir uns durch einen Hausdurchgang. Es schließt ein Sträßchen an, das uns durch das Gebiet Mulini zu einer Verzweigung führt. Hier wandern wir halbrechts hinab und später auf der Hauptstraße nach **Massa Lubrense (4)** hinein.

1.40 Std.

Massa Lubrense – Sorrento

36

Auf der Trasse der alten Römerstraße »Via Minerva«

Für die Römer bestand eine sehr wichtige Landverbindung zwischen der Punta Campanella (gegenüber auf der Insel Capri residerte u. a. zeitweilig der römische Kaiser Tiberius) und Sorrento/Vico Equense/Neapel. Dabei bevorzugten sie wohl auch aus Sicherheitsgründen aussichtsreiche Wege über die Höhen. Wir folgen diesen Trassen. Zudem bietet dieser Weg typische Landschaftsbilder mit Oliven- und Zitronenhainen sowie schützenden Tuffsteinmauern.

Ausgangspunkt: Massa Lubrense, Piazza Vescovado vor der Ex-Kathedrale S. Maria delle Grazie, 137 m. Haltestelle von EAV- und SITA-Bussen.
Endpunkt: Sorrento, Piazza Tasso im Zentrum, 53 m. Stazione Circumvesuviana mit Knotenpunkt von Buslinien in ca. 300 m Entfernung.
Höhenunterschied: 150 m im Aufstieg, 230 m im Abstieg.
Anforderungen: Bequeme alte Verbindungswege. Zum Teil schattige Abschnitte. Wegweiser und Markierungen.
Einkehr/Einkauf: Unterwegs nicht mögl.

Wir gehen von der Piazza Vescovado in **Massa Lubrense (1)** leicht ansteigend die Hauptstraße Viale Filangieri bis zu einer platzartigen Ausweitung mit Brunnen, Palmen und Platanen. Hier schwenken wir zunächst nach rechts und wenige Schritte später nach links in das Sträßchen Via Rachione.

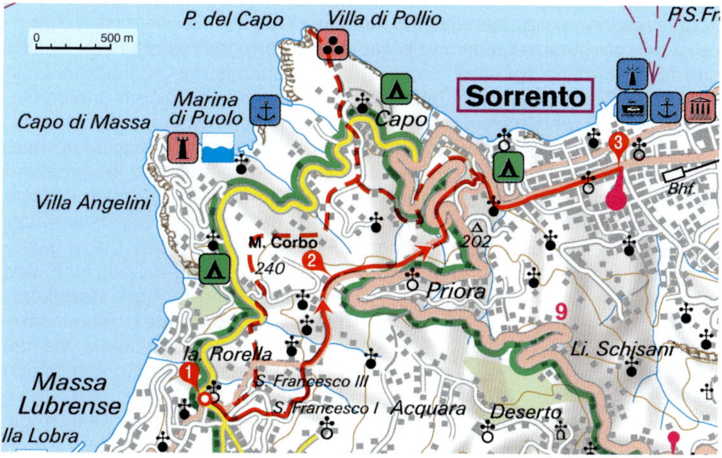

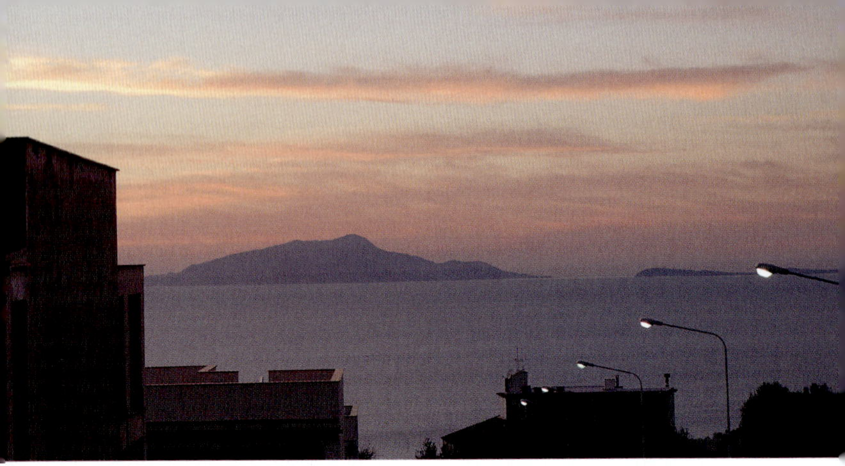

Abendstimmung mit Ischia im Hintergrund auf dem Weg von Massa Lubrense nach Sorrento (der Weg ist überwiegend beleuchtet).

Dort nehmen wir geradeaus weiter die Via Vecchia (nicht markiert), die uns durch Gärten leicht aufwärtsführt. Wir befinden uns nun auf der Trasse der alten Römerstraße »Via Minerva«. Bei einer großen Pinie überqueren wir eine Hauptstraße und folgen dem Asphaltsträßchen Via Bagnulo (nun mit roten Punkten und grünen Streifen markiert). Dieses steigt zwischen Mauern und Gärten nach links schwenkend an und führt bei einer Verzweigung links weiter (rechts biegt ein mit grünen Streifen markierte Weg ab). Bei einer Häusergruppe gehen wir geradeaus durch ein Haus hindurch, durchqueren Olivenhaine und nehmen dann bei einer Verzweigung geradeaus das Asphaltsträßchen Via Monte Corbo. Am **Sattel** beim **Monte Corbo (2)**, bei einem großen Gebäude und Marienbild rechts, erreichen wir den höchsten Punkt dieser Tour.
Der alte Verbindungsweg (Via Monte Corbo) führt geradeaus leicht abwärts weiter, steigt bei einem Bach mit zwei Marien-Bildstöcken kurz an, um dann zur Hauptstraße Richtung S. Agata hinabzuführen. Wir überqueren diese und gehen weiter Richtung Sorrento hinab. Bei einem Linksschwenk der Straße können wir deren Serpentinen über Treppen abkürzen. Dabei genießen wir einen Panoramablick in den Golf von Neapel und auf das zu Füßen liegende Sorrento. Beim **Hotelkomplex »Capodimonte«**, 63 m, erreichen wir die Küstenstraße Via del Capo. Dieser folgen wir rechts nach **Sorrento** hinein. Über den Corso Italia erreichen wir schließlich die zentrale **Piazza Tasso (3)**.

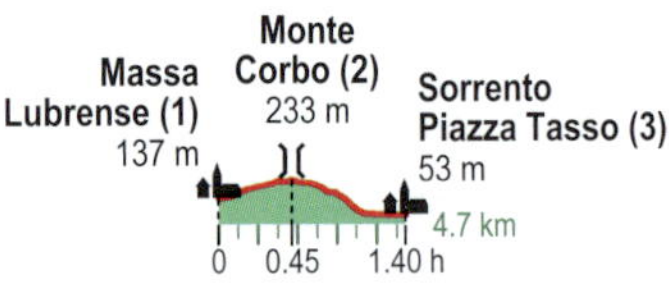

2.20 Std.

Massa Lubrense – Marina della Lobra

37

Rundweg auf den Spuren von Murat, dem Feldherrn Napoleons

Bereits zur Römerzeit stand an der kleinen Bucht Marina della Lobra ein Minervatempel. Später wurde an dieser Stelle das große Kloster S. Maria della Lobra erbaut. Zu Füßen des Klosters liegt ein reizvoller kleiner Fischerort. Der Hafen, der sich direkt gegenüber von Capri befindet, war auch für Napoleons Feldherrn Murat interessant. Er schlug 1808 oberhalb der Bucht sein Hauptquartier auf, um das von den Engländern besetzte Capri zu erobern. Neben vier Klöstern flankieren den Wanderweg zahlreiche weitere interessante Baudenkmäler (vgl. zu den Hintergründen Tour 35 und 39).

Ausgangspunkt: Massa Lubrense, Piazza Vescovado vor der Ex-Kathedrale S. Maria delle Grazie, 137 m. Haltestelle von EAV- und SITA-Bussen.
Höhenunterschied: Im Auf- und Abstieg je 230 m.
Anforderungen: Bequeme Nebenstraßen und Treppenwege. Teils Markierungen.
Einkehr/Einkauf: In Marina della Lobra und S. Maria möglich.
Variante: Beginn der Wanderung in Sorrento, Anmarsch wie bei Tour 35 (3.00 Std. zusätzlich).

Blick auf Marina della Lobra mit dem Turm der großen Klosterkirche.

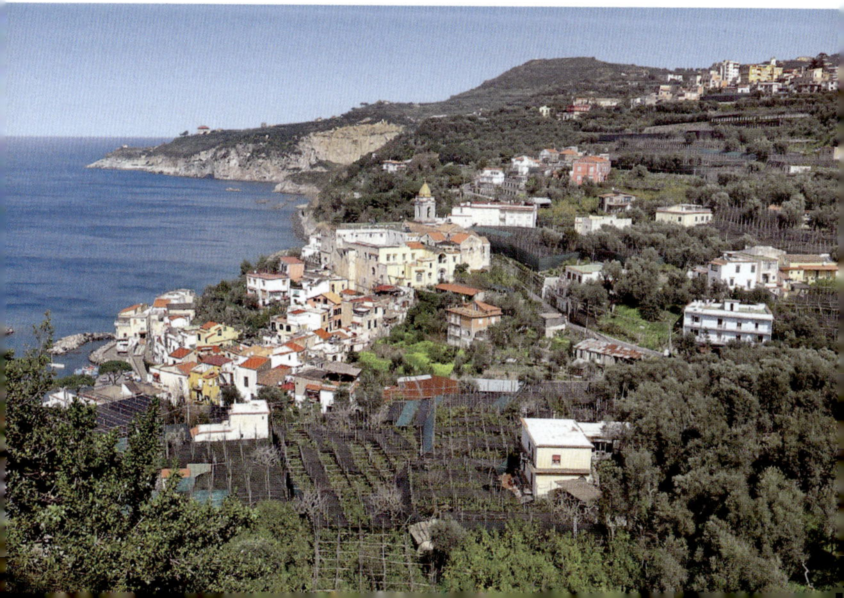

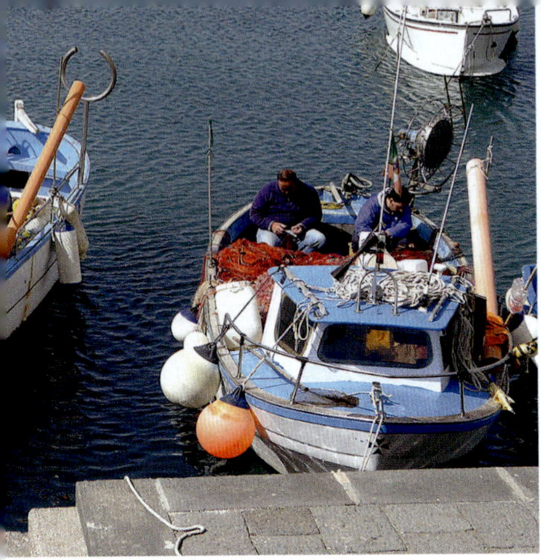

Im Fischerhafen von Marina della Lobra.

Von der Piazza Vescovado in **Massa Lubrense (1)** biegen wir südlich in die Via Palma (nicht markiert). Beim links liegenden Kloster S. Teresa gehen wir rechts die Via Roma hinab, passieren den ausgedehnten Komplex des ehemaligen Jesuiten-Kollegiums und zweigen beim alten Wehrturm Il Torrione rechts in die gepflasterte Gasse (Via Roma). Weiter geht es die Via Cristoforo Colombo an einem ehemaligen Palazzo vorbei abwärts. Bei der kleinen Kapelle S.M. delle Grazie angelangt, machen wir einen Abstecher hinab zum Kloster und Ort **Marina della Lobra (2)**.

Danach kehren wir zur Cappella di S.M. delle Grazie zurück und biegen rechts in die Via San Liberatore ein. Der Weg führt uns eben durch Olivenhaine um Marina della Lobra herum und dann weiter zur ursprünglich mittelalterlichen und gelungen klassizistisch umgebauten Kirche **S. Liberatore**, 82 m. Hier steigen wir das gepflasterte Sträßchen hinauf, folgen der Hauptstraße nach rechts und biegen nach ca. 100 m scharf links in das steile Betonsträßchen ein. Unser Weg führt nun teils auf betonierten Sträßchen, teils

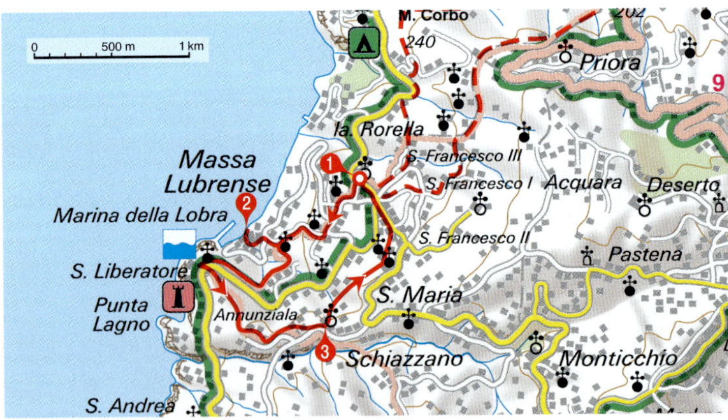

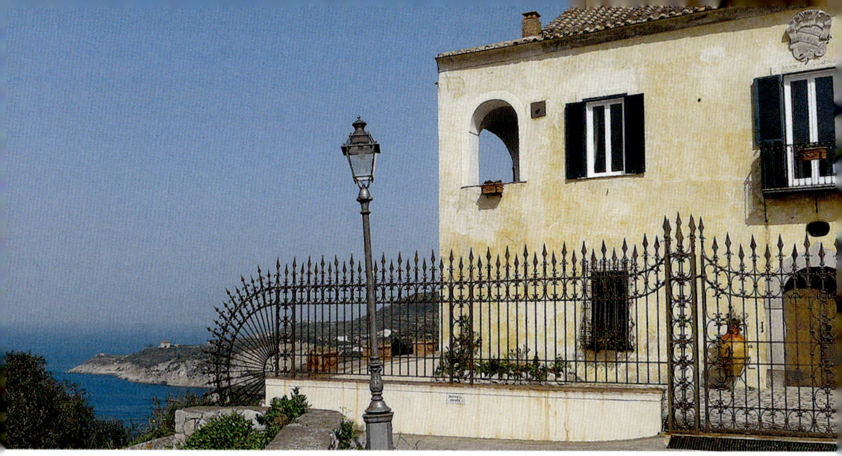

Das Quartier des napoleonischen Generals Murat vor der Eroberung von Capri – heute eine Gedenkstätte.

auf Treppen durch Olivenhaine hinauf zur bald sichtbaren Villa di Murat. Bei dieser Gedenkstätte (Murat führte im Königreich Neapel einige verdienstvolle Reformen durch) angekommen, steigen wir über das Asphaltsträßchen weiter an. Wir kommen an einer Aussichtsterrasse vorbei und erreichen die Kirche **S. Maria Annunziata**, 191 m, die Teil eines großen Klosterkomplexes ist. Von der Piazza vor der Kirche aus wählen wir den Treppenweg hinauf (Keramik-Wegweiser). Oben erreichen wir einen Friedhof. An diesem Ort mit Fernsicht befinden wir uns am Rande der Festung der Aragoneser, die jedoch leider verschlossen ist. Auf einem anschließenden Treppenweg abwärts auf der Asphaltstraße angelangt, gehen wir auf dieser links und wählen nach ca. 70 m ein links abzweigendes Nebensträßchen. Wieder auf der Hauptstraße, folgen wir dieser in den Ort **S. Maria (3)** mit der sehenswerten Barockkirche hinein.

Zwischen der Kirche und dem roten Palazzo Merolla wählen wir links den Treppenweg hinab und gehen durch Gartenanlagen (markiert mit roten Streifen). Bei einer rechts stehenden hohen Betonmauer steigen wir halbrechts die Via Sant'Aniello Vecchio an. Es folgt ein teilweise bewachsenes, immer wieder erodierendes Wegstück. Wir wandern bei einer Kapelle aus Natursteinquadern geradeaus weiter und unterqueren eine kleine gewölbte Brücke. Danach folgen wir dem Sträßchen links haltend ins Zentrum von **Massa Lubrense (1)**.

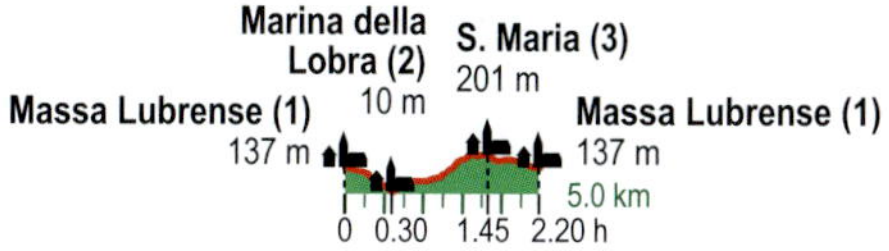

TOP

38 Massa Lubrense – Marina di Ieranto

4.10 Std.

Zur geheimnisvollen Ieranto-Bucht

Kobaltblaues Meer, weiß-graue Felsen, pastellfarbene Matten und kräftig grüne Macchia geben der mit vielen seltenen Pflanzen und einer reichen Vogelwelt gesegneten Ieranto-Bucht ihren besonderen Reiz. Der Bergrücken über der Bucht heißt treffend »Spirito« – der Montalto-Turm, Ruinen und der Mythos eines früheren griechischen Tempels regen die Fantasie an. Obwohl der Weg nicht in die Höhe führt, genießt man Blicke zum Vesuv, auf Ischia und Capri sowie in den Golf von Salerno. Zudem passieren wir reizvolle Orte mit interessanten Palazzi wie S. Maria, Schiazzano und Nerano.

Ausgangspunkt: Massa Lubrense, Piazza Vescovado vor der Ex-Kathedrale S. Maria delle Grazie, 137 m. Haltestelle von EAV- und SITA-Bussen.
Endpunkt: Nerano, bei der Kirche San Salvatore, 169 m. SITA-Bushaltestelle für die Rückfahrt nach Massa Lubrense, Sorrento und Sant'Agata.
Höhenunterschied: 400 m im Aufstieg, 370 m im Abstieg.

Anforderungen: Bequeme Nebenstraßen, Treppenwege und Pfade. Wenig Schatten. Hin und wieder Markierungen und Wegweiser.
Einkehr/Einkauf: In Santa Maria, Termini und Nerano möglich.
Varianten: 1) Kombination mit Tour 35, also Start in Sorrento (3.00 Std.). 2) Abstecher von Nerano hinunter zur Marina del Cantone (zusätzlich 30 Min.).

Blick vom Abhang des Monte San Costanzo in die Marina di Ieranto.

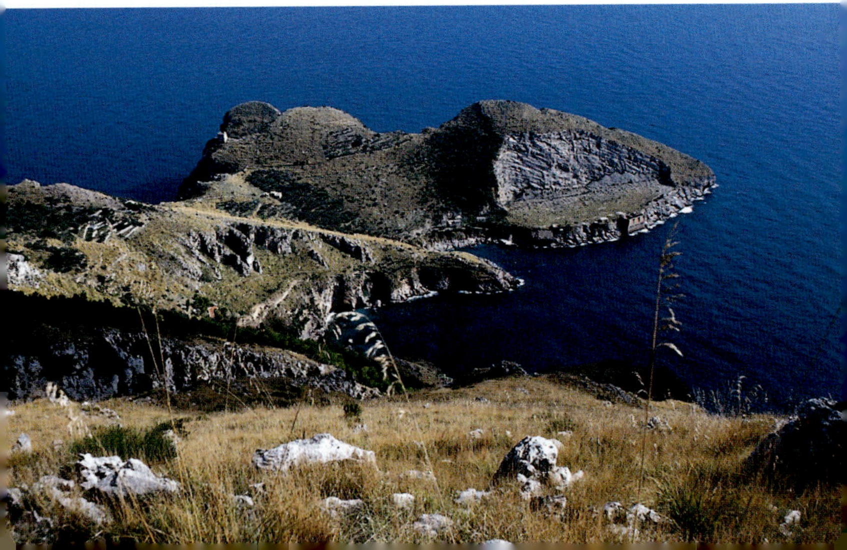

Von der Piazza Vescovado in **Massa Lubrense (1)** gehen wir die Viale R. Filangeri hinauf. Bei der platzartigen Ausweitung mit Palmen und Brunnen schwenken wir zunächst nach rechts. Nach wenigen Schritten geht es links in die Via Rachione und dann wieder gleich rechts (Tour 36 setzt sich hier geradeaus durch die Via Vecchia fort). Vor einem Haus mit nebenstehender weißer Kapelle biegen wir links in die Via Mortella und steigen diese leicht an. Vor einem Haus mit Balkon und Madonnenbild schwenken wir wiederum nach rechts und folgen daraufhin der mit roten Streifen markierten Via Sant' Aniello Vecchio (Tour 39 geht hier links aufwärts). Wir unterqueren eine kleine gewölbte Brücke und passieren eine Kapelle aus Natursteinquadern. Es schließt sich weiter geradeaus ein schmaler Pfad an. Hier bietet sich eine Panoramasicht. Der Pfad mündet in einen breiten Weg mit Natursteinbelag. Anschließend führt uns ein breiter Treppenweg hinauf zum Ort **S. Maria (2)** mit der gleichnamigen Barockkirche.

Dort biegen wir links in die Straße und folgen nach der Kirche halbrechts dem Sträßchen hinab. Nach gut 200 m biegt rechts unser markierter Weg (rote und blaue Streifen) ab. Er verläuft durch eine Talsenke mit Brücke und steigt dann am Hang an. Bei einer Verzweigung folgen

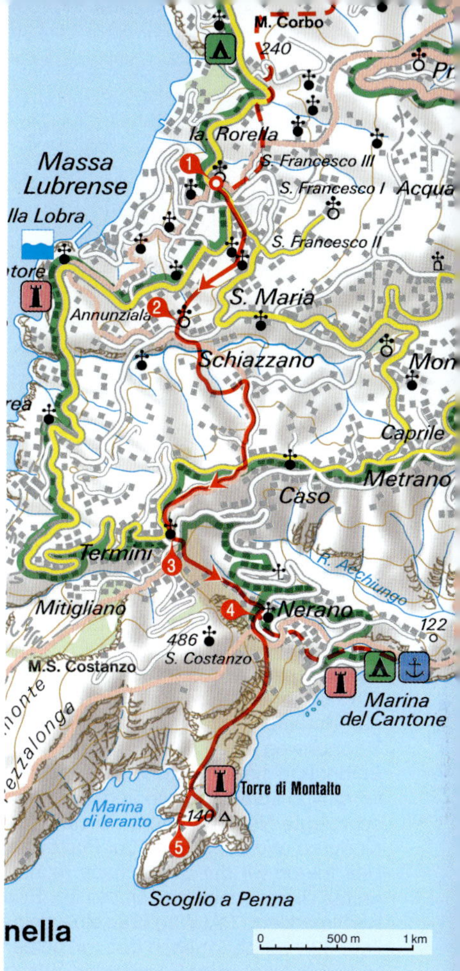

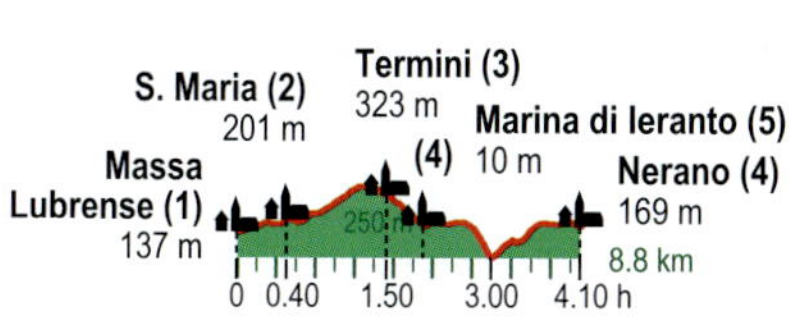

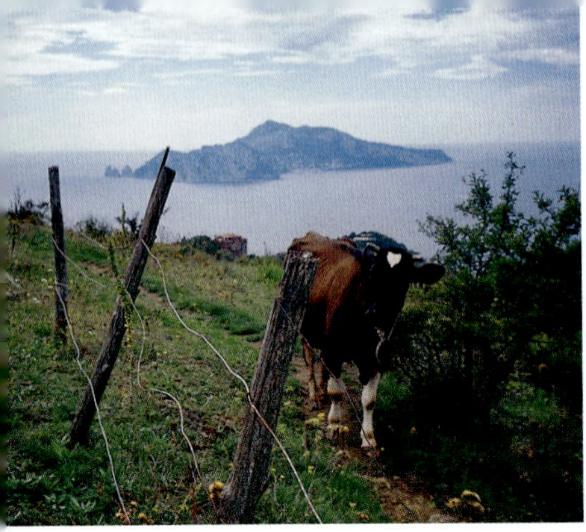

Weide mit Aussicht: Blick auf Capri vor Termini.

wir links den Markierungen mit blauen Streifen nach **Schiazzano**, 267 m – ein kleiner Ort mit auffällig vielen herrschaftlichen Gebäudeanlagen. Von der Kirche aus nehmen wir in gleicher Richtung die mit Natursteinen gepflasterte Straße aufwärts und steigen dann rechts die Gasse Via Tore di Casa an (blaue Streifen). Der Weg führt uns alsbald durch Gartenterrassen hinauf zur Straße nach Termini. Hier wenden wir uns nach rechts und schwenken nach ca. 90 m links in eine Nebenstraße (nun rote Streifen). Diese steigt zu einem Höhenrücken mit Aussicht an. Von dort geht es in gleicher Richtung weiter einen Pfad abwärts und dann bei einem gewerblichen Gebäude, eine ehemalige Käserei, eine Treppe hinab zu einer Straße. Wir wandern diese links hinab und freuen uns kurz darauf an der Aussichtsterrasse von **Termini (3)**. Hier entfaltet sich ein großartiges Capri-Panorama, flankiert vom Monte S. Costanzo mit seinen beiden Gipfeln Cappella S. Costanzo und S. Croce.

Von der danebenstehenden Kirche S. Croce gehen wir in östlicher Richtung. Etwa 50 m weiter zweigen wir rechts in die Via Campanella ab. Nach wenigen Schritten entlang des Metallgeländers biegen wir scharf links in einen Treppenweg hinab (Keramikschild und gelbe Streifen). Dieser mündet in ein Betonsträßchen, das steil und später parallel zu einem Bachlauf abwärtsführt. Nun kommt das an den schroffen Abhang des Monte S. Costanzo geschmiegte Nerano in unser Blickfeld. Weiter unten geht es durch ein Haus hindurch und dann hinab zur Piazza oberhalb der Kirche von **Nerano (4)**.

Hier folgen wir der Straße nach rechts. Bereits nach ca. 50 m zweigt halbrechts die schmale Via Ieranto ab. Etwa 100 m weiter biegt rechts der rotweiß markierte CAI-Weg über eine kleine Rampe nach rechts ab (Verlauf von Tour 43), wir aber gehen den mit gelben Streifen markierten Weg weiter geradeaus. Nach dem Tor mit der Aufschrift »Silentium« mündet der bis dort gut ausgebaute Weg in einen Naturweg. Er passiert später eine Höhle mit Marienstatue. Nun müssen wir über holprige Wegpartien auf- und absteigen. Sobald wir zu einer Verzweigung der gelb markierten Wege kommen, können wir wählen oder auch einen Rundweg gestalten: rechts steil hinab zum kleinen Badestrand **Marina di Ieranto (5)**, links zum Freilichtmuseum des »Fondo Ambiente Italiano (FAI)« sowie zur **Torre di Montalto**.

Auf demselben Weg wandern wir wieder zurück nach **Nerano (4)**.

3.40 Std.

Massa Lubrense – Sant'Agata

39

Weg der Klöster

Am westlichen Ende der Halbinsel begegnen wir zahlreichen Klosteranlagen. Die Orden waren durch Schenkungen teils sehr reich, doch für die Bevölkerung durch erzwungene Abgaben oft kein Segen. Heute dienen die Klosteranlagen nur noch zu einem kleinen Teil religiösen Gemeinschaften. Unser Wanderweg führt an sieben dieser Klosteranlagen vorbei. Zudem bietet er großartige Blicke auf die westliche Halbinsel und Capri.

Ausgangspunkt: Massa Lubrense, Piazza Vescovado vor der Ex-Kathedrale S. Maria delle Grazie, 137 m. Haltestelle von EAV- und SITA-Bussen.
Endpunkt: Sant'Agata, Piazza vor der gleichnamigen Kirche am Corso Sant' Agata, 394 m. Bushaltestelle für die Rückfahrt nach Massa Lubrense und Sorrento am gleichen Corso in 300 m Entfernung.
Höhenunterschied: 400 m im Aufstieg, 140 m im Abstieg.

Anforderungen: Bequemer Anstieg auf alten Treppenwegen und Nebenstraßen. Wenig Schatten. Nur teilweise markierte Wege, aber leicht zu finden.
Einkehr/Einkauf: In Monticchio und Sant'Agata möglich.
Varianten: 1) Anmarsch von Sorrento nach Massa Lubrense über Tour 35. 2) Weitermarsch über Tour 34 nach Sorrento, über Tour 40 nach Colli di S. Pietro oder über Tour 41 nach Marina Crapolla.

Eine der großen Klosteranlagen von Massa Lubrense: rechts das ehemalige Jesuitenkollegium und links der Turm Il Torrione.

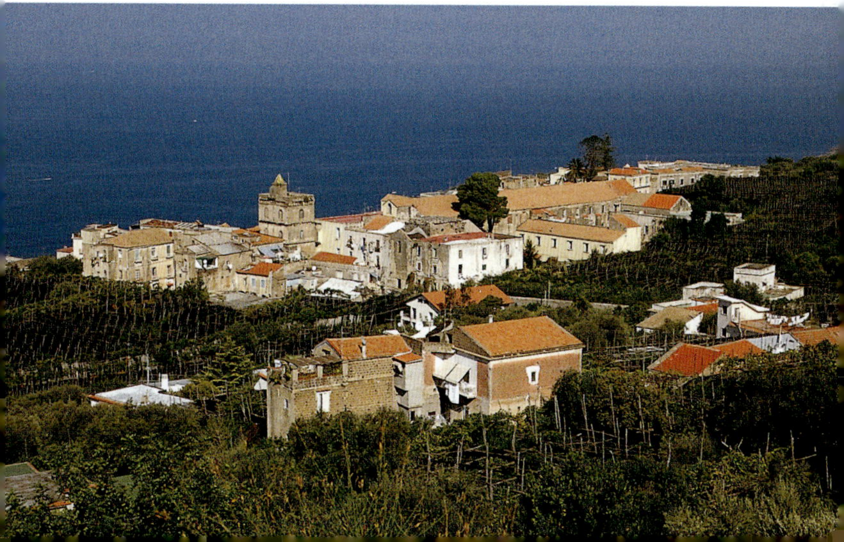

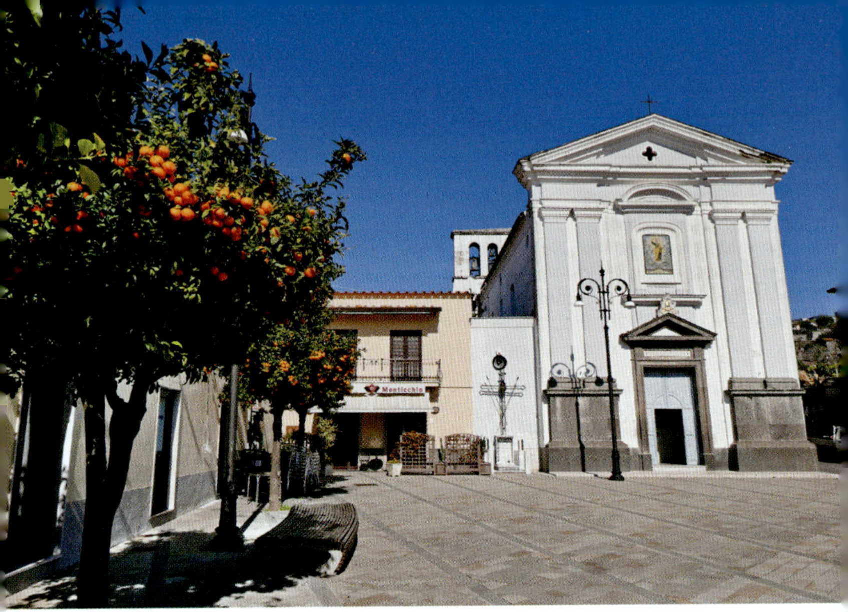

Die Piazza S. Pietro in Monticchio.

In **Massa Lubrense (1)** folgen wir zunächst ein kurzes Stück der Tour 37. Dazu biegen wir südlich in die Via Palma (nicht markiert). Beim links liegenden Kloster S. Teresa, eingeweiht im Jahre 1763, gehen wir rechts die Via Roma hinab. Danach kommen wir zum sehr ausgedehnten Komplex des ehemaligen Jesuitenkollegiums mit fast 200 m Fassadenlänge. An dessen Ende steht der alte Wehrturm **Il Torrione**, 121 m. Danach wandern wir zum Kloster S. Teresa zurück und gehen geradeaus weiter an der rechten Seite der Kirche vorbei die Via Santa Teresa ansteigend. Wir überqueren die Hauptstaße und befinden uns auf der Via Rachione. Während Tour 36 dort die Via Vecchia geradeaus weitergeht, zweigen wir nach rechts ab. Vor einem Haus mit nebenstehender weißer Kapelle biegen wir links in die Via Mortella. Nach einem Anstieg vor einem Haus mit Balkon und Madonnenbild schwenken wir nach rechts und gleich wieder nach links (hier verläuft Tour 38 auf der Via Sant'Aniello Vecchio geradeaus weiter). Es schließt sich bei einem Linksschwenk der Gasse ein Treppenweg an (weiterhin Via Mortella). Wir überqueren eine Straße und folgen dem Treppenweg, welcher zwar teilweise bewachsen, aber gut begehbar ist, später durch Gärten. Bald erreichen wir abermals eine Straße, die uns links zur Klosteranlage **S. Francesco (2)** führt. Dieses Kloster wurde bereits im Mittelalter gegründet und wird heute teilweise als B&B genutzt. Im Klostergarten mit seinen zahlreichen Zitronenbäumen befindet sich ein Agriturismo.

Vom Kloster aus leiten uns grüne Streifen weiter. Wir wandern die Straße, die wir kamen, zurück. Nach knapp 100 m biegt halblinks unser Weg ab. Kurz darauf mündet dieser in ein querendes Sträßchen, dem wir links aufwärts folgen. Unser Weg windet sich nun durch ein landwirtschaftliches Gebiet den Hang hinauf. Oben erreichen wir die Häusergruppe **Aragona**, 336 m. Hier biegen wir rechts in das Sträßchen Traversa San Nicola und folgen diesem, unmarkiert und unbeirrt von abzweigenden Wegen, geradeaus zunächst leicht auf- und abwärts. Bei einem großen quer stehenden Haus geht es dann schmaler weiter durch den Ortsteil Titigliano bis hinab zur Hauptstraße. Dieser folgen wir links leicht aufwärts, um dann nach ca. 100 m rechts die Straße nach Monticchio zu wählen. Gegenüber sieht man bereits die ockergelb gestrichene, barocke Klosteranlage SS. Rosario, die wir im Zentrum von **Monticchio (3)** erreichen.

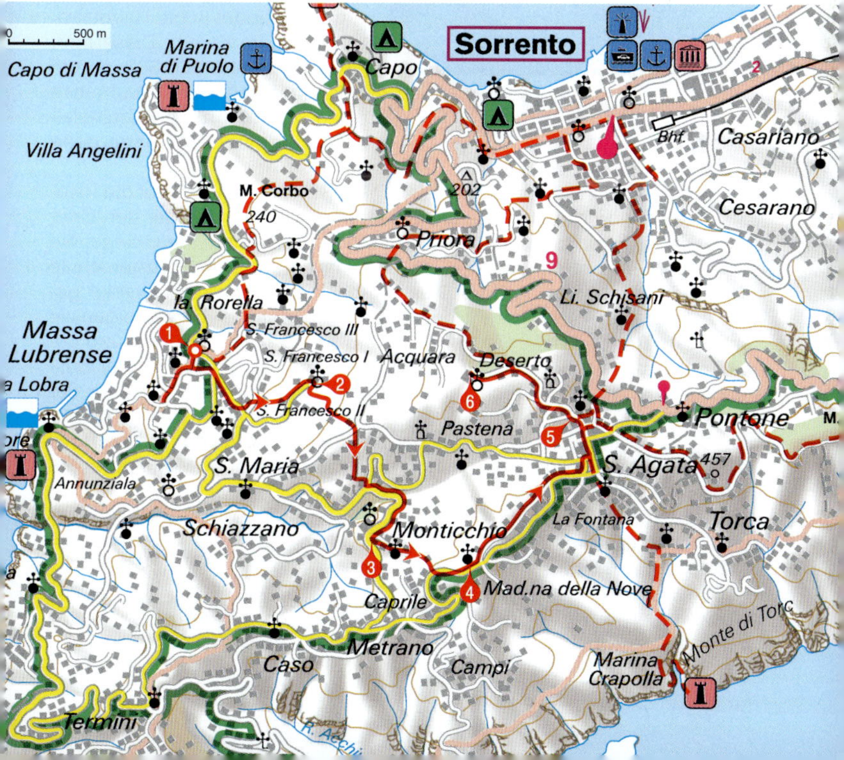

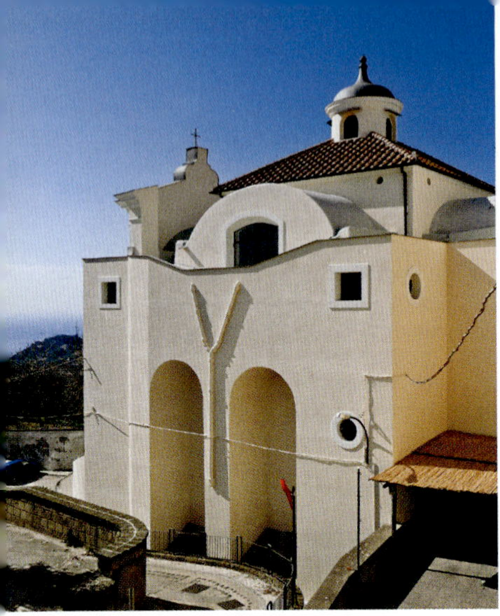

Die barocke Klosteranlage SS. Rosario in Monticchio.

Von der Piazza S. Pietro am Rande des Klosterareals mit der Pfarrkirche steigen wir in östlicher Richtung den Treppenweg Via S. Maria della Neve hinauf und setzen diesen bei einer Verzweigung rechts an größeren Häusern vorbei fort. Einen Abzweig nach rechts nach einem ehemaligen kleinen Kloster ignorieren wir. Weiter oben, nun auf einem Sträßchen, geht es bei einer Verzweigung halbrechts aufwärts. Es schließt sich ein alter, teilweise grasbewachsener Treppenweg an. Er mündet in die Hauptstraße auf dem Kamm. Diese führt uns links nach ca. 300 m zum Friedhof von Massa Lubrense und zur ursprünglich mittelalterlichen Kirche **S. Maria delle Neve (4)**.

Hinter der Kirche zweigen wir, nun den roten Streifen folgend, auf die halblinks ansteigende Nebenstraße ab. Sie führt aussichtsreich über den Grat. Wieder abwärts wandernd passieren wir eine ausgedehnte Parkanlage, die zur modernen Gebäudeanlage der ehemaligen großen Klosterschule »Casa della Madonna« gehört. Diese wird heute für soziale Zwecke genutzt. Weiter unten stoßen wir wieder auf die Hauptstraße. Dieser folgen wir nach **S. Agata (5)** hinein. Bei der Kreuzung im Ort halten wir links und gehen am Kloster »Istituto Sacro Cuore Bige Elisabettine« sowie an der Busstation vorbei. In selber Richtung weiter erreichen wir die Piazza vor der Kirche S. Agata.

Nun folgen wir halblinks der ansteigenden Straße Via Deserto bis zum Hotel »O Sole Mio«. Nach dem Tor wandern wir die Allee zum **Monastero del Deserto (6)** hinauf – das siebte Kloster und der Höhepunkt unserer Wanderung (siehe dazu Tour 34).

Auf demselben Weg geht es zurück nach **S. Agata (5)**, zum weltlichen Genuss, z. B. in der Pasticceria Fiorentina.

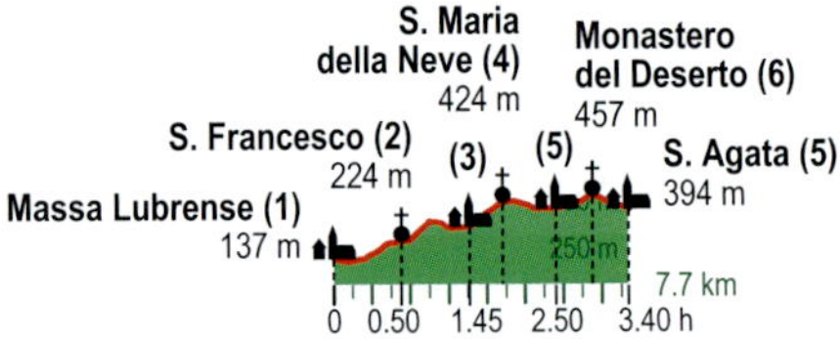

2.40 Std.

Sant'Agata – Colli di San Pietro

40

Ein Pinienwald und herrliche Ausblicke

Auf den Höhen über S. Agata liegt die ausgedehnte Pineta delle Tore. Am Rand des Pinienwaldes steht der weithin sichtbare Funkturm. Die Wanderung setzt sich auf dem Höhenrücken fort und bietet eine herrliche Aussicht sowohl in den Golf von Neapel als auch von Salerno.

Ausgangspunkt: S. Agata, Piazza vor der gleichnamigen Kirche am Corso Sant'Agata, 394 m. Für die Anfahrt von Sorrento oder Massa Lubrense Bushaltestelle am gleichen Corso in 300 m Entfernung.
Endpunkt: Colli di S. Pietro, 312 m. Bushaltestelle für Fahrten nach Sant'Agata, Masse Lubrense und Sorrento.
Höhenunterschied: 170 m im Aufstieg, 250 m im Abstieg.
Anforderungen: Überwiegend bequeme Wanderung auf Nebenstraßen, Waldwegen und alten Verbindungswegen. Beim Weg nach der Aussichtsnase des Malacoccola steinige Pfade abwärts. Kaum Schatten. Hin und wieder Markierungen und Wegweiser.
Einkehr/Einkauf: Unterwegs in Fontanelle.

Wir starten in **S. Agata (1)** mit dem Rücken zur Kirche. Nach ca. 60 m biegen wir links in die Gasse Via Termine ein, gehen geradeaus unter dem Haus hindurch (zuvor zweigt links Tour 34 ab) und erreichen etwa in gleicher Richtung eine Hauptstraße. Jenseits folgen wir der Via Pontone und wandern leicht aufwärts. Bei Straßenverzweigungen gehen wir geradeaus und gelangen bei einem linksseitigen Tor zu einer abzweigenden Privatstraße. Wie die Schilder zeigen, darf man diese nutzen. Dabei queren wir das Gebiet der »Fattorìa Terranova« und »Le Tore« (Agriturismo, Bioprodukte etc.). Der Blick schweift über die südliche Küste und den Ort Torca. Nach einem weiten

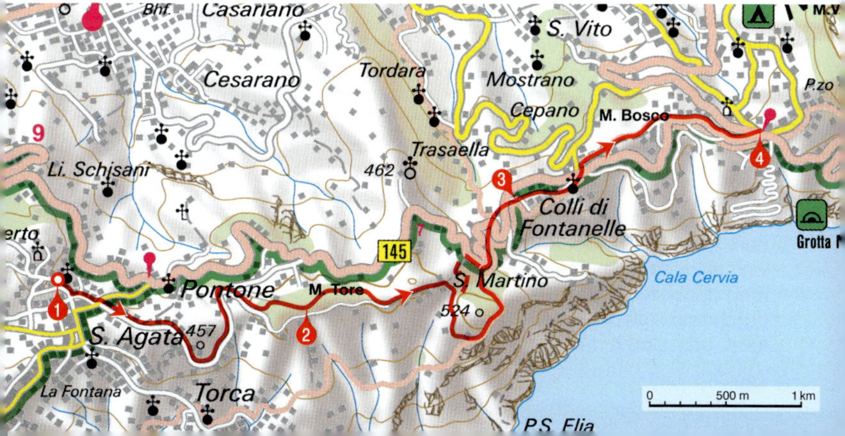

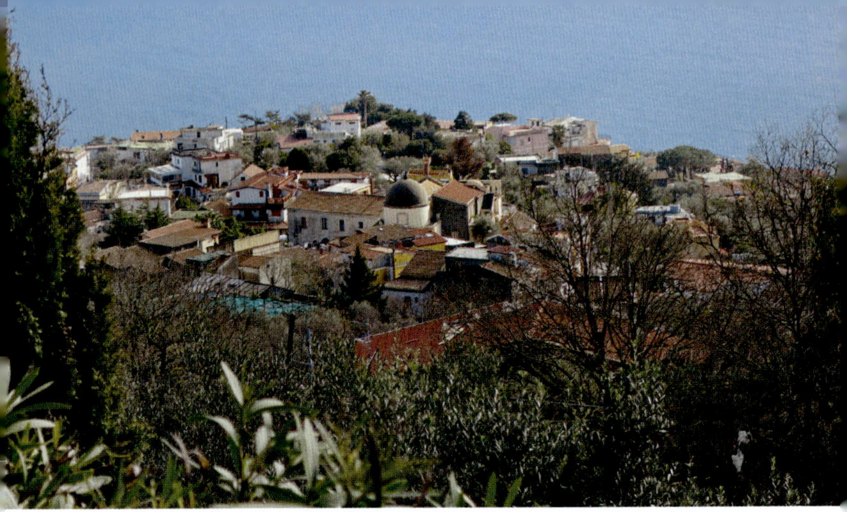

Blick hinab auf Torca oberhalb der Südküste.

Linksbogen geht es bei Verzweigungen immer geradeaus das Sträßchen entlang. Nach einem steileren Anstieg bei einer Gabelung und dem Tor vor dem Gelände des Funkturms schwenken wir nach rechts und steigen die Straße bis an den Rand des großen Pinienwaldes an. Dort biegen wir, sofern nach dem Waldbrand möglich, links in den Weg ein. Auf einem Waldweg über den Bergrücken erreichen wir den höchsten Punkt der **Pineta delle Tore (2)**. (Falls der Wald nicht zugänglich ist, bleiben wir auf der wenig befahrenen Straße entlang des Waldrands.)
Am östlichen Ende des Pinienwaldes halten wir uns rechts und kommen wieder zur Straße (auf der wir vielleicht wegen des Waldbrands bleiben mussten). Bei einem Wendeplatz folgen wir dem anschließenden schmalen Sträßchen hinab. Es geht später in einen Feldweg über, der uns zu zwei Häusern am **Sattel S. Martino**, 495 m, führt. Halbrechts erkennen wir die kahle Felsnase des Malacoccola. Nach wenigen Schritten weiter bei einem rechts hinabführenden Feldweg bestehen zwei Alternativen: der Weg über die wunderbare Aussichtsnase des Malacoccola oder (falls dieser wieder offene Weg abermals durch Private versperrt ist) direkt nach Fontanelle. Bei der ersten Alternative wandern wir den rechts abbiegenden Feldweg etwa 100 m hinab und nehmen dann den guten Pfad links durch ein offenes Tor. Dieser führt uns durch früher bewirt-

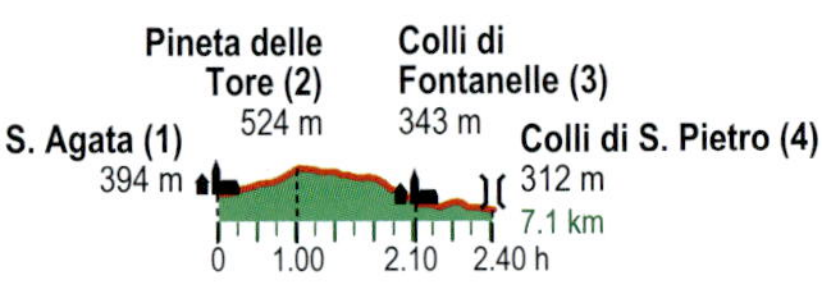

schaftete Baum- und Feldanlagen und dann leicht aufwärts zur steinigen und kahlen Nase des Malacoccola. Wir überblicken dort den ganzen Golf von Salerno und die Küstenlinie bis hin zum Monte San Costanzo. Der Weiterweg nutzt, links abbiegend, den vorbeiführenden rot-weiß markierten Pfad leicht abwärts. Dann wandern wir durch ein niedriges Wäldchen bis zur Hauptstraße nach Fontanelle. Bei der zweiten Alternative gehen wir von S. Martino aus zunächst 200 m geradeaus zu einem landwirtschaftlich genutzten Hügel und folgen dort dann dem Feldweg links und dann nochmals links durch niedrigen Wald hinab. Nach einem weiteren Linksschwenk stoßen wir auf einen mit roten Streifen markierten, erneuerten Weg. Dieser mündet ebenfalls in die Hauptstraße nach Fontanelle. Bei beiden Alternativen wandern wir durch eine Haarnadelkurve hindurch die Hauptstraße hinab. In einer Linkskurve zweigen wir rechts auf ein Weglein ab, das uns, nochmals die Hauptstraße querend, nach **Colli di Fontanelle (3)** leitet.
Im Ort bei der Aussichtsterrasse an der Hauptstraße biegen wir rechts in die rot-weiß markierte Via Colli di Fontanelle. Diese gehen wir hinab und kommen an der markant gelegenen Barockkirche S. Madonna del Rosario mit Doppeltürmen vorbei. Danach kreuzen wir links eine Straße und biegen nach wenigen Metern rechts in die Via Bosco. Sie verläuft durch ein parkartiges Gelände zunächst ansteigend und dann wieder abwärts. Später stoßen wir wieder auf eine Hauptstraße und folgen dieser 600 m leicht abwärts bis zum Pass und Kreuzungspunkt **Colli di S. Pietro (4)**.

Blick von der Aussichtsnase des Malacoccola (hinten Monte S. Costanzo).

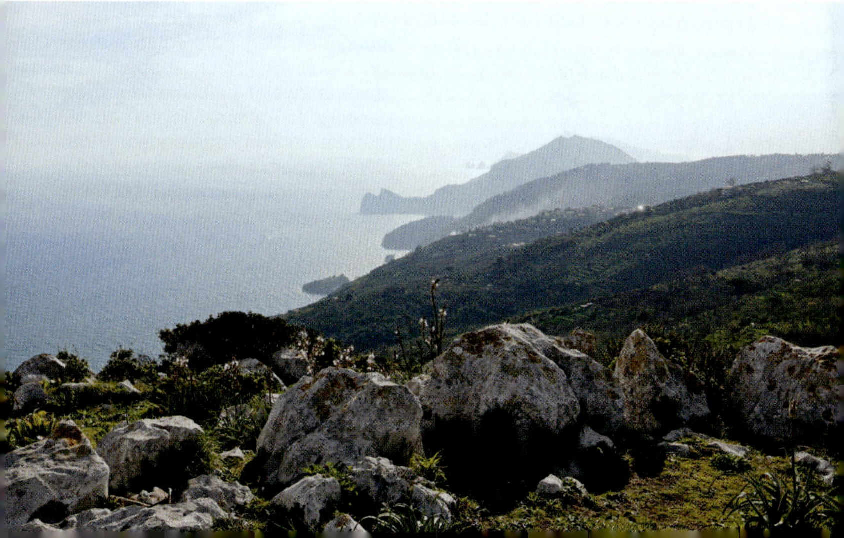

41 Sant'Agata – Marina Crapolla

3.10 Std.

Zum romantischen kleinen Fischerhafen am »Meer der Sirenen«

Der kleine Fischerhafen Marina Crapolla liegt in einer Bucht am Ende einer engen Schlucht. Die alten Häuser im griechischen Stil sind zwar nicht mehr bewohnt, doch wird der romantisch gelegene Hafen weiterhin von Fischern benutzt und gepflegt. Vor dem Hafen liegen mehrere Inseln. Dort lokalisieren Geschichtsforscher das »Meer der Sirenen« des Odysseus. Das ganze Gebiet war früher terrassiert und besiedelt. Davon zeugt noch das ehemalige Kloster S. Pietro, das mit Säulen und Steinen von römischen Villen (sie standen auf den vorgelagerten Inseln) gebaut wurde. Selbst wenn man nicht hinab zum kleinen Hafen steigen will, lohnt die Wanderung, denn auch oben über dem Meer bietet sich ein traumhafter Blick über die Küste.

Ausgangspunkt: S. Agata, Piazza vor der gleichnamigen Kirche am Corso S. Agata, 394 m. Für die Anfahrt von Sorrento oder Massa Lubrense Bushaltestelle am gleichen Corso in 300 m Entfernung.

Höhenunterschied: Im Auf- und Abstieg je 410 m.
Anforderungen: Treppenwege und Nebenstraßen, ca. 1 km holpriger Pfad. Kaum Schatten. Teilweise Markierungen.
Einkehr/Einkauf: Unterwegs nicht mögl.

In **S. Agata (1)**, mit dem Rücken zur gleichnamigen Kirche, folgen wir der Hauptstraße Corso S. Agata, die am Knotenpunkt mehrerer Buslinien vorbeiführt. Bei einer rechts abzweigenden Hauptstraße gehen wir geradeaus fast eben und dann abwärts bis zum Hotel Montana. Hier setzt sich unser markierter Weg halbrechts auf der Via Pigna fort. Nach knapp 100 m abwärts zweigt halblinks der Treppenweg I Traversa Pigna ab. Er mündet in ein querendes Sträßchen. Diesem folgen wir nach links. Nach wenigen Schritten bei einer Verzweigung nehmen wir nicht geradeaus die Via Nula, sondern halbrechts das Sträßchen steil abwärts.

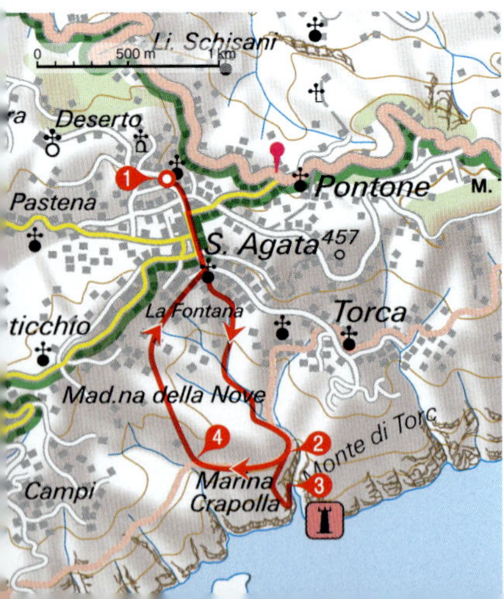

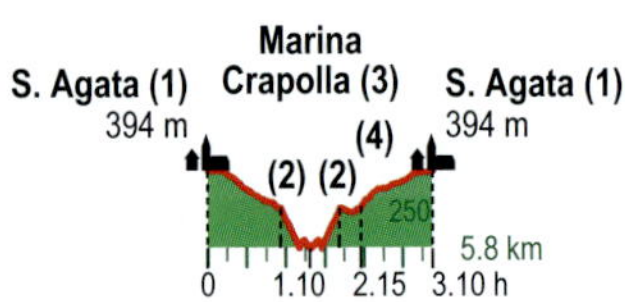

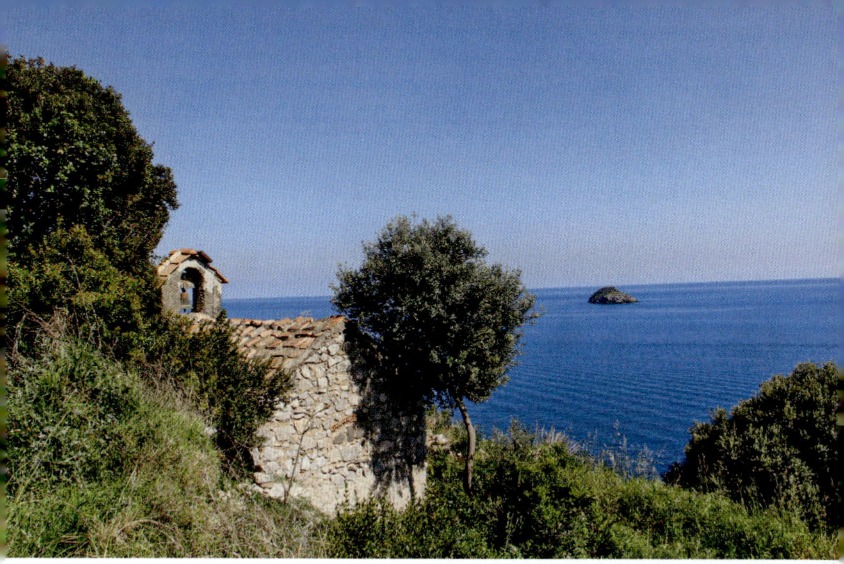

Das ehemalige Kloster S. Pietro auf dem Weg hinunter zur Marina Crapolla.

Unsere Route verläuft durch Gartenanlagen, weiter unten parallel zu einem Bach. Nach zwei Bachbrücken kurz hintereinander folgen wir dem Weg links direkt am Bach Rivolarito talabwärts. Über den sich vertiefenden Taleinschnitt gelangt man bei einer steinernen Bank zur **Verzweigung La Guardia (2)**, 205 m.

Ein gut ausgebauter Treppenweg führt uns nun hinab zum ehemaligen Kloster S. Pietro und weiter zum kleinen fotogenen Fischerhafen **Marina Crapolla (3)**.

Von dort geht es denselben Weg mit ca. 650 Stufen wieder aufwärts bis zur **Verzweigung La Guardia (2)**.

Etwa 40 m vor der steinernen Bank biegt unser Weiterweg als Pfad links ab (rot-weiß markiert). Nach etwa 1000 m auf holprigem Weg durch Macchia erreichen wir bei einem Taleinschnitt, nun auf einem betonierten Feldweg, die **Verzweigung Scrivanessa (4)**, 210 m. Hier biegt Tour 42 links zum gleichnamigen Bach ab.

Wir aber bleiben auf dem Feldweg, der uns aufwärts führt. Oben bei einer Häusergruppe erreichen wir die Kreuzung mehrerer Sträßchen. Wir wandern in gleicher Richtung weiter leicht abwärts (rote Punkte). Der Weiterweg zieht sich durch Streusiedlungen den Hang entlang. Bei Gabelungen halten wir uns links und steigen auf das bereits sichtbare Hotel Montana zu. Von dort geht es wie beim Hinweg zur Kirche von **S. Agata (1)**.

42 *Sant'Agata – Marina del Cantone*

4.00 Std.

Buchten, Badestrände und abenteuerliche Wege

Den besonderen Reiz dieses Küstenabschnittes machen die weiten Blicke und die vielen Buchten aus, in denen noch heute die Fischer anlegen. Nacheinander passieren wir die Buchten Marina Crapolla, Recommone und Marina del Cantone (kleiner Badeort). Das Gebiet war früher intensiv besiedelt und landwirtschaftlich genutzt, wovon noch viele Terrassenmauern zeugen. Doch heute ist es verwildert und von bunter Macchia überzogen.

Ausgangspunkt: S. Agata, Piazza vor der gleichnamigen Kirche am Corso Sant'Agata, 394 m. Für die Anfahrt von Sorrento oder Massa Lubrense Bushaltestelle am gleichen Corso in 300 m Entfernung.
Endpunkt: Marina del Cantone, 10 m. Bushaltestelle »Nerano Cantone« für die Rückfahrt nach S. Agata.
Höhenunterschied: 100 m im Aufstieg, 480 m im Abstieg.
Anforderungen: Zwischen der Verzweigung Scrivanessa und der Bucht Recommone z. T. durch Macchia sehr schlechte Pfade, sonst gute alte Verbindungswege bzw. Pfade. Wenig Schatten. Markierungen nur teilweise erkennbar.

Einkehr: Restaurant »Conca del Sogno« in der Recommone-Bucht, Tel. +39/081/8081036.
Varianten: 1) Abstecher von der Verzweigung La Guardia hinab zur Marina entsprechend Tour 41 (1.00 Std. hin/zurück). 2) Zur Vermeidung des schwierigen Abstiegs durch Macchia vor Wegpunkt 4: Kurz vor Erreichen des Pinienwaldes statt nach unten zu schwenken rechts bergauf. Weiter oben stößt man auf einen markierten Weg, rechts nach S. Agata und links nach Termini. 3) Fortsetzung bis Termini über Tour 43 (2.30 Std. zusätzlich), Abstecher zur Marina di Ieranto entsprechend Tour 38.

Von **S. Agata (1)** folgen wir Tour 41 zum Hotel Montana, zur **Verzweigung La Guardia (2)** und dann zur **Verzweigung Scrivanessa (3)** beim betonierten Feldweg.
Hier verlassen wir Tour 41, nehmen den Pfad links durch den Olivenhain und überqueren das Bachbett des Scrivanessa (rot-weiß markierter CAI-Weg). Weiterhin geht es durch Macchia den Hang entlang. Wir durchqueren zwei weitere Taleinschnitte von Bachläufen. Dann folgt bei Pinien der Abzweig von Variante 2. Weiter geht es durch das Gebiet **Campi (4)** – erkennbar an einem größeren Stein mit Markierung.
Nach einigen Turn- und Suchübungen den terrassierten Hang hinab (die Markierungen sind kaum noch zu entdecken) stoßen wir auf einen deutlich erkennbaren, querenden, rampenartigen Weg. Hier bestehen zwei Möglichkeiten für den weiteren Abstieg. Der offizielle CAI-Weg verläuft im Zickzack durch die hohe Macchia den Hang hinab und ist weiterhin schwer zu finden. Statt-

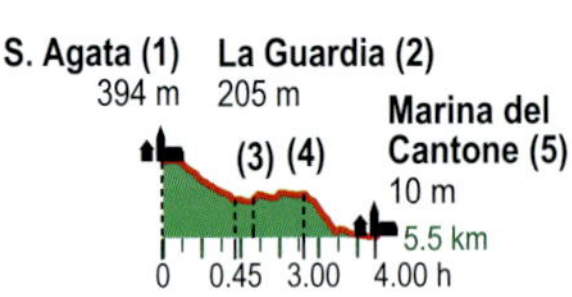

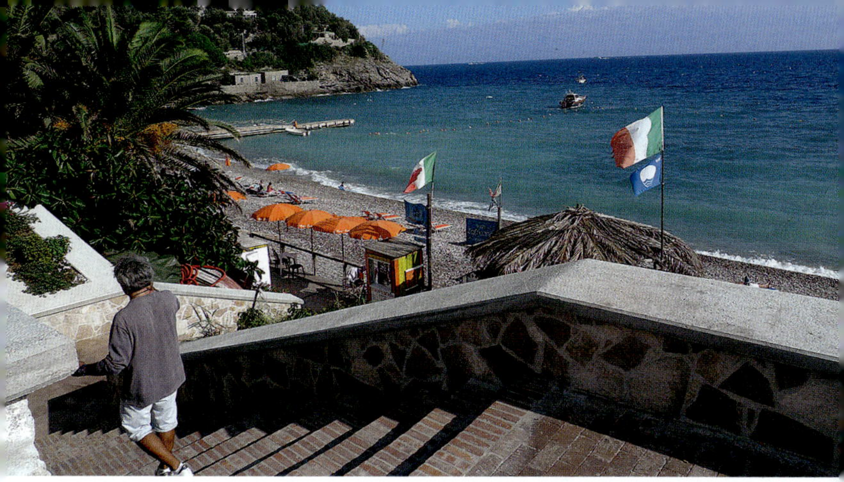

Strand von Marina del Cantone: zum Baden einladend nach der anstrengenden Tour.

dessen folgen wir dem Pfad auf der Rampe links hinab und gelangen zu einer nicht mehr bewohnten Siedlung von Ferienhäusern. Von dort führt ein privater Weg mit Betonstufen hinab bis zum Restaurant »Conca del Sogno a Recommone« (Tel. +39/081/8081036) unten am Meer. Wenn das Restaurant geöffnet ist, muss man sich für den Durchgang verständigen. So gelangen wir zur romantischen **Recommone-Bucht**.

Hier steigen wir beim an der linken Seite der Bucht liegenden Haus die Treppe hinauf. Nach einigen Serpentinen folgen ein schöner Naturpfad und später ein betonierter Weg nach **Marina del Cantone (5)**.

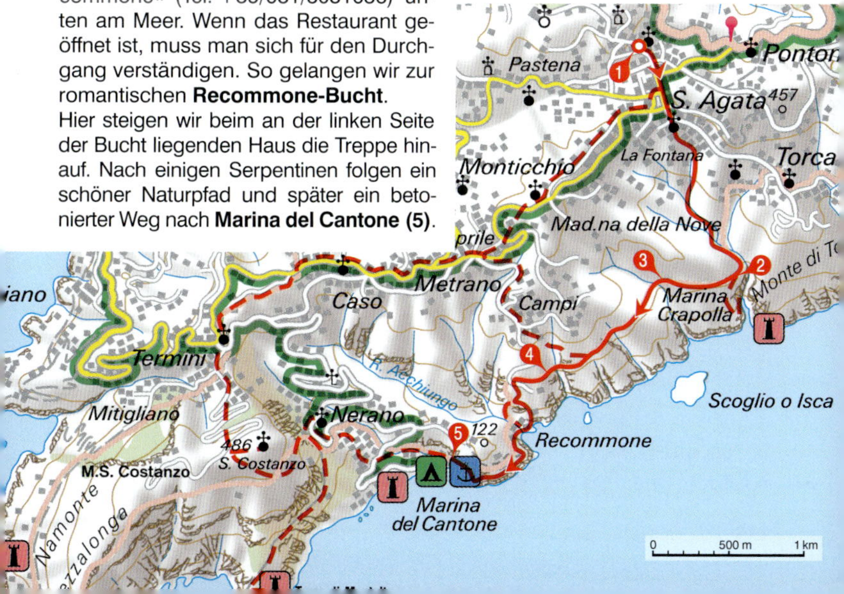

43 Marina del Cantone – Monte San Costanzo – Termini

2.30 Std.

Vom Strand direkt hinauf zum Aussichtsberg San Costanzo

Die Westspitze der Halbinsel ist eher hügelig als bergig. Die Ausnahme bildet der Monte San Costanzo, 485 m. Er setzt noch einmal einen gebirgigen Schlussakkord mit beeindruckendem Rundblick: der Golf von Salerno, Marina del Cantone, die Ieranto-Bucht, das nahe Capri, das Gebiet von Massa Lubrense sowie der Golf von Neapel mit Ischia und dem Vesuv.

Ausgangspunkt: Marina del Cantone, 10 m. SITA-Bushaltestelle für die Anfahrt von Sant'Agata, Massa Lubrense und Sorrento.
Endpunkt: Termini, vor der Kirche S. Croce, 323 m. SITA-Bushaltestelle für die Fahrt nach Marina del Cantone, Sant'Agata, Massa Lubrense und Sorrento.
Höhenunterschied: 480 m im Aufstieg, 170 m im Abstieg.
Anforderungen: Teils steile Pfade hinauf zum S. Costanzo, sonst bequeme Verbindungs- und Treppenwege. Überwiegend rot-weiße Markierungen.
Einkehr/Einkauf: In Nerano möglich.
Varianten: 1) Rundweg und dafür Wanderung von Termini (dem Zielort) nach Marina del Cantone hinab (zusätzlich 45 Min.). 2) Abstecher von Nerano nach Marina di Ieranto gemäß dem Schluss von Tour 38 (knapp 2.00 Std. hin/zurück). 3) Fortsetzung der Wanderung vom Monte S. Costanzo nach Punta Campanella entsprechend Tour 44.

Von der Busstation in **Marina del Cantone (1)** folgen wir ca. 100 m der Straße in östlicher Richtung und gehen dann auf dem Parkplatz links aufwärts (Keramikschild). Es schließt sich ein zunächst betonierter Weg an, der später als Trep-

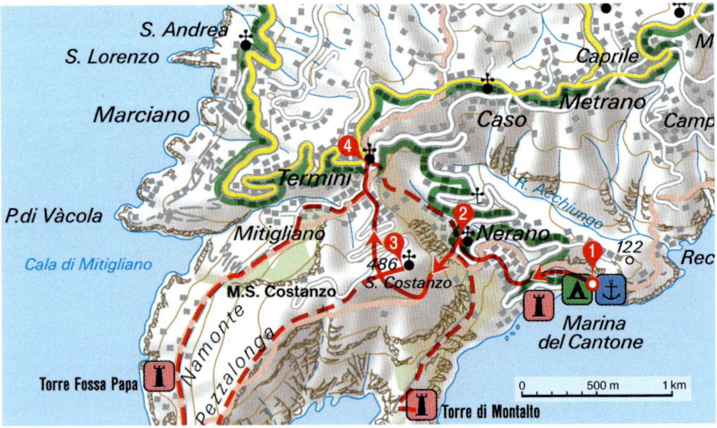

penweg zweimal die Asphaltstraße kreuzt. Vor einer hohen Natursteinmauer halten wir rechts auf die Kirche von **Nerano (2)** zu.
Von der kleinen Piazza oberhalb der Kirche aus nehmen wir die Straße links in südlicher Richtung. Nach ca. 50 m zweigt halbrechts die Via Ieranto ab. Etwa 100 m weiter steigen wir scharf rechts über die kleine Rampe (rot-weiße Markierung) und dann eine Treppe an (geradeaus setzt sich Tour 38 fort). Bei einem Mast und Verbauungen gegen Steinschlag schließt sich ein Pfad (ein ehemaliger Treppenweg) an, der in Serpentinen den Berghang durch niedrigen Wald hinaufführt. Oben erreicht man Terrassengärten, die teilweise noch bewirtschaftet werden. Nach einem weiteren leichten Anstieg schwenken wir oberhalb der Gärten rechts hinauf zum bewaldeten Sattel. Dort geht es abermals rechts auf dem breiten Prozessionsweg hinauf zum Gipfel **Cappella S. Costanzo (3)** mit der weithin sichtbaren kleinen weißen Kirche aus dem 16. Jh. – wahrscheinlich auch einst Standort eines griechischen Heiligtums.
Zurück beim Sattel steigen wir rechts haltend in nördlicher Richtung den alten, mit gelben Streifen markierten Treppenweg hinab. Dieser kreuzt mehrmals die Straße und ist unten ein kurzes Stück betoniert. Wieder auf der Straße folgen wir dieser nach **Termini (4)**.

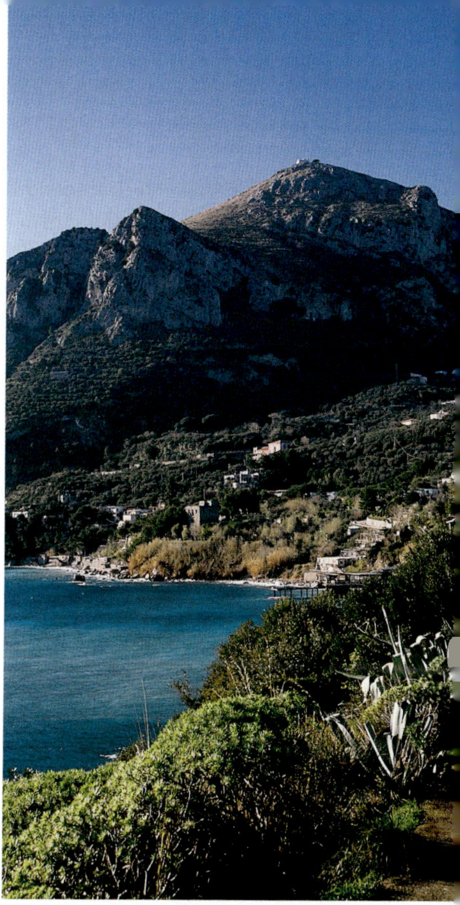

Der Monte S. Costanzo mit dem Gipfel Cappella S. Costanzo, vorne rechts Marina del Cantone.

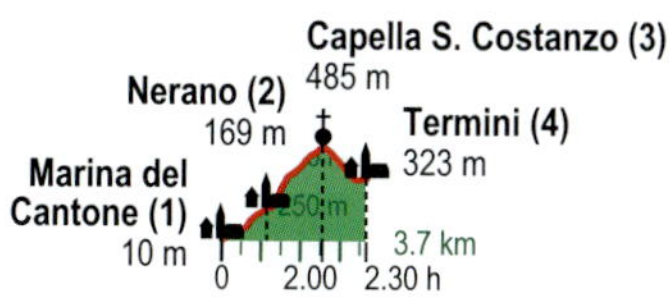

44 Monte San Costanzo, 485 m

4.30 Std.

Rundweg auf griechisch-römischen Spuren

Wer sich der weißen Kapelle auf dem Höhenzug des Monte San Costanzo nähert, denkt unwillkürlich an einen griechischen Tempelberg. Und tatsächlich finden sich in dieser Gegend diverse griechische Spuren. So standen auf der vom Weg gut sichtbaren Ieranto-Halbinsel ein Tempel und an der Punta Campanella eine griechisch-römische Tempelanlage (vgl. Tour 45). Unsere Wanderung vermittelt die fast mythische Atmosphäre dieses Gebietes.

Ausgangspunkt: Termini, bei der Kirche S. Croce, 323 m. SITA-Bushaltestelle für die Anfahrt von Massa Lubrense, Sorrento und Sant'Agata.
Höhenunterschied: Im Auf- und Abstieg je 520 m.
Anforderungen: Vom San Costanzo hinab felsiger Pfad mit Stolper- und Rutschgefahr sowie kurzen Kraxelpartien, sonst bequeme alte Verbindungswege. Wenig Schatten. Durchgängig markiert.
Einkehr/Einkauf: Unterwegs nicht mögl.
Varianten: 1) Anmarsch auf Tour 38 von Massa Lubrense (knapp 2.00 Std. zusätzl.). 2) Start in Marina del Cantone und Aufstieg über Tour 43 (gut 2.00 Std. zusätzl.).

Wir starten bei der Kirche S. Croce in **Termini (1)**, gehen etwa 50 m in südöstlicher Richtung weiter und zweigen dann rechts in die Via Campanella ab (Markierung gelbe Streifen und Schild »Punta Campanella«). Nach ca. 200 m wandern wir leicht ansteigend auf der Via del Monte geradeaus weiter (nicht rechts wie Tour 45 direkt zur Punta Campanella) vorbei an der Bar »San Costanzo«. Bei einer Rechtskurve des Sträßchens nehmen wir den links abzweigenden Treppenweg, der in einem Zwischenstück in ein betoniertes Sträßchen umgewandelt wurde. Dieser alte Verbindungsweg kreuzt mehrere Male eine Asphalt-

Abstieg zur Punta Campanella, im Hintergrund Capri.

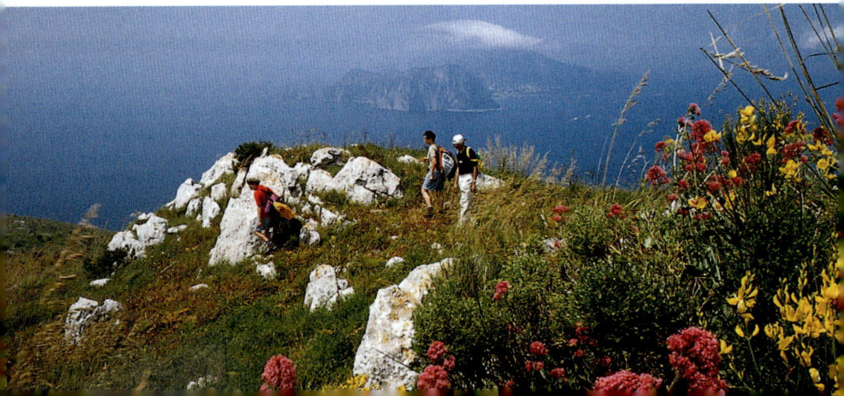

straße und führt so auf den bewaldeten Sattel. Von dort machen wir links hinauf einen Abstecher zur würfelförmigen **Cappella S. Costanzo (2)**.

Wir wandern zurück zum Sattel und anschließend geradeaus durch ein Pinienwäldchen in westlicher Richtung weiter (rot-weiße Markierung). Der Pfad führt unweit einer Straße und eines Ausflügler-Parkplatzes vorbei. Nach dem Wäldchen kraxeln wir auf einem steinigen Pfad am Hang des zweiten Gipfels des Monte S. Costanzo (**S. Croce**, 430 m) entlang (der Gipfel ist wegen Antennenanlagen umzäunt). Wir wandern sodann mit grandioser Aussicht (Capri, Marina di Ieranto etc.) abwärts. Der Pfad verläuft teils holprig und rutschig über Felsbrocken. Später sehen wir von einer Felsnase aus bereits den Leuchtturm der Punta Campanella. Fast unten angekommen, stoßen wir auf einen betonierten Weg (nach ein paar Schritten nach links schöner Blick auf die Ieranto-Bucht). Diesem folgen wir nach rechts. Bei der Mündung in den alten Verbindungsweg wandern wir auf diesem links hinab zur **Punta Campanella (3)**. Dort werden Teile der alten Römerstraße sichtbar; zudem kann man rechts am ehemaligen Mannschaftsgebäude vorbei zu einer kleinen Bucht mit Anlegesteg hinabsteigen. Dem alten Verbindungsweg – Teilstück der Via Minerva – folgen wir auch zurück (gelbe Markierungen). Er führt am Hang des Monte S. Costanzo durch Olivenhaine bergan. Später setzt er sich als Asphaltsträßchen fort, auf dem wir die **Verzweigung Mitigliano (4)**, 260 m, erreichen. Hier ist links, zunächst auf einer Asphaltstraße, ein Abstieg zur Badebucht möglich.

Auf markierten Straßen gelangen wir schließlich zurück nach **Termini (1)**.

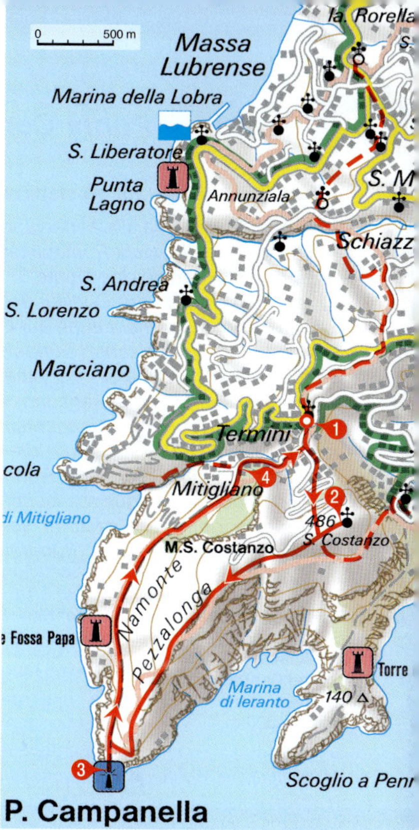

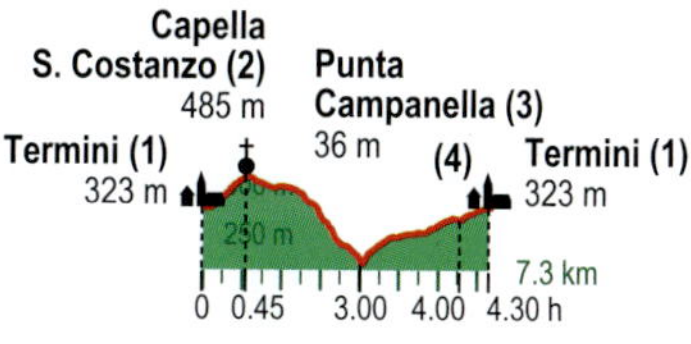

TOP **45** # Termini – Punta Campanella

2.30 Std.

Auf der Via Minerva zur Westspitze der Halbinsel

Die alte Römerstraße Via Minerva von Termini zur Spitze der Halbinsel, der Punta Campanella, zieht Romantiker und Verliebte magisch an. Sie führt gemütlich an der Flanke des Monte S. Costanzo entlang, passiert ausgedehnte Olivenhaine (wegen der Qualität des Öls berühmt) und bietet schöne Blicke auf Capri, bei guter Sicht auch auf Ischia. Die Punta Campanella war bereits Standort einer griechischen Tempelanlage, eines Athene-Heiligtums. Dieses weihten die Römer später ihrer Athene-Nachfolgerin Minerva. Hier betrieben die Römer auch einen Leuchtturm, von dem aus sie mit Capri (Palazzo di Tiberio, siehe Tour 46) Nachrichten austauschten. Heute stehen an dieser Stelle ein mittelalterlicher Wehrturm mit Mauerresten aus römischer Zeit, ein moderner Leuchtturm sowie ein Mannschaftshaus früherer militärischer Besatzungen.

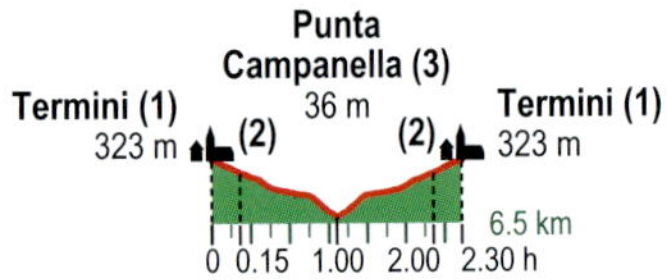

Ausgangspunkt: Termini, bei der Kirche S. Croce, 323 m. SITA-Bushaltestelle für die Anfahrt von Massa Lubrense, Sorrento und Sant'Agata.
Höhenunterschied: Im Auf- und Abstieg je 300 m.

Anforderungen: Bequemer alter Verbindungsweg. Markierungen und Wegweiser.
Einkehr/Einkauf: Unterwegs nicht mögl.
Varianten: Siehe Tour 44 (in beiden Richtungen).

Mittelalterlicher Wehrturm mit Zeugnissen aus der Römerzeit an der Punta Campanella.

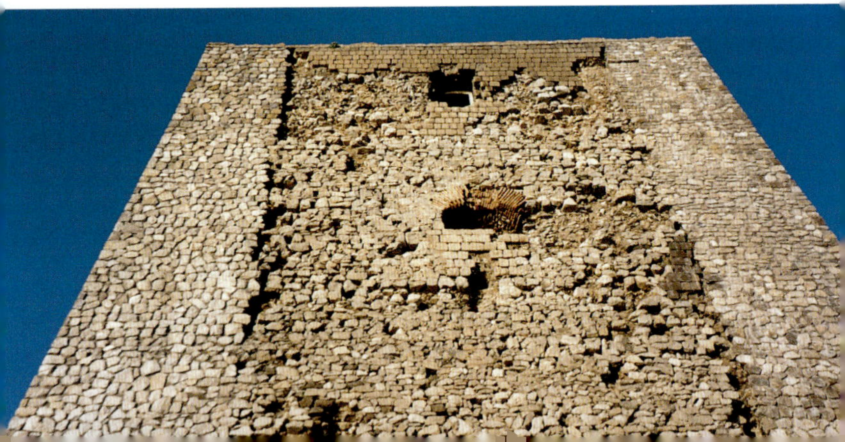

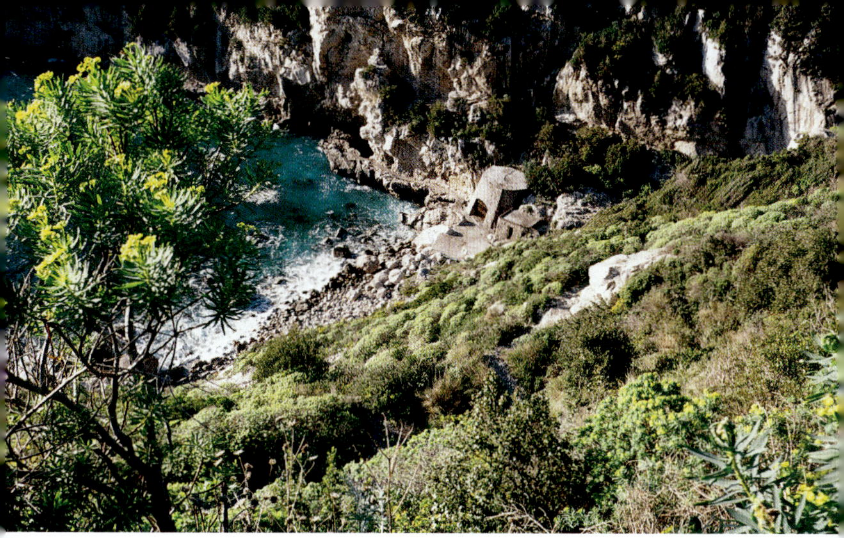

Unterhalb des Weges liegt die verlockende Badebucht Cala di Mitigliano.

Von der Kirche S. Croce in **Termini (1)** aus gehen wir 50 m in südwestlicher Richtung und zweigen dann rechts in die Via Campanella ab (gelbe Streifen). Nach rund 200 m halten wir uns bei einer Verzweigung rechts (Schild »Punta Campanella«; von hier führt Tour 44 geradeaus weiter) und erreichen die **Verzweigung Mitigliano (2)**, 260 m. Hier ist rechts ein Abstieg zur Badebucht möglich.

Wir folgen geradeaus weiter den gelben Streifen. Das Sträßchen führt nun den Hang entlang abwärts. Später setzt es sich als breiter Weg fort. Dieser bringt uns hinab zur **Punta Campanella (3)**.

Auf demselben Weg wandern wir über die **Verzweigung Mitigliano (2)** entsprechend Tour 44 auf Straßen zurück nach **Termini (1)**.

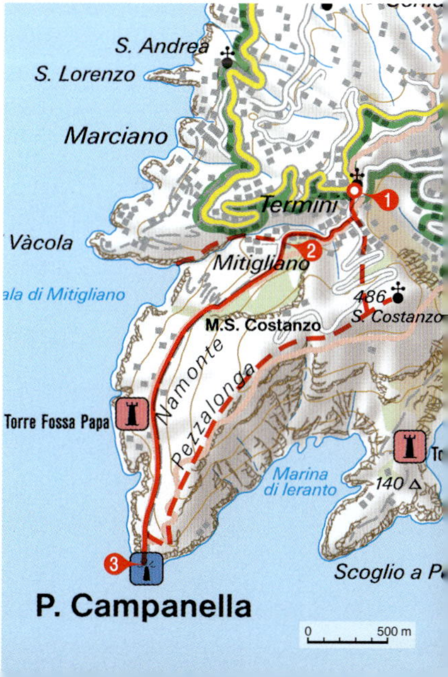

Capri, Ischia und der Vesuv

Optisch bildet der Vesuv den Angelpunkt im Golf von Neapel. Die anderen beiden exponierten Bezugspunkte im Golf sind die vorgelagerten Inseln Ischia und Capri. Auch dieses Dreigestirn bietet großartige Wandermöglichkeiten.

Capri, die von Touristen überlaufene kleine Insel vor der sorrentinischen Halbinsel, überrascht als Wandergebiet. Natürlich trifft man an touristischen Zielen wie der Piazza Umberto I oder dem Palazzo di Tiberio viele Menschen an. Doch kann man auch Touren unternehmen, bei denen man kaum Touristen begegnet und allein eine schöne Landschaft genießen kann.

Blick von Fiaiano (Tour 55) in den Golf von Neapel, links die Insel Procida, hinten der Vesuv.

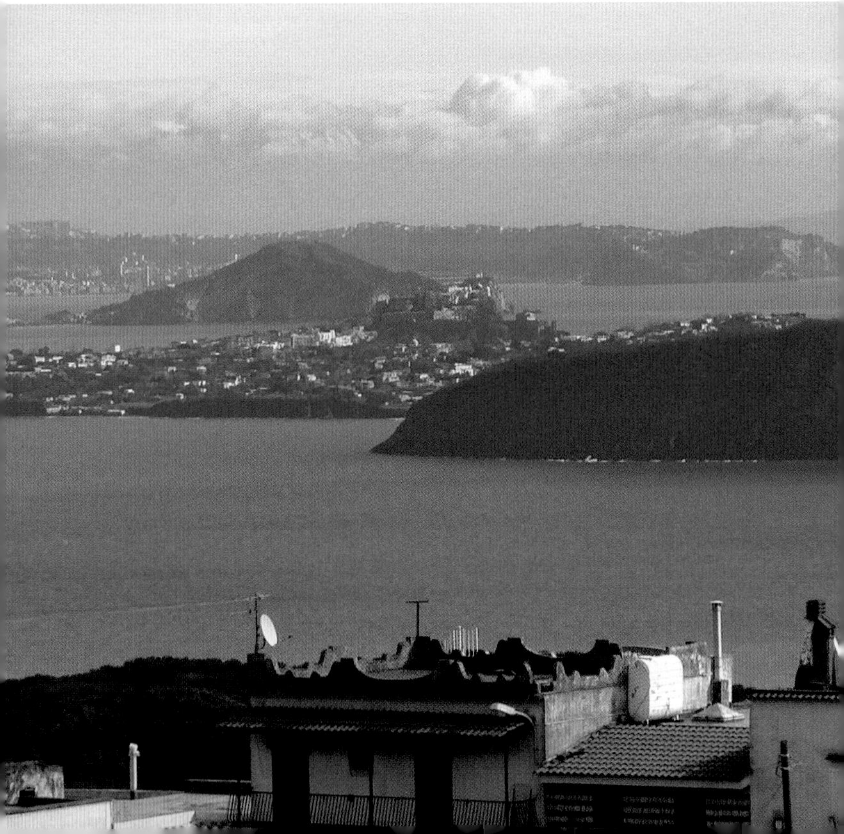

Das gilt für die größere Insel **Ischia** ebenfalls. Touren über Steilküsten, durch Vulkangebiete und Wälder, zu heißen Quellen, am Strand entlang sowie Abstecher zu historischen Orten und wunderschönen Gärten bieten viel Abwechslung. Leider werden auf Ischia die alten Wegeverbindungen überwiegend nicht gepflegt und wachsen teilweise zu. Das zwingt immer wieder dazu, auf Nebenstraßen auszuweichen.

Der **Vesuv** bietet mit dem aussichtsreichen Gipfel, dem Kranz von Lavagebieten und großen Wäldern ein wunderschönes Wandergebiet. Doch leider – oder zum Glück – ist der Zugang eingeschränkt. Wie ein Mantel umgibt den Vesuv-Kegel ein Naturschutzgebiet. Dieses wurde jedoch jüngst durch umfangreiche Waldbrände stark in Mitleidenschaft gezogen.

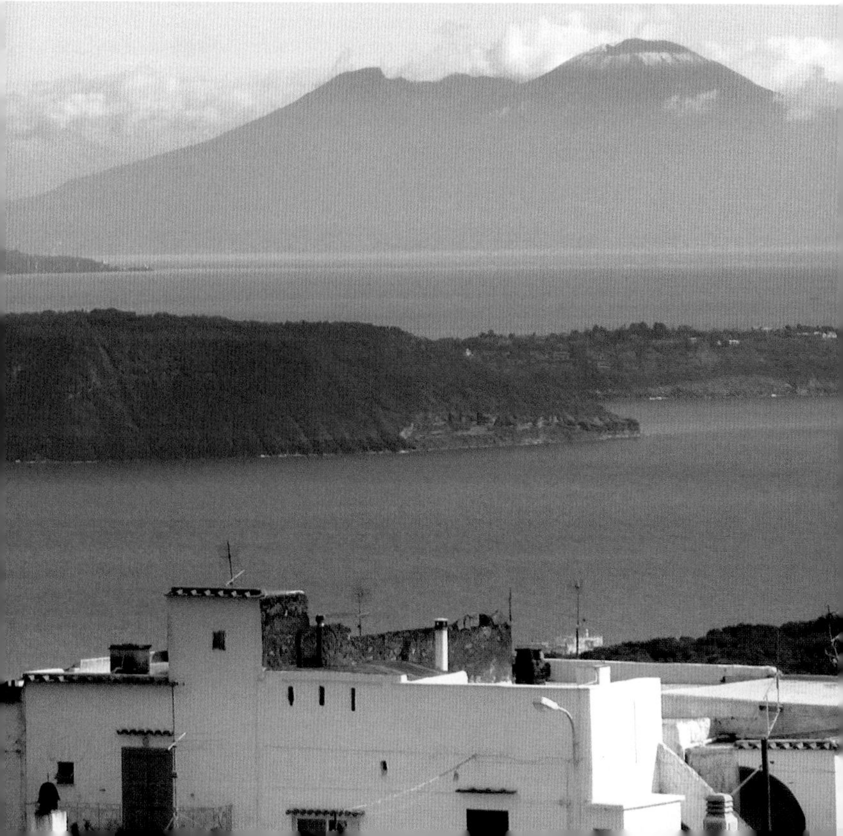

TOP **46** # Capri – Palazzo di Tiberio

3.10 Std.

Rundweg zu Gärten, Grotten, Naturwundern und römischen Ruinen

Dieser Wanderweg führt vorbei an vier herausragenden Sehenswürdigkeiten: den Faraglioni-Klippen, der Grotta di Matermania, dem Arco Naturale und dem Palazzo di Tiberio. Durch schöne Gärten und Villengebiete kommt man zum Rand der schroffen südlichen Küste. Hier befinden sich die Faraglioni-Klippen, steil aus dem Meer ragende Felsen. Es folgt die Grotta di Matermania. Diese Höhle stellte zu römischer Zeit ein Heilgtum dar, in dem die orgiastischen Riten des Kultes der Mater Magna stattfanden. Danach ist weiter oberhalb der Arco Naturale, ein imposanter Felsbogen mit malerischen Durchblicken, zu bestaunen. Schließlich erreichen wir den Palazzo di Tiberio, auch »Villa Jovis« genannt. Diese sehr große römische Anlage liegt auf der äußersten östlichen Landspitze von Capri und bietet eine großartige Rundsicht, u. a. zur Punta Campanella (vgl. Touren 44 und 45). Zu dieser muss ein reger Nachrichtentransfer mit Feuer- und Rauchzeichen bestanden haben. Die ganze Palastanlage umfasste, nach den Ruinen zu schließen, eine Fläche von ca. 7000 m². Der Bau wurde von Augustus begonnen und von seinem Adoptivsohn Tiberius fertiggestellt.

Ausgangspunkt: Capri, Piazza Umberto I, 142 m. Endpunkt der Funiculare von der Marina Grande.
Höhenunterschied: Im Auf- und Abstieg je 290 m.
Anforderungen: Bequeme Treppenwege und kleine Nebenstraßen (nur von Elektrokarren befahren). Teilweise Schatten. Hin und wieder Hinweisschilder.
Einkehr/Einkauf: Stadtgebiet von Capri.
Variante: Aufstieg von Marina Grande auf Tour 47 (zusätzlich 40 Min.).

Die berühmten Faraglioni-Felsen sind ein Wahrzeichen von Capri.

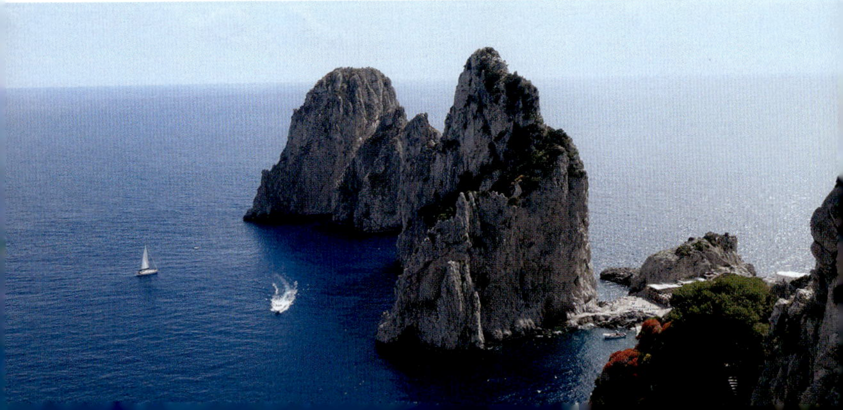

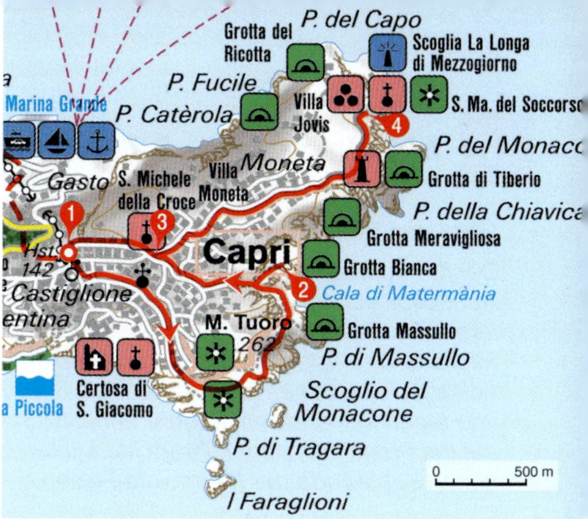

An der Südseite der **Piazza Umberto I (1)** in Capri-Stadt gehen wir unter einer breiten Passerelle hindurch und folgen der Via Vittorio Emanuele hinab. Beim quer stehenden berühmten Hotel Quisisana zweigen wir links in die Via Camerelle ab. Wir bleiben auf dieser schönen Fußgängerstraße, steigen später vor einer Verengung links die Via Tragara an und gehen bei der »Deutschen Evangelischen Kirche« (1899 erbaut) geradeaus eben weiter. Vor der Aussichtsterrasse beim Hotel Punta Tragara (Gäste waren u. a. Eisenhower und Churchill) angelangt, steigen wir halbrechts den schmalen Weg hinab. Es folgt ein Wechsel von relativ flachen Wegstrecken und Treppen durch Wäldchen und Macchiagebiete. Zwischendurch lädt ein Weg hinab zu einem Aussichtspunkt mit Blick auf die Faraglioni-Felsen ein. Dann sieht man unten auf einem Felsrücken die berühmte rote Villa des Schriftstellers Curzio Malaparte (kein Zugang). Nach kräftigem Anstieg passieren wir die Grotta Matermania und gelangen nach einem weiteren kräftigen Anstieg zu einem Restaurant, das in einen Felsen hineingebaut ist. Von dort machen wir rechts leicht abwärts einen Abstecher zur Felsformation **Arco Naturale (2).**

Wieder beim Restaurant, folgen wir der Via Matermania bis zur Kreuzung mit der Via Tiberio. Diese wandern wir nun rechts hinauf, vorbei an der Kirche **S. Michele della Croce (3)**, 170 m (im Kern 14. Jh.).

Unser Weg führt weiter die Via Tiberio hinauf. Bei einer Weggabelung bleiben wir auf der halblinks weiterführenden Via Tiberio. Bequem ansteigend erreichen wir den römischen **Palazzo di Tiberio (4)**, auch »Villa Jovis« genannt.

Anschließend kehren wir auf dem gleichen Weg zurück bis zur Kreuzung nach der Kirche **S. Michele della Croce (3)**. Hier nehmen wir rechts die zunächst leicht aufwärts und dann abwärts führende Gasse. An deren Ende schwenkt der Weg nach links und mündet in die Via Longano. Unter Häusern hindurch gelangen wir zurück zur **Piazza Umberto I (1)** in Capri-Stadt.

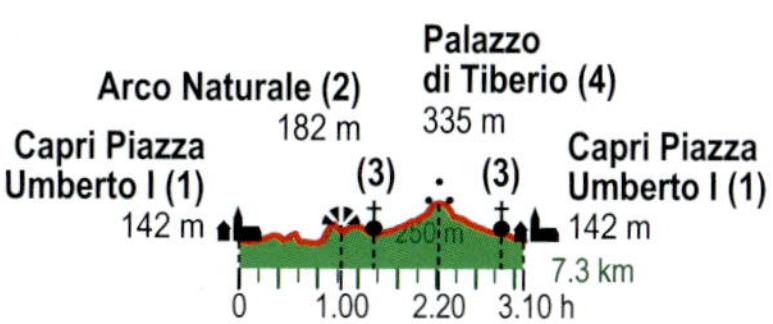

47 Monte Solaro, 589 m

5.00 Std.

Über den Klippen von Anacapri

Der Monte Solaro, die höchste Erhebung von Capri, bietet einen prachtvollen Rundblick auf die Insel und sowohl auf den Golf von Neapel als auch von Salerno. Großartig ist auch die anschließende Wanderung zum Belvedere di Migliara. Der Weg folgt dem Grat oberhalb der schroff zum Meer abfallenden Felswände, in denen im Frühjahr viele Seevögel nisten. Hier sind wir weit weg von Menschenansammlungen. Schließlich bietet sich eine schöne Aussicht auf die Punta Carena mit ihrem markanten Leuchtturm sowie auf die fantastischen Kalkwände der Marmolata-Felsen.

Ausgangspunkt: Marina Grande, an der Anlegestelle der Linienschiffe, 5 m.
Endpunkt: Anacapri, Piazza Vittoria, 287 m. Bushaltestelle für Fahrten nach Capri und Marina Grande.
Höhenunterschied: 670 m im Aufstieg, 390 m im Abstieg.
Anforderungen: Überwiegend alte, bequeme Verbindungswege, teils jedoch steile Pfade, ab und zu mit Macchia überwachsen (besonders zwischen Monte Solaro und Migliara), kurze Kletterpartie zum »Passetiello«. Wenig Schatten. Teilweise rot-weiß markiert und Keramik-Wegweiser.
Einkehr/Einkauf: In Capri, auf dem Monte Solaro und nach dem Belvedere.
Varianten: 1) Start in Capri (Zeiteinsparung 0.45 Std.). 2) Abstieg von Anacapri auf Tour 48 zur Grotta Azzura 1.00 Std. zusätzlich). 3) Abstieg auf Tour 48 von der Seilbahnstation aus in östlicher Richtung nach Marina Grande (1.15 Std.).

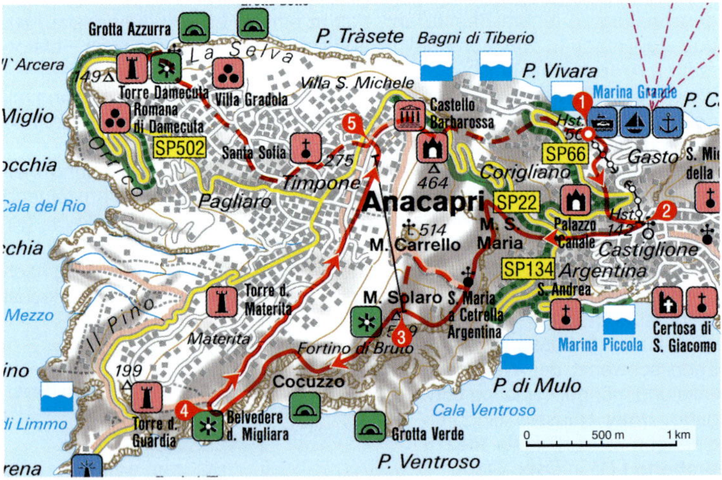

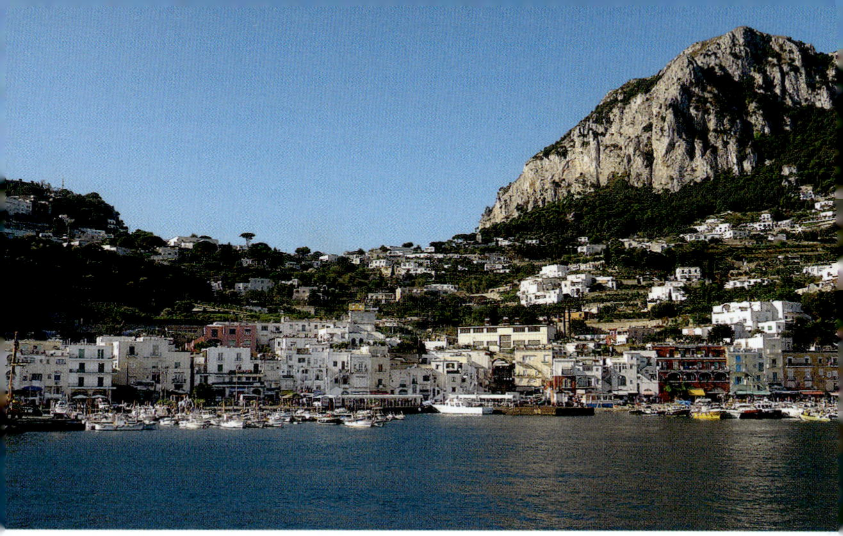

Die Marina Grande in Capri, im Hintergrund rechts der Felswall vor Anacapri.

Von der Hafenmole in **Marina Grande (1)** gehen wir in östlicher Richtung und schwenken nach der Bar »Corallo« bei einem Trinkwasser-Brunnen rechts in ein Sträßchen ein. Wenige Schritte weiter steigen wir beim roten Haus links den Treppenweg hinauf (Keramik-Wegweiser »Centro«). Er überquert zweimal die Straße. Unter einer Terrasse und dann durch ein altes Tor hindurch erreichen wir den Ort **Capri** bei der berühmten **Piazza Umberto I (2)**.
Von dort folgen wir an der Aussichtsterrasse vorbei der Via Roma. Wir passieren den rechts liegenden kleinen Busbahnhof und kommen zu einem Platz mit drei in Laufrichtung abzweigenden Straßen. Hier wenden wir uns halblinks der Via Marina Piccola zu und gehen nach ca. 30 m rechts die Rampe (Via Torina) hinauf. Nun orientieren wir uns an den Wegweisern »Passetiello«. Nach einem Anstieg auf einem Treppenweg folgt ein Pfad und dann rechts ein Aussichtspunkt (schöner Rastplatz). Weiter geht es aufwärts und an einem Haus vorbei den Hang entlang. Sobald wir in ein Wäldchen eintauchen, schwenkt der Pfad, als ehemaliger Treppenweg erkennbar, nach links aufwärts. Er führt in steilen Serpentinen, zuletzt durch eine schmale Felsschlucht (Passetiello), zu einem kleinen Pass. Von

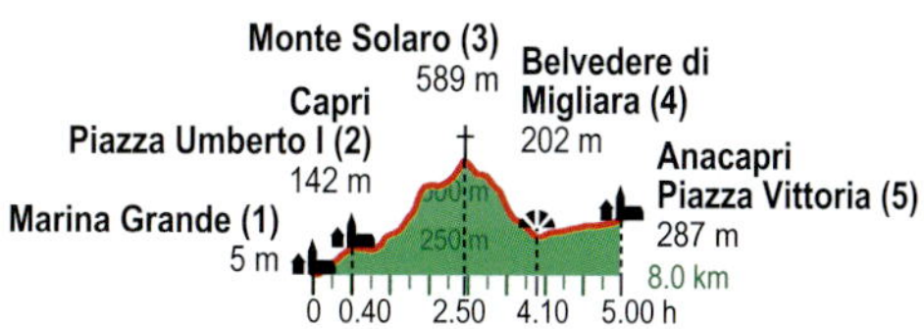

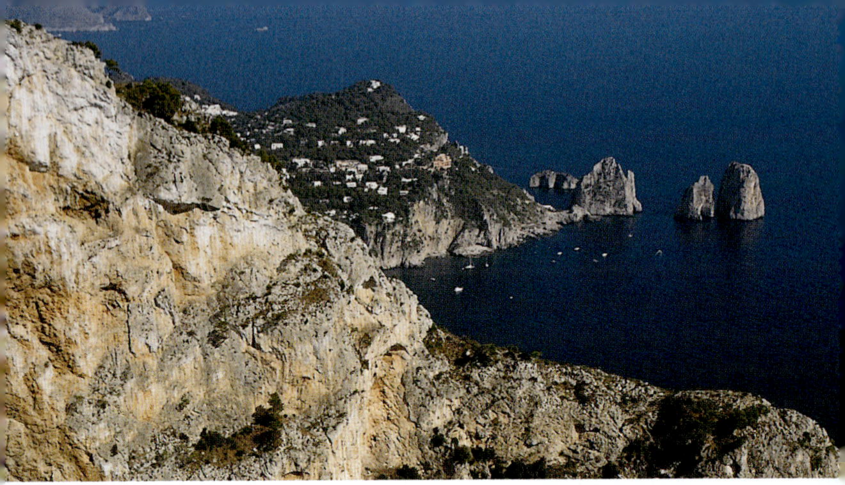

Panorama am Monte Solaro: Punta di Tragara und die Faraglioni-Felsen.

dort steigen wir den felsigen Hang hinauf und folgen oben links dem Weg am Abhang entlang zur Kapelle S. Maria a Cetrella (14. Jh.). Dieser Aussichtspunkt wird auch **Eremo di Cetrella**, 476 m, genannt. Hier bestehen zwei Möglichkeiten für den Aufstieg zum Monte Solaro: Mit dem Rücken zur Küste den breiten Naturweg vorbei an der Gedenktafel »Tramonto« mit einem Gedicht von R. M. Rilke nehmen (bequeme Variante). Oder in südlicher Richtung den gepflasterten Weg wählen, der bei einem Haus in einen Pfad übergeht und dann durch milde Macchia direkt hinaufführt (Blicke auf die Steilküste). Auf beiden Wegen gelangt man zum aussichtsreichen **Monte Solaro (3)** hinauf.

Von der obersten Aussichtsterrasse – einer früheren englischen Geschützstellung – steigen wir über den Treppenweg in Gegenrichtung zur Bergstation des Sesselliftes ab. Beim waagerechten Rad geht es links, in westlicher Richtung, durch eine niedrige Metalltüre hindurch (bei Seilbahnbetrieb muss man sich evtl. mit dem Personal verständigen). Es folgt ein gut sichtbarer, anfangs jedoch etwas bewachsener Pfad hinab. Alsbald gelangen wir zum südlich steil abfallenden Felsgrat, der bis zum Cocuzzo hinüberführt. Dort schwenken wir rechts hinab und umgehen auf steinigem Weg einen tiefen, zum Meer hin offenen Felszirkus. Danach verläuft unser Pfad am Rande des Grates unter duftenden Nadelbäumen. Links haltend gelangen wir zum **Belvedere di Migliara (4)**.

Von dort nehmen wir das Beton-Sträßchen in nordöstlicher Richtung. Immer etwa geradeaus haltend, erreichen wir die **Piazza Vittoria (5)** im Zentrum von **Anacapri** mit Bus- und Seilbahnstation sowie etlichen Restaurants.

2.30 Std.

Marina Grande – Grotta Azzurra

48

Über die Phönizier-Treppe nach Anacapri und weiter zur Blauen Grotte

Die Blaue Grotte ist weltberühmt. Ihr Besuch empfiehlt sich eher vormittags, damit man die wunderbaren Lichtspiele genießen kann. Auch sollte das Meer möglichst ruhig sein. Außerdem erschließt die Wanderung den reizvollen Ort Anacapri, der sich auf einer Hochebene ausbreitet. Der Weg nach Anacapri führt auch an der berühmten Villa San Michele von Axel Munthe vorbei (heute ein Museum). Die uralte Phönizier-Treppe mit ihren 500 Stufen bietet atemberaubende Ausblicke.

Ausgangspunkt: Marina Grande, an der Anlegestelle der Linienschiffe, 5 m.
Endpunkt: Grotta Azzurra, am Ende der Straße, 30 m. Bushaltestelle zur Rückfahrt nach Anacapri, Capri und Marina Grande.
Höhenunterschied: 290 m im Aufstieg, 260 m im Abstieg.

Anforderungen: Meist bequeme alte Treppenwege, Straßen und Pfade. Die alte Phönizier-Treppe ist jedoch recht anstrengend. Wenig Schatten. Unterwegs hin und wieder Hinweisschilder.
Einkehr/Einkauf: Unterwegs in Anacapri möglich.

Wir starten an der Hafenmole von **Marina Grande (1)** und steigen in westlicher Richtung die Treppe zur Straße Via Marina Grande hinauf. Dieser folgen wir aufwärts und wählen nach ca. 300 m halblinks den Treppenweg Rampa S. Constanzo. Bei der Kirche S. Costanzo (im Kern 6. Jh.) erreichen wir eine Straße, folgen dieser rechts und biegen nach 60 m wieder links in die Strada Fenicia, die mit einer Treppe aus Ziegeln beginnt. Nach einem unterhalb gelegenen Sportplatz wird der Treppenweg steiler. Wir steigen durch ein Wäldchen an und gelangen zu einem Plätzchen mit Sitzgelegenheit. Von dort aus

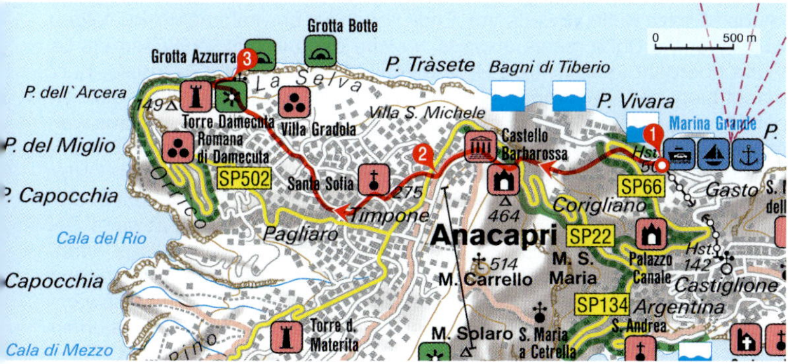

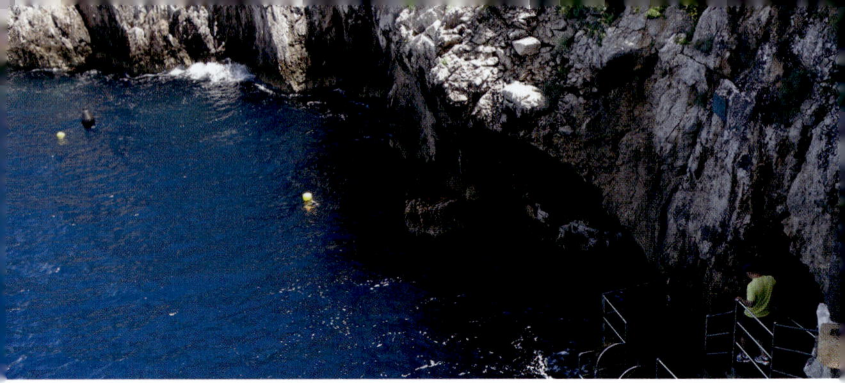

Am Eingang der Grotta Azzura.

schlängelt sich der alte Phönizier-Weg an der steilen Felswand hinauf bis zur Cappella S. Antonio. Ein Tunnel führt unter der Hauptstraße hindurch. Auf der anderen Straßenseite setzt sich der alte Treppenweg fort. (Grandiose Blicke hinab zur Küste mit dem Bagno di Tiberio – Reste einer römischen Badeanlage.) Der steile Treppenweg mündet bei der berühmten **Villa S. Michele**, 292 m, von Axel Munthe. Darin befindet sich ein Museum mit der Sammlung dieses berühmten schwedischen Arztes und Schriftstellers. Es folgt eine von Geschäften flankierte Gasse bis zur **Piazza Vittoria (2)** – das viel besuchte Zentrum von **Anacapri**.

Von dort aus spazieren wir durch die leicht abschüssige Via G. Orlandi. Wir passieren die Casa Rossa und gelangen zur Piazza A. Diaz mit der barocken Kirche S. Sofia. In der gleichen Richtung geht es ein paar Stufen hinab und dann rechts kurz die Gasse Via Boffe entlang. Nach einem modernen Denkmal für Axel Munthe zweigen wir halblinks ab und gehen auf der intim wirkenden Piazza Boffe abwärts. Am Ende halten wir uns halbrechts und folgen weiter der Via Boffe rechts abwärts, welche dann in das Sträßchen Via La Vigna übergeht (gelegentlich Hinweisschilder, u. a. »Grotta Azzurra«). Kurz darauf biegt der mit Keramikschild angezeigte Weg links ab, macht aber einen Umweg auf Straßen von ca. 2500 m. Wir aber wandern geradeaus weiter (weil direkter). Etwa 100 m nach einem kleinen Platz biegen wir links in die Via Veterino. Diese führt durch ein Villengebiet steil hinab. Am Ende der Straße folgt ein nur noch in Resten bestehender, holpriger Treppenweg abwärts. Bei einer Verzweigung steigen wir links hinab. Später gelangen wir auf einem Beton- und Naturweg zu einer Straße. Rechts abwärts erreichen wir eine Busstation. Etwas unterhalb davon liegt die **Grotta Azzurra (3)**.

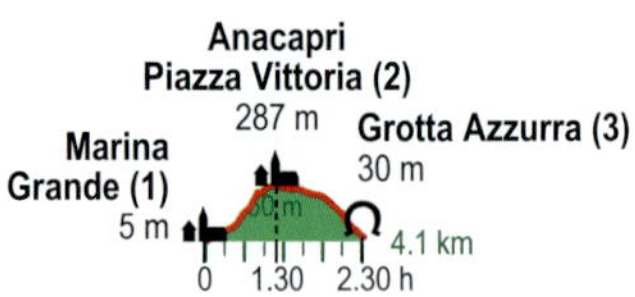

1.50 Std.

Ischia Porto – Campagnano

Spaziergang durch zwei alte Küstenstädte hinauf zum Dorf Campagnano

Die nordöstliche Küste von Ischia ist relativ flach, was die Siedlungstätigkeit und die Erschließung für die Landwirtschaft begünstigte. Die Wanderung vermittelt zunächst reizvolle Eindrücke von Ischia Porto und Ponte. Ischia Ponte zeichnet sich durch schöne alte Bauten und das eindrucksvolle Aragoneser-Kastell aus. Dieses Kastell hat eine Geschichte von 2500 Jahren, seine heutige Gestalt bekam es unter der Herrschaft der Aragonesen im 15. Jh. Später wurde das Kastell zu einer kleinen Stadt mit 13 Kirchen ausgebaut. Der Weiterweg führt südlich hinauf zum Dorf Campagnano, welches sich an einen Bergrücken schmiegt und einen Blick auf Ischia Porto und Ponte bietet.

Ausgangspunkt: Ischia Porto, 10 m. Zentraler Knotenpunkt der Buslinien an der Piazza Trieste 100 m vom Hafen.
Endpunkt: Campagnano, im Zentrum vor der Kirche SS. Annunziata, 160 m. Haltestelle für die Rückkehr nach Ischia Porto mit dem Bus.
Höhenunterschied: 200 m im Aufstieg, 50 m im Abstieg.
Anforderungen: Nebenstraßen, alte Treppenwege und Strandwege.
Einkehr/Einkauf: Unterwegs an verschiedenen Orten möglich.
Variante: Anschluss von Tour 50 nach Barano Testaccio (zusätzlich knapp 3.45 Std.).

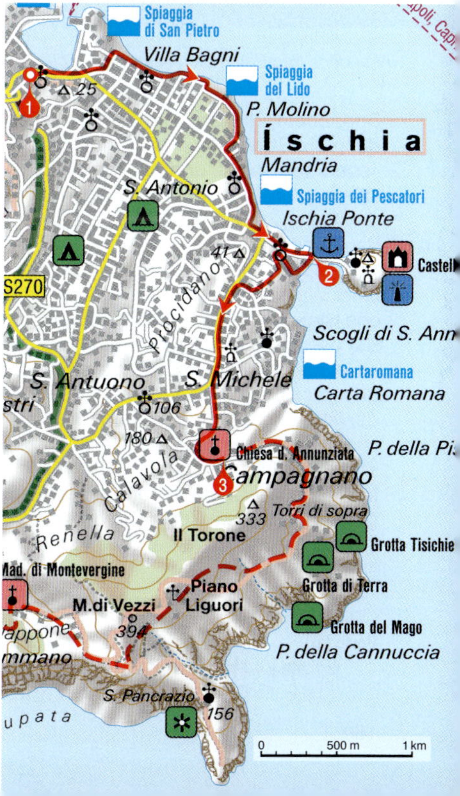

Vom Knotenpunkt der Buslinien in **Ischia Porto (1)** aus folgen wir der Straße in östlicher Richtung, vorbei an der großen klassizistischen Kirche S. Maria di Portosalvo. Wir gelangen so zum Hafen, einem ehemaligen Vulkankrater. Von der Hauptstraße zweigen wir links in die Via Roma, der Hauptgeschäftsstraße von Porto, ab. Nach wenigen Schritten biegen wir bei einem Platz links in die Via

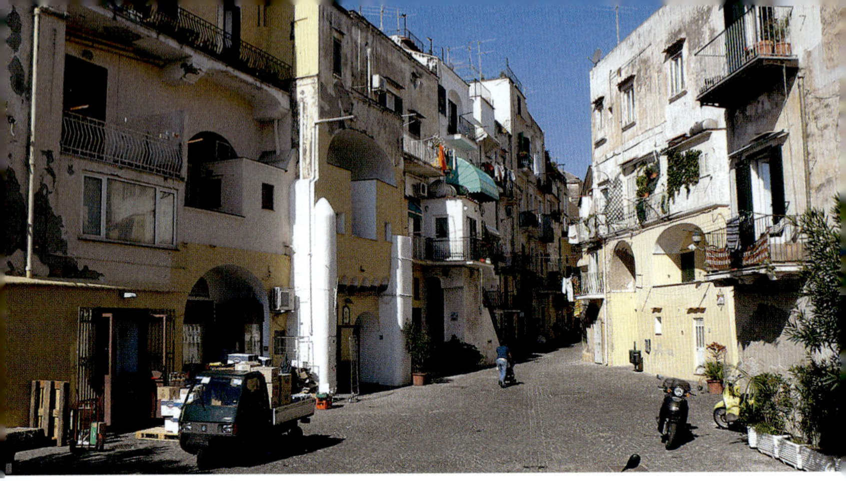

Auf dem Weg durch die Altstadt von Ischia Ponte.

Buonocore, die uns zum Strand leitet. Nun geht es rechts auf Sand und dann auf Sträßchen immer parallel zur Küste weiter. Nach der Punta Molino liegen das Kastell und die Insel Procida vor unseren Augen. Vorbei an typischen alten Häusern erreichen wir das Zentrum von **Ischia Ponte (2)** und den Damm zum »Castello d'Ischia«, dem großen Kastell der Aragoneser auf dem markanten Felsen.

Vom Damm aus gehen wir in südlicher Richtung am Fischerhafen vorbei. Bei einer Wasserstelle mit niedrigen Bäumen biegen wir rechts ab in die urtümliche Hinterhofstraße. Nach 10 m geht es wieder links und dann wieder rechts. Bei der weiß gestrichenen Kirche S. Maria Costantino steigen wir links den alten Treppenweg Via Soronzano an. Vor einem altrosa gestrichenen Gebäude setzt sich der alte Verbindungsweg, nun asphaltiert, rechts und dann wieder links leicht ansteigend fort. Sobald wir die Via Nuova Carta Romana erreichen, gehen wir rechts abwärts und biegen kurz darauf bei einer Straßenkreuzung links in die Via G. B. Vico. Am weiß-gelb gestrichenen Kirchlein Madonna del Carmine vorbei folgen wir leicht ansteigend der – leider lärmigen – Straße etwa 700 m geradeaus bis zum Ortsteil San Michele. Bei einer leichten Rechtskurve der Straße nehmen wir das halblinks abzweigende alte Sträßchen Via Campagnano, das sich später den Hang hinaufschlängelt. Bei einer Hauptstraße angelangt, folgen wir dieser links aufwärts in den Ort **Campagnano (3)** mit der Kirche SS. Annunziata und einem reizvollen Platz davor.

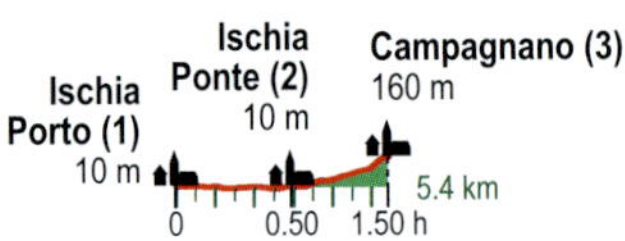

3.20 Std.

Campagnano – Barano Testaccio 50

Aussichtreiche Hangwege im noch ursprünglichen Südosten

Mit einer großen Geländewelle stößt der Stüdwesten der Insel in das Meer vor und fällt dort steil hinab. Der Kamm der Welle erreicht beim Monte di Vezzi die Höhe von 400 m. Die Route verläuft an den Hängen dieser Höhen. Dadurch bietet sich ein einmaliges Panorama vom Golf von Neapel und Procida und Capri bis hin zum Epomeo. Auf dem Weg wechseln sich Waldgebiete und Gartenkulturen (Wein, Gemüse) ab.

Ausgangspunkt: Campagnano, im Zentrum vor der Kirche SS. Annunziata, 160 m. Anfahrt mit dem Bus von Ischia Porto aus.
Endpunkt: Barano Testaccio, auf dem Sattel der Via Pendio del Gelso, 150 m. Bushaltestelle der Linien nach Ischia Porto.
Höhenunterschied: 250 m im Aufstieg, 260 m im Abstieg.
Anforderungen: Nebenstraßen, alte Treppenwege und überwiegend gute Pfade. Doch zwischendurch steiler, rutschiger Aufstieg. Orientierung nicht immer ganz leicht.
Einkehr/Einkauf: Restaurant »Da Maria e Giuseppe« in Piano Liguori.
Varianten: 1) Start in Ischia Ponte (Teilstück von Tour 49, zusätzlich 1.00 Std.). 2) Aufstieg von Barano Testaccio zum aussichtsreichen Monte Cotto (hin und zurück ca. 30 Min.).

Vom Platz vor der Kirche von **Campagnano (1)** geht es östlich die schmale Via Vecchia Campagnano hinab und dann eben weiter. Nach einem leichten Anstieg bei einer Häusergruppe und mehreren Strommasten zweigt rechts der alte Treppenweg Via Torre ab (Variante über Il Torrione). Wir bleiben auf dem Sträßchen und umrunden die Höhe Torri di Sopra (großartige Blicke in den Golf von Neapel) durch ein Gebiet mit Streusiedlung. Etwa 50 m nach einem Belvedere und Parkplätzen sowie einem Anstieg des Sträßchens kommen wir zu einer Verzweigung. Hier wählen wir das links abwärtsführende asphaltierte Sträßchen und ca. 100 m später den Weg rechts aufwärts (nicht den einladenden Weg geradeaus abwärts). Der gut unterhaltene Weg verläuft zeitweilig auf einem Holzsteg. Weiter durch ein Gebiet mit Weinbergen, mal auf staubigen Naturwegen mal auf zementierten Abschnitten, weist uns ein Schild »Piano Liguori« rechts hinauf. Nun folgt ein steiler, teilweise betonierter, dennoch rutschiger Aufstieg, bei dem aber Geländer helfen. Daran schließt ein Wechsel von ansteigenden und ebenen Abschnitten an. Danach wird der Weg breiter und besser. Er mündet oberhalb der Häuser des kleinen Weinbauortes **Piano Liguori (2)**. Hier lohnt ein Abstecher zum Restaurant »Da

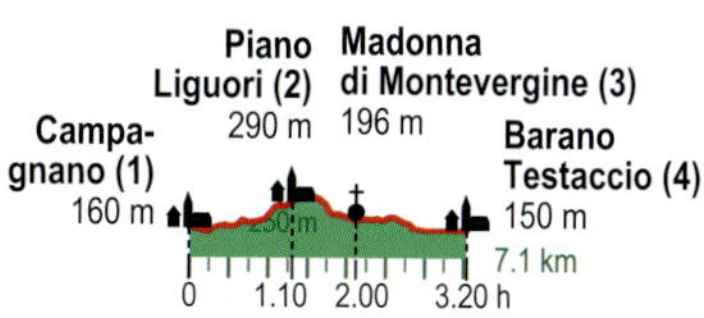

Maria e Giuseppe« mit Panoramasicht auf die Südküste. Dazu gehen wir links das alte Dorfsträßchen hinab und wenden uns weiter unten nach rechts.
Wieder zurück an der Verzweigung oberhalb des Ortes biegen wir links in südwestliche Richtung in einen Hohlweg ein. Bei einer nach wenigen Metern folgenden weiteren Verzweigung bei einem eisernen Kreuz wandern wir halblinks aufwärts und biegen nach ca. 50 m links auf den Naturweg ab. Unser Weg schlängelt sich nun, oft hohlwegartig und schattig, am Hang des Monte Vezzi entlang. Zwischendurch genießt man einen Blick zur Halbinsel mit der Kirche S. Pancrazio. Bei einer Verzweigung mit Blick in Richtung Barano und Epomeo wählen wir links den fast ebenen Pfad (nicht geradeaus abwärts). Nach einer Partie über Gartenterrassen mündet er bei einer weiteren Verzweigung von Pfaden direkt oberhalb der Steilküste **Scarrupata** mit Panoramablick (s. Bild rechts). Hier steigen wir scharf rechts den dramatisch über der Steilküste beginnenden alten Treppenweg (anfangs ein Hohlweg) hinab zu einem betonierten Sträßchen. Diesem folgen wir, vorbei an nur noch teilweise bewohnten Häusern und zunächst noch entlang der Steilküste, abwärts. Das Sträßchen schwenkt später nach rechts und führt weiter unten zu einem Weiler mit der Barockkirche **Madonna di Montevergine (3)**.
Unterhalb der Kirche biegen wir links in den ansteigenden Treppenweg und wandern anschließend geradeaus weiter auf einem Betonsträßchen. Nach

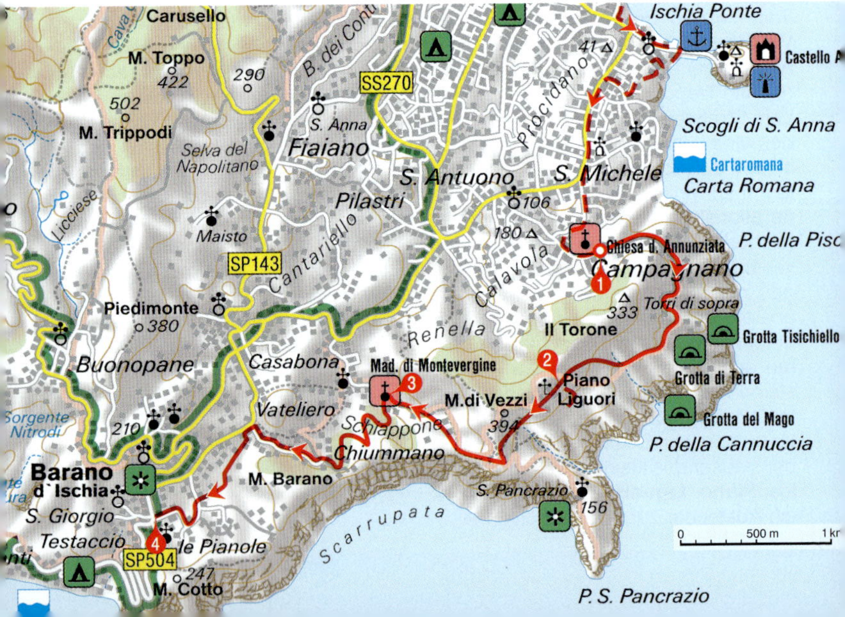

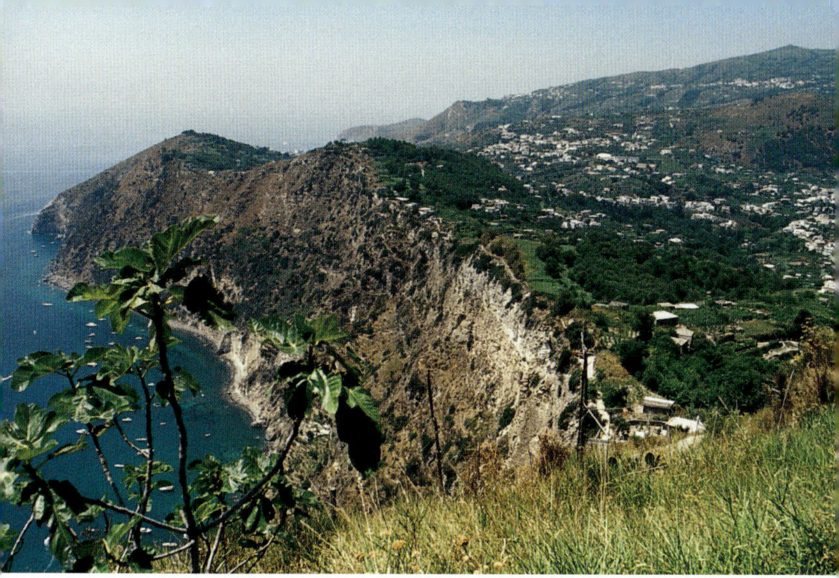

Blick auf die südliche Steilküste von Ischia vom Hang des Monte di Vezzi.

einer kleinen Brücke mit weißem Geländer gehen wir geradeaus den Pfad fast eben weiter. Am Ende des kleinen Tales vor dem Waldrand nehmen wir bei einer Gabelung den Weg halbrechts leicht hinab und steigen dann durch den Wald wieder etwas an. Bei einem in Laufrichtung stehenden Mauerrest wählen wir links den Weg hinauf. Alsbald verlassen wir auf dem etwas überwachsenen Pfad den Wald und durchqueren am Rande eines weiteren kleinen Tales terrassierte Weingärten. Wieder im Wald können wir links durch ein Tor einen Abstecher zum Rand der Steilküste machen. Von dieser Verzweigung aus nehmen wir das Asphaltsträßchen hinab. Weiter unten, etwa 400 m nach dem Tor in einem Villengebiet von Vateliero, zweigt halblinks ein parallel zur Straße ansteigender alter Treppenweg aus Basaltsteinen ab (Variante 3 über den Hang des Monte Barano). Wir bleiben auf dem Sträßchen bis zu einer Kreuzung. Dort biegen wir scharf links ab, gleich bei einer Kirche erneut nach links. Nach dem Queren eines Parkplatzes schlängelt sich ein Sträßchen durch eine lockere Bebauung. Bei einer Verzweigung halten wir uns rechts. Vor einem Sportplatz biegen wir links ab und wählen nach etwa 200 m rechts das Sträßchen um den Sportplatz herum. Dieses geht nach einem Linksschwenk in einen ansteigenden Treppenweg über, auf dem wir die Hauptstraße durch den Ortsteil **Barano Testaccio (4)** auf einem Sattel erreichen.

51 Barano Testaccio – Forio

4.40 Std.

Strände, pittoreske Orte und Höhenpanorama an der Süd- und Westküste

Der Maronti-Strand hat die Südküste berühmt gemacht. In den einmündenden engen Tufftälern, teilweise sogar direkt am Strand, entspringen heiße Quellen. Auch der hübsche kleine Fischerhafen S. Angelo mit den oberhalb gelegenen Giardini Termali di Aphrodite und dem Parco Tropical bilden beliebte Ausflugsziele. Die Westküste, an der der Wanderweg im weiteren Verlauf entlangführt, zeichnet sich ebenfalls durch viele Strände und Thermalquellen aus. Weitere Höhepunkte der Wanderung bilden der Aussichtsberg Monte Amalfitano über der Punta Imperatore und das alte Städtchen Forio mit seinen vielen Wehrtürmen und Kirchen.

Ausgangspunkt: Barano Testaccio, auf dem Sattel der Via Pendio del Gelso, 150 m. Bushaltestelle der Linien von Ischia Porto.

Endpunkt: Forio, Kirche S. Maria del Soccorso, 20 m. Haltestelle der Ringbuslinien CD und CS in ca. 500 m Entfernung am Hafen.

Höhenunterschied: 300 m im Aufstieg, 430 m im Abstieg.

Anforderungen: Weitgehend gute, alte Verbindungswege und Nebenstraßen. Relativ viel Asphalt und wenig Schatten. Hin und wieder Wegweiser.

Einkehr/Einkauf: Diverse Möglichkeiten in den Ortschaften unterwegs.

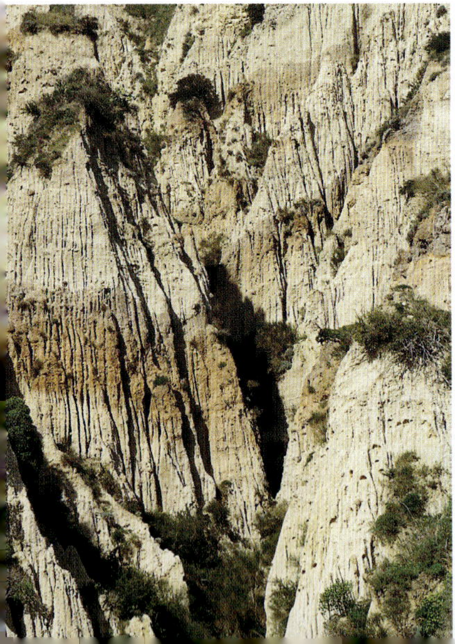

Auf dem Sattel von **Barano Testaccio (1)** gehen wir von der Hauptstraße aus die Gasse in westlicher Richtung hinauf. Nach wenigen Schritten folgt halblinks die Via Generale Giorgio Carafa (Hinweisschild zum Maronti-Strand). Bei einer abermaligen Verzweigung bleiben wir auf dem Sträßchen (nicht links hinab), das später steil abwärts führt und in einen breiten Treppenweg übergeht. Unten angekommen, unterqueren wir eine Straße und gelangen zu einem Belverde und zu einer Treppe hinab zur **Spiaggia dei Maronti**, 5 m. Hier halten wir uns rechts und kommen zur Mündung des tief eingeschnitte-

Bizarre Tuffformationen an der Südküste.

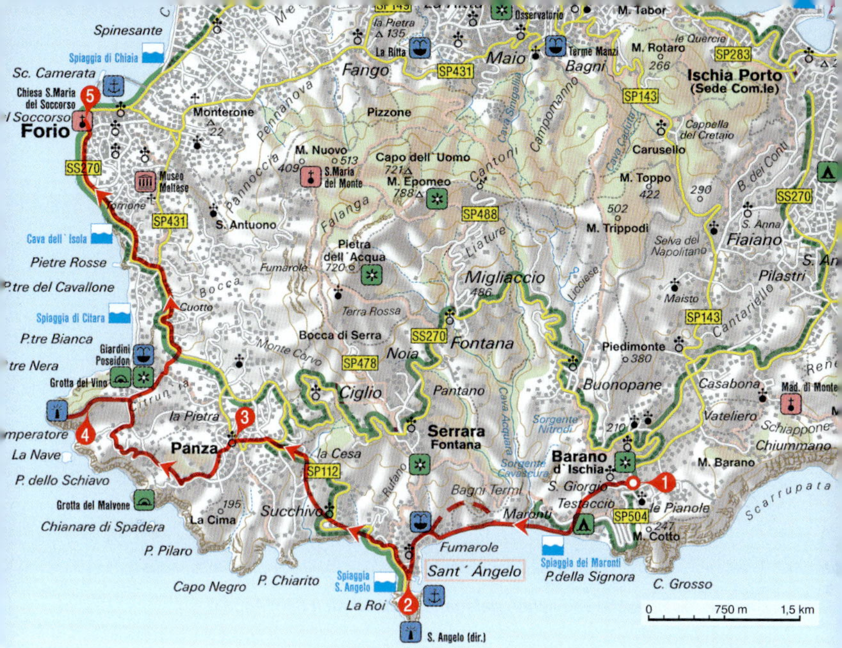

nen Tales der Cava Aquara (etwas talaufwärts kann man Thermalwasser »öffentlich« trinken). Weiter geht es am Strand zur Mündung der Schlucht Cava Scura. In dieser Schlucht befinden sich weiter oben in den Tuff gehauene Bäder, die noch aus römischer Zeit stammen. Auf unserem Weiterweg kommen steile Tufffelsen, die direkt am Strand aufragen. (Falls der Wasserstand zu hoch ist, wandert man etwa 100 m vor den Felsen in das Scava-Tal hinein. Nach wenigen Schritten zweigt links eine Nebenstraße ab, die das Hindernis über die Höhe umgeht.) Beim Ristorante Emanuela erreichen wir den Ortsteil Fumarole, mit heißen Quellen am Strand und im Meer. Hier nehmen wir das Sträßchen rechts aufwärts. Von der Therme Linda mit einem großen dampfenden Ventil als Wahrzeichen steigen wir in westlicher Richtung am Rande der Therme Aphrodite hinauf. Auf einem schönen Weg am Hang entlang gelangt man hinab nach **S. Angelo (2)**.

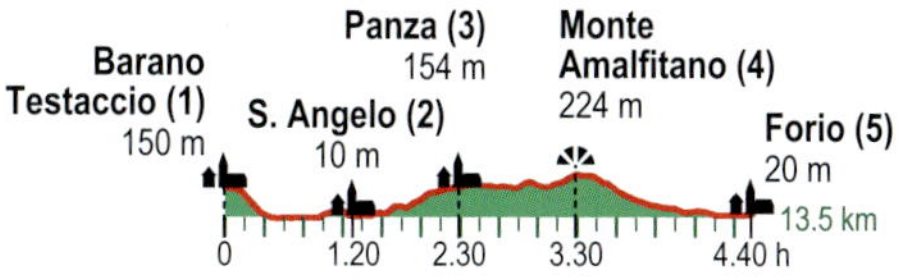

Am westlichen Ortsrand nehmen wir die Autostraße aufwärts und steigen bei der Busstation links ein Sträßchen hinab. Nach ei-

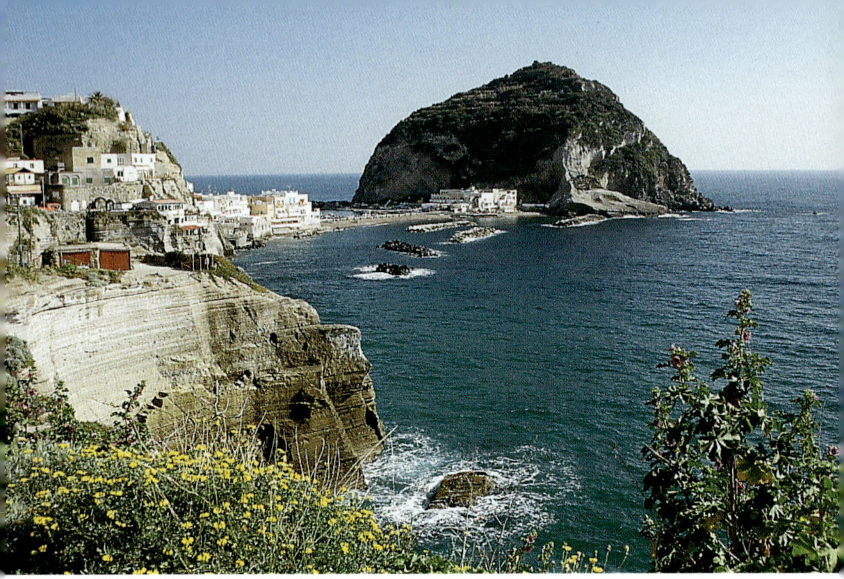

Der ebenso hübsche wie schön gelegene Fischerhafen Sant'Angelo.

ner Brücke am Ende des Sträßchens folgt ein breiter Treppenweg rechts hinauf. Dieser geht unter der Hauptstraße hindurch. Im Ort Succhivo angekommen, überqueren wir die Hauptstraße und wählen den alten, alsbald gepflasterten Verbindungsweg an einer Kirche vorbei abwärts. Vor einem canyonartigen Tal schwenken wir nach rechts und biegen danach vor alten Mauern nach links in ein Sträßchen ab. Dieses führt uns zu einem weiteren canyonartigen Tal. An dessen Rand wandern wir auf alten Wegen hinauf zur Hauptstraße, der wir nach links folgen. In **Panza (3)** gehen wir geradeaus auf den gelben Turm der Kirche S. Leonardo zu.
Dort nehmen wir links der Kirche die gepflasterte Gasse aufwärts. Es folgt links ein Sträßchen den Hang entlang. Dieses mündet in eine breitere Straße, der wir nach rechts folgen. Wenige Schritte weiter bei einer Kreuzung setzen wir unseren Weg geradeaus fort (links geht es zum Friedhof) und bei einer Verzweigung halblinks eben weiter. Bei einem Abzweig zum Hotel S. Leonard bleiben wir auf der halbrechts verlaufenden Nebenstraße. (Vom Hotel aus kann man vielleicht wieder die sagenumwobenen Mavone-Grotten besuchen. Diese wurden nach Einstürzen geschlossen.) Nach ca. 1 km Auf und Ab durch Streusiedlung, bei einer Verzweigung, geht es von einem bebauten Hügel geradeaus weiter. Zunächst steigt die asphaltierte Straße in Serpentinen auf den Hügel an, dann fällt sie wieder ab. Gegenüber sehen

wir bereits den Höhenzug des Monte Amalfitano mit der Punta Imperatore. Bei der Mündung in eine querende Straße folgen wir dieser links hinauf, später durch ein Bambusgebiet. Bei der Bar »Faro« angelangt, machen wir links über den **Monte Amalfitano (4)** einen Abstecher zur Punta Imperatore und genießen den Blick auf die Westküste bis Forio sowie auf den Epomeo. Zurück an der Bar »Faro«, wandern wir auf dem Asphaltsträßchen stets abwärts. Sobald wir die Hauptstraße erreichen, folgen wir dieser links hinab, an der kleinen Kirche vorbei. Nach ca. 800 m Hauptstraße zweigen wir bei einer Verkehrsinsel mit Bäumen links in die Straße, die zur Küste hinab führt. Weiter unten, bei einer Straßenkreuzung, biegen wir rechts ab und folgen der Straße über dem Meer bis nach **Forio**. Das Ziel der Tour erreichen wir bei der Landspitze mit der bereits davor sichtbaren Kirche **S. Maria del Soccorso (5)**, einer Wallfahrtskirche für Seefahrer aus dem 16. Jh.

Blick auf die Felsnase mit den Mavone-Grotten auf dem Weg zum Monte Amalfitano.

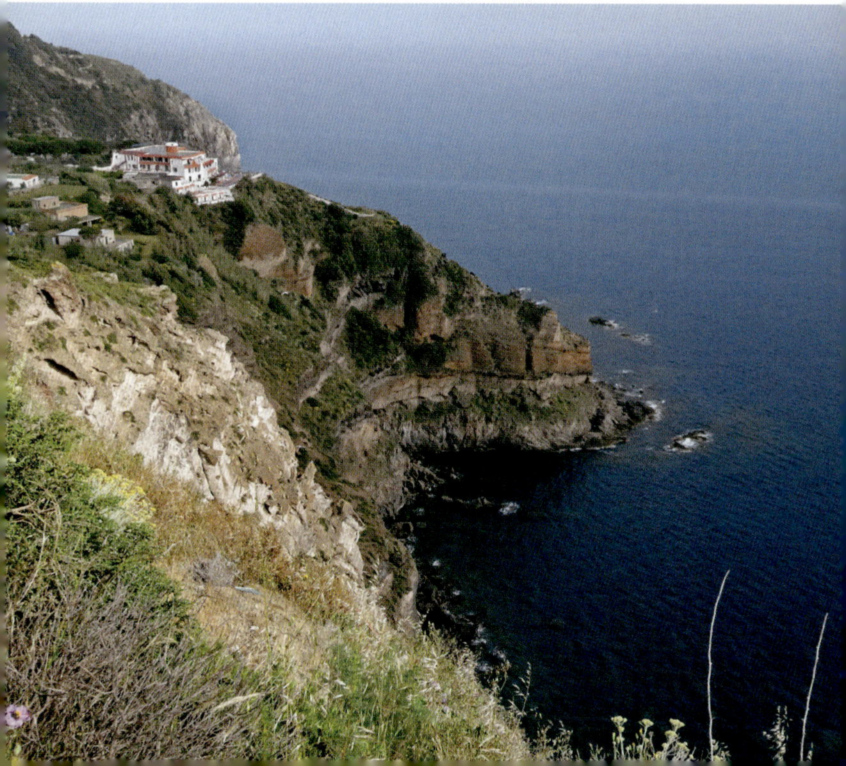

52 Forio – Lacco Ameno

2.10 Std.

Strand, Wald, Vulkangestein und Panoramen an der Nordwestküste

Die westliche und nördliche Küste von Ischia wurde bereits sehr früh besiedelt. In Casamicciola fand man Zeugnisse aus der Bronzezeit. Am Monte Vico siedelten schon im 8. Jh. v. Chr. die Griechen – entsprechende Ausgrabungsfunde kann man im örtlichen Museum in Lacco Ameno bewundern. Zu Beginn der Wanderung durchstreifen wir einen der schönsten Strände von Ischia.

Ausgangspunkt: Forio, Kirche S. Maria del Soccorso, 20 m. Haltestelle der Ringbuslinien CD und CS in ca. 500 m Entfernung am Hafen.
Endpunkt: Lacco Ameno, Piazza S. Restituta, 10 m. Den anschließenden Corso Rizzoli 600 m weiter Haltestelle der Ringbuslinien CD und CS; nach Forio mit CS-Linie.
Höhenunterschied: 50 m im Aufstieg, 60 m im Abstieg (bei Besteigung der Anhöhe La Guardiola zusätzlich je 60 m).
Anforderungen: Meist Nebenstraßen. Nur gelegentlich Hinweisschilder.
Einkehr/Einkauf: Diverse Möglichkeiten in den Ortschaften unterwegs.
Tipp: Besuch der »Giardini La Mortella« (Tel. +39/081/986220, lamortella.org). Auf ca. 2 ha Fläche ein wunderbarer botanischer Garten.

Von der Kirche S. Maria del Soccorso gehen wir vorbei am Municipio durch Gassen zum nördlich von **Forio (1)** gelegenen Fischerhafen. Am Strand folgen wir der anfangs am Meer entlangführenden Hauptstraße. Später biegt diese halbrechts ab, während wir auf Nebenstraßen weiterhin am Strand entlanggehen. Nach einer Treppe hinab folgen ein Rondell und dann abermals ein Sträßchen. Auf diesem durchqueren wir den Ortsteil S. Francesco mit seinen schönen Gärten. Am Ende des Sträßchens, vor der nach Nordwesten vorstoßenden Landzunge, erreichen wir den Ortsteil **Montevergine (2)**.

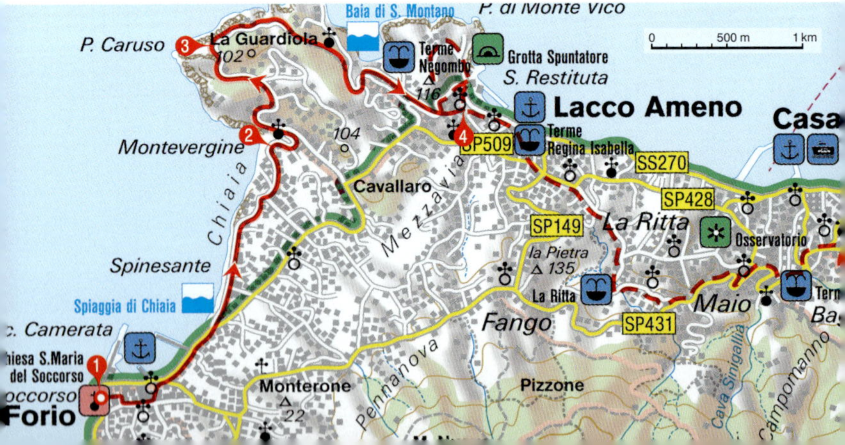

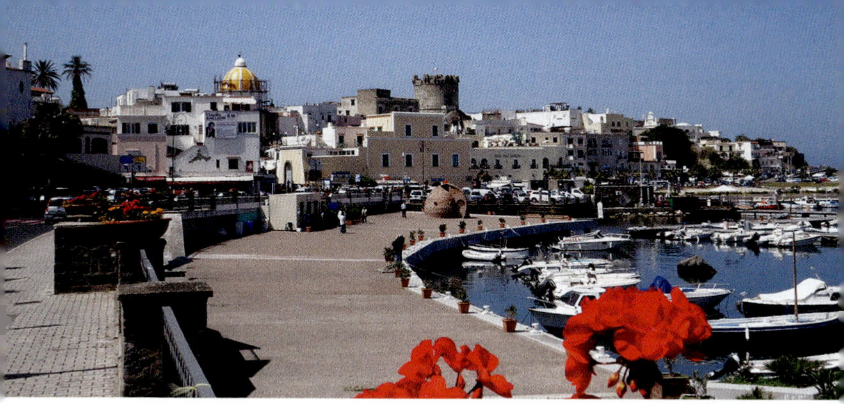

Blick zurück auf Forio und den Hafen.

Hier folgen wir rechts der gepflasterten Straße hinauf, vorbei an der Kirche S. Francesco di Paola. Bei der Mündung in eine querende Straße gehen wir links. Bei einer weiteren Verzweigung lädt nach rechts weisend ein Schild zum Besuch der »Giardini La Mortella« ein. Unsere Wanderroute führt demgegenüber links die Straße leicht aufwärts und durchquert in Auf und Ab ein Villengebiet mit gepflegten Gartenanlagen. Links haltend umrunden wir die auf der linken Seite aufragende Höhe des M. Caruso. Danach erreichen wir bei einem Rechtsschwenk der Straße einen rechts liegenden großen Rastplatz, gesäumt von Felsbrocken. Wir befinden uns hier oberhalb der westlich ins Meer vorstoßenden **Punta Caruso (3)**.

Wir bleiben auf der nun gepflasterten Straße, die immer wieder von feudalen Villen gesäumt wird. An deren Ende, zu Beginn eines parkartiges Waldgebietes, liegt links das ehemalige Refugium des berühmten Filmregisseures Luchino Visconti, die Villa La Colombaia (Museum). Es folgt rechts ein privat angelegter Park, in dem Maria verehrt wird. Wir setzen unsere Wanderung auf einem breiten Waldweg fort. Dieser endet vor einer Mauer. Davor gelangen wir über einen kurzen Treppenweg hinab auf eine asphaltierte Privatstraße und gehen diese abwärts. Alsbald sehen wir unter uns die Badebucht S. Montano und die Therme Negombo, vor uns die Halbinsel des Monte Vico. Bei einem Torbogen erreichen wir die Hauptstraße und folgen dieser hinab. Kurz darauf zweigt links eine Straße zum Monte Vico ab, welche zu Aussichtspunkten und zu griechischen Ausgrabungen führt (hin und zurück ca. 40 Minuten). Wir wandern weiter bis zur dreieckigen Piazza S. Restituta mitten in **Lacco Ameno (4)**. Dort befindet sich auch das archäologische Museum, das einen Besuch lohnt.

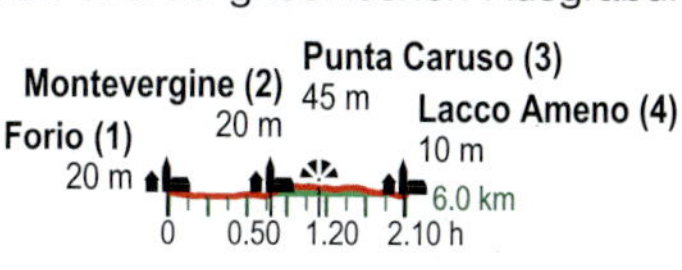

53 Lacco Ameno – Ischia Porto

3.50 Std.

Alte Thermen und eine großartige Aussicht an der Nordküste

Die Wanderung führt zunächst an teils historischen Thermalbädern vorbei, z. B. an der Terme Belliazzi aus der Barockzeit. Dann besteigen wir zwei erloschene Vulkane, die einen prächtigen Blick auf Ischia und Casamicciola eröffnen. Zwischendurch durchstreifen wir lauschige Waldpartien.

Ausgangspunkt: Lacco Ameno, Piazza S. Restituta, 10 m. Von der Haltestelle der Buslinien ca. 600 m den Corso Rizzoli in westlicher Richtung entlang.
Endpunkt: Ischia Porto. Zentraler Knotenpunkt der Buslinien an der Piazza Trieste ca. 100 m vom Hafen. Rückkehr nach Lacco Ameno CS-Linie sowie Linien 1 und 2.
Höhenunterschied: Je 400 m im Auf- und Abstieg.
Anforderungen: Überwiegend Nebenstraßen, am Monte Rotaro gepflegte Waldwege und am Montagnone Pfade. In den Bergen schattig. Nur gelegentlich Wegweiser.
Einkehr/Einkauf: Unterwegs in den Ortschaften möglich.
Variante: Nicht leicht zu findender Weg über den Berg Montagnone (254 m) mit grandioser Aussicht auf Ischia und den Golf von Neapel. Dazu wandern wir vom Wegpunkt 5 beim Metalltor nach links und nach 15 m durch eine Lücke in einer Mauer. Nun umrunden wir auf diversen Pfaden im Wald den Montagnone und halten per Saldo etwa die gleiche Höhe. An einer Stelle auf der Nordseite des Berges, wo sich eine Mauer den Hang hochzieht, steigen wir auf erkennbarem Pfad diagonal den Hang hinauf. So erreichen wir die Lichtung des Basaltfelsens Montagnone. Zurück geht es wieder den Pfad hinab. Weiter unten halten wir uns rechts und wandern leicht abwärts weiter um den Berg herum. Dabei passieren wir, nun auf breiterem Weg, die Reste einer Seilbahn. Weiter führt ein Sträßchen hinab. Dort treffen wir auf die hier beschriebene Hauptroute.

Der Felsen »Il Fungo« vor dem Hafen von Lacco Ameno.

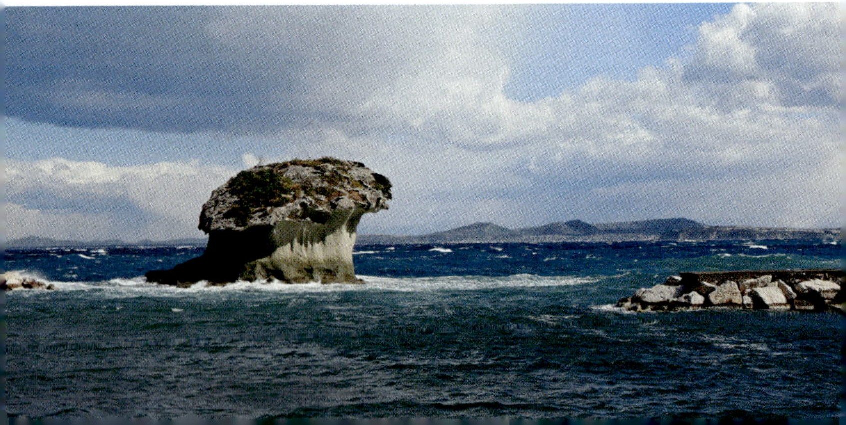

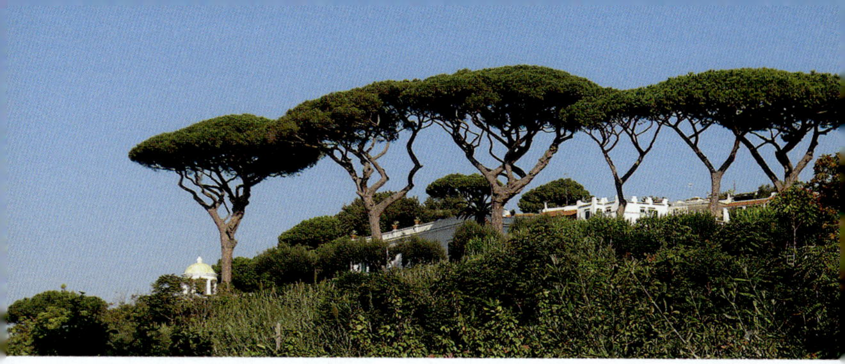

Der Hügel Gran Sentinella.

Von der Piazza S. Restituta in **Lacco Ameno (1)** aus geht es die Hauptstraße leicht abfallend zur Strandpromenade. Auf der Höhe des pilzförmigen Felsens »Il Fungo« an der Hafenmole gehen wir halbrechts das mit Basaltplatten gepflasterte Sträßchen Via Rosario hinauf und folgen diesem über eine Kreuzung hinweg. Nach zwei Kirchen führt uns die asphaltierte Via Oneso an der Therme La Pace vorbei aufwärts. Bei einer Häusergruppe am Beginn von Gran Sentinella, einer bevorzugten Wohnlage von Kurgästen früherer Jahrhunderte, steigen wir geradeaus über die Via Casamennella an. Nach der kurz abwärtsführenden Via Terme Rita gehen wir links in die Via d'Aloisio. Hier war 2019 wegen der großen Erdbebenschäden von 2017 der direkte Weiterweg nach Maio versperrt. Ist dieser wieder begehbar, folgen wir der Via d'Aloisio ins Zentrum von Maio. Andernfalls wenden wir uns kurz nach rechts und gleich wieder nach links. Nun folgen wir dem Sträßchen aufwärts. Bei einer Verzweigung geht es auf einem Feldweg nach halblinks. Weiter oben erreichen wir nach einem Links- und Rechtsschwenk die Ortsmitte von **Maio (2).**

Wir folgen der Hauptstraße in östlicher Richtung durch den Ort. Vor uns sehen wir bereits den M. Rotaro. Etwa 400 m bleiben wir auf der sich leicht abwärts schlängelnden Hauptstraße. Bei einer Partie über einem auf der rechten Seite liegenden Tal und bei einem Linksschwenk der Hauptstraße wandern wir die gepflasterte Nebenstraße geradeaus weiter. Kurz darauf geht es an der Basilica Pontificia Maria Maddalena vorbei abwärts. Leicht unterhalb der Basilika folgen wir rechts dem Treppenweg (Via Pennino) hinab, wobei einmal eine Straße zu überqueren ist. Unten gelangen wir zu einer schönen, rechteckigen Piazza, dem Zentrum von **Bagni (3)**, einem Ortsteil von Casamicciola.

Von dort gehen wir in nordöstlicher Richtung die Straße hinab und passieren die alten Thermen Manzi (teil-

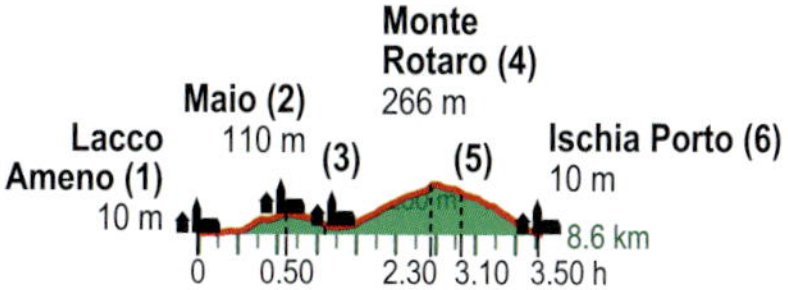

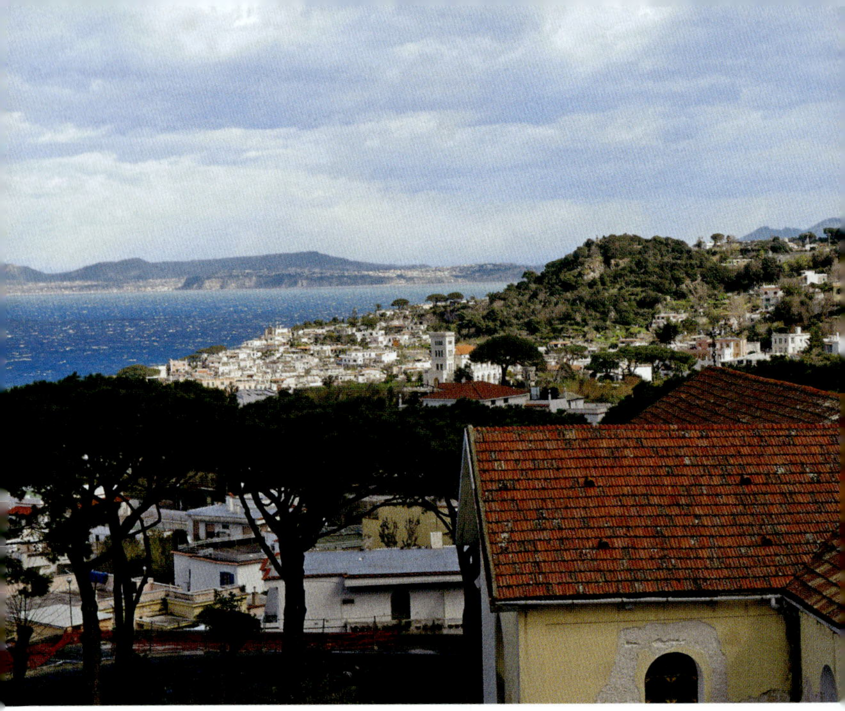

Blick von der Basilica Pontificia Maria Maddalena auf Casamicciola/Bagni.

weise erneuert) und Belliazzi. Wir bleiben auf der Straße, die zunächst geradeaus führt, überqueren einen Bach und kommen nach einem S-Bogen zu einer Verzweigung. Hier steigen wir halbrechts die Via Cretaio hinauf. Nach mehreren Serpentinen dieser nicht vermeidbaren Straße können wir bei einer mit Rundbogen versehenen Mauer auf einem halblinks abzweigenden Sträßchen abkürzen. Wieder auf der Hauptstraße, die sich weiter in Serpentinen durch den Wald windet, erreichen wir eine scharf links abzweigende Straße mit

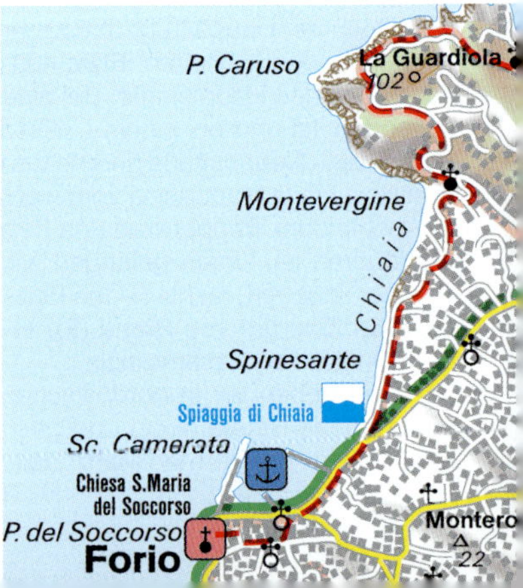

Metallschranke. Dieser folgen wir ca. 100 m und biegen noch vor dem verschütteten ehemaligen Krater Fondo d'Oglio links in das Stichsträßchen. Dieses setzt sich als Treppenweg durch niedrigen Wald fort. Bei einer Verzweigung nehmen wir erst links und dann nach ca. 15 m rechts den steilen Treppenweg. Später auf weniger breiten Pfaden erreichen wir die bewaldete Spitze des **Monte-Rotaro-Gebietes (4).**

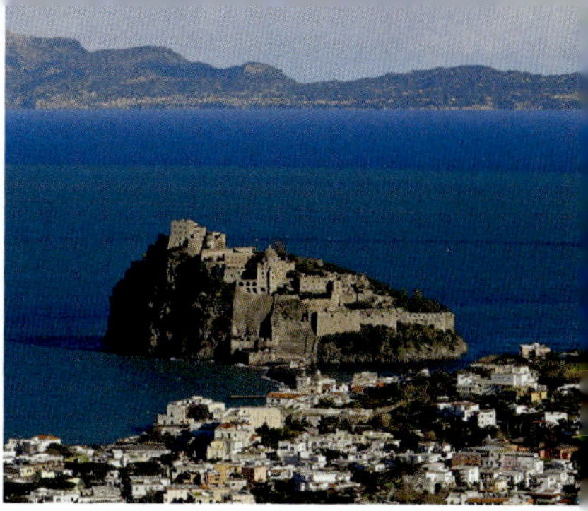

Ischia Ponte mit dem »Castello d'Ischia« zu Füßen des Montagnone.

Auf einem breiten Naturweg steigen wir in südlicher Richtung den Bergrücken – den früheren Kraterrand – hinab. Weiter unten umgehen wir ein grünes Metalltor und wählen bei der Kreuzung ein scharf nach links abzweigendes Natursträßchen. Dieses setzt sich unterhalb eines Wendeplatzes als abwärtsführender Pfad fort. Auf diese Weise umrunden wir den 311 m hohen Monte Maschiata und erreichen auf einem Sattel ein Metalltor, den Punkt **vor dem Montagnone (5).**

Hier biegt die beschriebene Variante links ab. Wir jedoch nehmen unmittelbar vor dem Metalltor rechts den leicht abwärtsführenden, guten Pfad. Auf diesem umrunden wir, zwischendurch mit Blicken in den Golf von Neapel, den Montagnone auf der Süd- und dann Ostseite. Weiter unten treffen wir auf ein Sträßchen (auf das auch die Variante mündet), das uns in Serpentinen hinabführt. Bei einer Verzweigung halten wir uns rechts. Unten stoßen wir auf die Straße nach Fiaiano. Dort biegen wir links ab, überqueren später auf einer Brücke die Schnellstraße und gehen nach **Ischia Porto (6)** hinein.

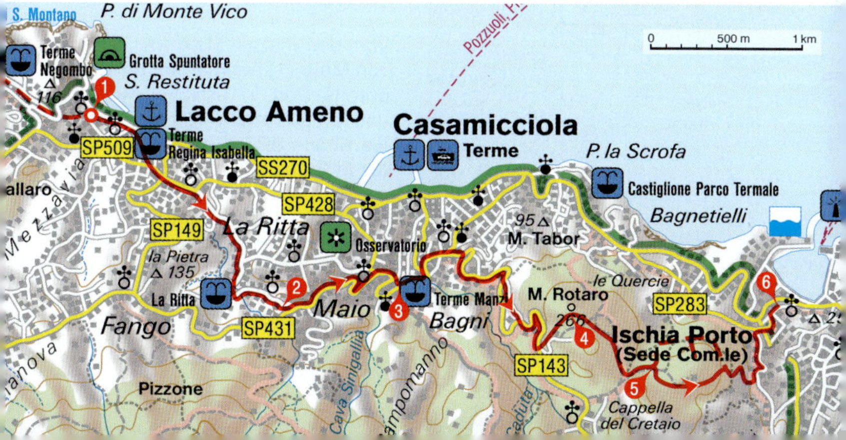

54 Monte Epomeo, 788 m

4.30 Std.

Durch Wald hinauf zum beherrschenden Berg von Ischia

Der Monte Epomeo bildet die höchste Erhebung von Ischia. Der Berg, der aus grünem und weißem Tuffgestein besteht, vermittelt uns einen grandiosen Rundblick. Im Gipfel bestehen zahlreiche Felshöhlen, welche früher der Aufenthaltsort von Eremiten waren. Eine Gedenktafel in der Kirche S. Nicola, die in Tuffgestein gehauen wurde, erinnert daran. Später baute man in die Höhlen ein Hotel und Restaurant hinein (inzwischen geschlossen), von welchem als besondere Attraktion die Sonnenauf- und -untergänge genossen werden konnten.

Ausgangspunkt: Maio, Piazza Maio, mit Pater-Pio-Statue, 110 m. Busstation.
Endpunkt: Serrara Fontana, Ortsteil Fontana, Via Dottor Gennaro Iacono. Bushaltestelle der Ringlinien CD und CS.

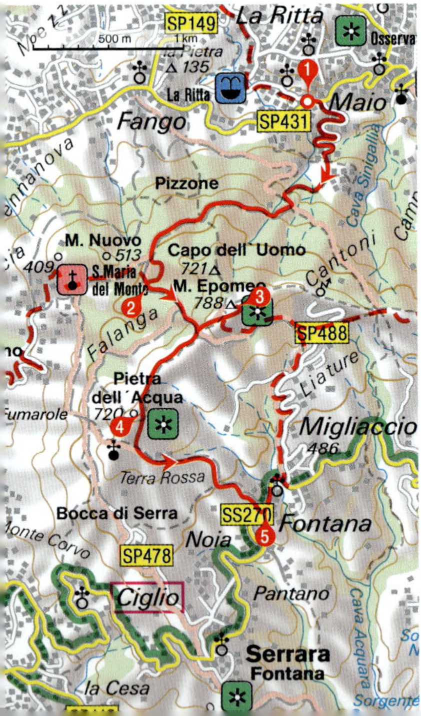

Höhenunterschied: 710 m im Aufstieg, 370 m im Abstieg.
Anforderungen: Überwiegend gute Pfade, manchmal steil. Schattiger Aufstieg. Teilweise markiert, Orientierung beim Aufstieg nicht immer leicht.
Einkehr/Einkauf: Auf dem Epomeo Ristorante »La Grotta da Fiore« (Febr.–Nov.).
Varianten: 1) Anmarsch von Lacco Ameno über Tour 53 (ca. 45 Min.). 2) Kürzere Abstiegsmöglichkeit nach Fontana (45 Min.). Dazu unterhalb des M. Epomeo auf dem blanken Fels links haltend den Hauptweg hinab; später Asphaltstraße mit Abkürzungsmöglichkeit über Treppenweg. 3) Abstieg über Tour 55 nach Forio (2.30 Std.) oder über Tour 55 in entgegengesetzter Richtung nach Ischia Porto (2.45 Std.).

Von der Piazza Maio im Zentrum von **Maio (1)** nehmen wir die Straße durchs Dorf in östlicher Richtung und biegen nach 150 m rechts in die Straße SP 505 (Via S. Barbara), die in Serpentinen zur Häusergruppe von Celario hinaufführt. Wir steigen danach auf einem neuen, steileren und schmaleren Sträßchen an; bei einem Linksschwenk geht es geradeaus weiter. Nach steilem Anstieg auf einem Sträßchen folgt ein alter Treppenweg, der anfangs teil-

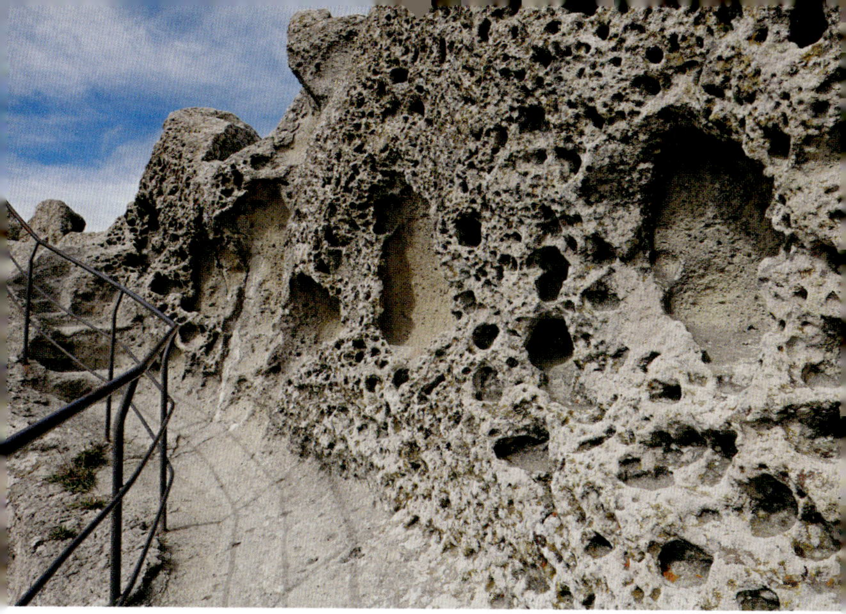

Skurrile Formen des Tuffsteins auf dem Epomeo.

weise überwachsen ist. Bei einer Gabelung geht es geradeaus. Der Weg führt (nun rot und rot-weiß markiert) hinauf zu einer Wegkreuzung am Waldrand. Von hier aus steigen wir vor einen Taleinschnitt den Pfad aufwärts. Wir treffen auf einen etwas breiteren, von Fango heraufkommenden Weg und folgen diesem nach links. Der wechselnd steile und flache Aufstieg in Serpentinen durch Wald nutzt einen alten, gut erkennbaren Verbindungsweg in unterschiedlich gutem Zustand. Wir ignorieren links und rechts abzweigende Pfade. Weiter oben verläuft der Weg, nun flacher, rechts gegen Westen den Hang entlang. Bei einer Verzweigung nehmen wir den bequemeren Weg halbrechts weiter (links führt ein sehr steiler Weg direkt hinauf zum Epomeo). Sobald wir vor einem überwachsenen Natursteinmäuerchen auf der linken Seite zu einer Verzweigung kommen, nehmen wir den Weg halblinks leicht aufwärts (nicht hinab). Relativ flach weiter abermals bei einer Verzweigung erkennen wir in 30 m Entfernung einen Felsen, in dem sich ein Troglodytenhaus (Räume in ausgehölten Tuffsteinfelsen) versteckt. Hier biegen wir

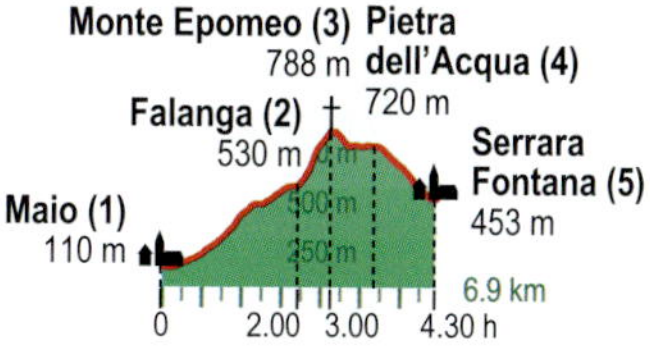

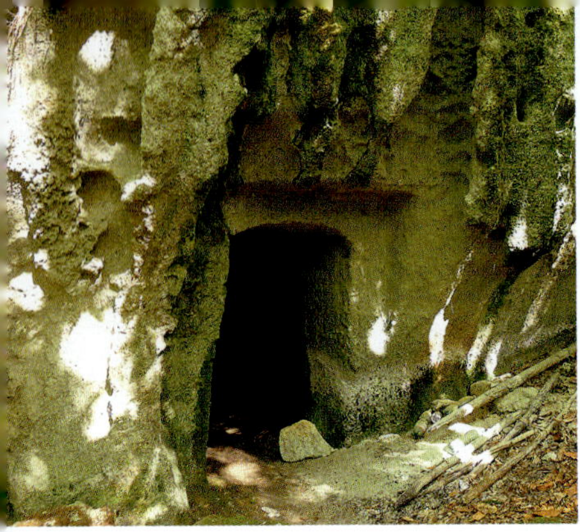

Eines der zahlreichen Troglodytenhäuser am Hang des Epomeo.

halblinks ab. Weiter relativ flach ansteigend stoßen wir im Gebiet der **Hochebene Falanga (2)** auf einen gelb markierten breiteren Weg (ca. 70 m davor, etwas verdeckt auf der linken Seite, ebenfalls ein gut erhaltenes Troglodytenhaus).

Hier wandern wir links leicht aufwärts und durchqueren das Ende der Hochebene. Danach windet sich unser Weg steil und etwas rutschig (Tuffsand) in Serpentinen aufwärts. Oben, außerhalb des Waldes, erreichen wir einen Sattel mit einer Kreuzung von Feldwegen. Hier steigen wir links bergan. Weiter oben führt ein Weg durch Felsgebiet hinauf zum gut sichtbaren Gipfel des **Monte Epomeo (3)**.

Auf dem gleichen Weg zurück am Sattel, wandern wir geradeaus in südwestlicher Richtung. Der Feldweg auf dem Bergrücken führt uns zum bald sichtbaren, bizarr geformten Felsmassiv des **Pietra dell'Acqua (4)** mit einer in Fels gehauenen Zisterne. Vorbei an einem Felshaus können wir in die Nähe des Gipfels gelangen (der Weg zur Spitze ist privatisiert).

Von hier aus geht es in südlicher Richtung den Feldweg weiter, nun deutlich abwärts. Bei einer Verzweigung schwenken wir nach links (rot-weiß markiert, später Wegweiser). Es folgt ein Abstieg durch kühle Hohlwege. Der Feldweg weitet sich zu einem Sträßchen. Dieses mündet in die Hauptstraße Via Gennaro Iacono durch **Serrara Fontana (5)**. Ein paar Schritte nach links befindet sich die Busstation. Wer ein Café sucht und ein Panorama genießen will, wandert die Straße leicht aufwärts durch einen Taleinschnitt ins Zentrum von Fontana.

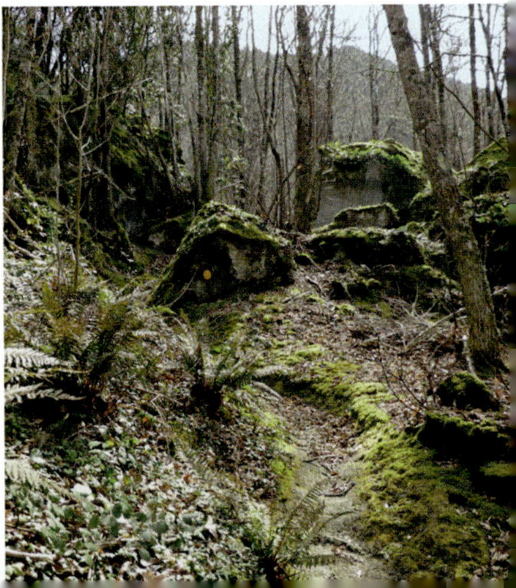

Auf der mystisch wirkenden Hochebene Falanga mit ihren Tuffsteinfelsen.

6.30 Std.

Ischia Porto – Forio 55 TOP

Über den Monte Epomeo quer durch die Insel

Das Landschaftsbild im Inselinneren ist bestimmt durch urzeitliches Tuffgestein, das infolge von Erdspaltungen und Vulkanausbrüchen zutage trat. Auf dem Tuffgestein und den Lavamassen entwickelte sich eine üppige Vegetation mit großen Wäldern. Unser Wanderweg, der über den aussichtsreichen Monte Epomeo führt, gibt schöne Einblicke in diese Vulkanlandschaft. Zudem passieren wir wie bei Tour 54 gut erhaltene Troglodytenhäuser (Räume in ausgehöhlten Tuffsteinfelsen) und sehen zwei Besonderheiten: Im Winter fällt hier fast regelmäßig Schnee, der von den Zweitausendern des Apennin hergeweht und vom Monte Epomeo »hinabgefischt« wird. In der Folge gab es früher eine Art Schnee-Gewerbe: In den »fosse di neve«, stark überdimensionierten Brunnen ähnlich, wurde der Schnee gesammelt und gestampft, um im Sommer im Golf von Neapel für medizinische Zwecke und für Desserts verkauft zu werden.

Ausgangspunkt: Ischia Porto, 10 m. Zentraler Knotenpunkt der Buslinien an der Piazza Trieste 100 m vom Hafen.
Endpunkt: Forio, Kirche S. Maria del Soccorso, 20 m. Haltestelle der Ringbus-Linien CD und CS in ca. 500 m Entfernung am Hafen. Nach Ischia Porto Linie CD.
Höhenunterschied: 800 m im Aufstieg, 790 m im Abstieg.
Anforderungen: Alte Verbindungswege und Pfade, bequemer Anstieg und anfangs steiler Abstieg. Häufig Schatten spendender Wald. Hin und wieder markiert und Wegweiser.
Einkehr/Einkauf: In Fiaiano und auf dem M. Epomeo im Ristorante »La Grotta da Fiore« (Febr. bis Ende Nov.) möglich.
Varianten: 1) Anstieg zum M. Epomeo über Tour 54 (3.10 Std.). 2) Abstieg vom M. Epomeo nach Serrara Fontana über Tour 54 (1.30 Std.).

Am Busknotenpunkt in **Ischia Porto (1)** steigen wir in südlicher Richtung die kleine Treppe an und gehen dann rechts die Via Quercia leicht aufwärts. Nach dem Überqueren der Schnellstraße folgen wir links der Via Nuova dei Conti (von rechts mündet Tour 53 ein). Zwischen Mauern wandern wir weiterhin aufwärts und sehen nach einer Weile links den fast maurisch wirkenden Turm der Kirche S. Anna. Daneben liegt das flache Kratergebiet L'Arso (von dort wurde 1301 der Ort Ischia von Lava teilweise begraben). Dann erreichen wir das Ortszentrum von **Fiaiano (2)** bei einer platzartigen Straßenverzweigung mit der Bar »Nix«, einem Baum in der Mitte sowie dahinter einer futuristisch anmutenden Kirche.
Dort biegen wir scharf rechts ab. Bald kommen wir an der rechts stehenden Ruine einer Kirche vorbei. Etwa 100 m danach nehmen wir bei einer Bachbrücke links den gepflasterten Treppenweg hinauf und stoßen auf ein Sträßchen, dem wir links ansteigend folgen. Bereits etwa 150 m weiter zweigt links vor einem ehemaligen Wasserlauf ein gepflasterter Treppenweg ab. Nach einem

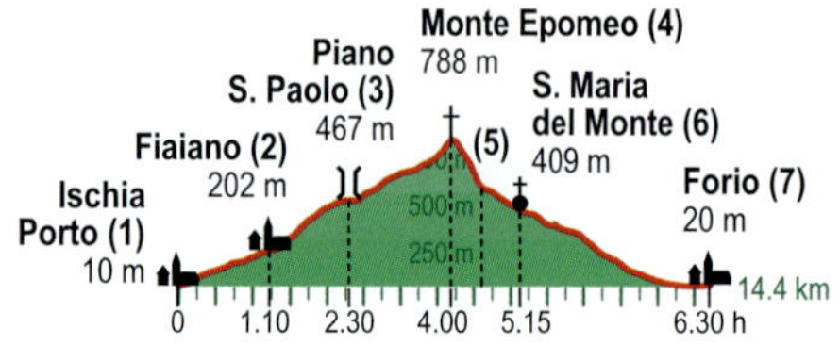

tief eingefrästen Hohlweg und einem Rechtsschwenk setzt sich unsere Route parallel zum Tal Cava Bianca als Treppenweg fort und überquert einen tief eingeschnittenen Wasserlauf – der Zufluss zum im 17. Jh. erbauten Aquädukt Pilastri im Tal. Etwa 80 m weiter schwenken wir bei einer Verzweigung links in den sanft ansteigenden Naturweg mit Stufen und wandern am Berghang entlang. Rechts begleitet uns weiterhin der Einschnitt des ehemaligen Wasserzuflusses, der das Quellwasser vom Piano di S. Paolo hinableitete. Etwa 300 m nach der Verzweigung steigt rechts ein neuer, aber teilweise schon wieder vom Wasser zerstörter Treppenweg an; diesem folgen wir in den Wald hinein. Er setzt sich als bequemer Naturweg um den M. Trippodi herum fort. Wir erreichen eine kleine Ebene und nehmen dort bei einer Verzweigung den Pfad halblinks abwärts (nicht ganz links aufwärts). Er führt uns zum Picknickplatz auf dem Sattel **Piano di S. Paolo (3)**.

Wir wählen hier den Weg etwa in westlicher Richtung hinaus aus dem Wald und kommen zu einem farnbewachsenen Sattel. Dort sehen wir alsbald ein

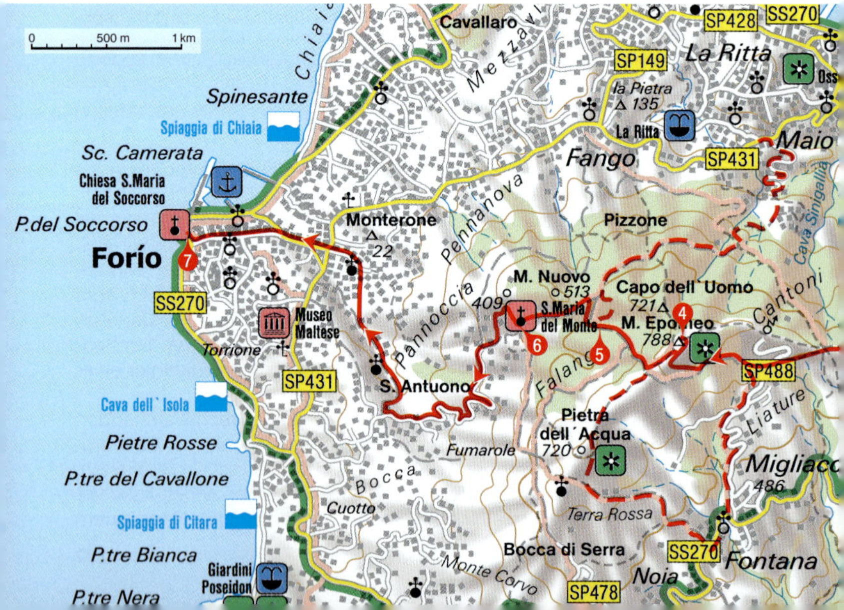

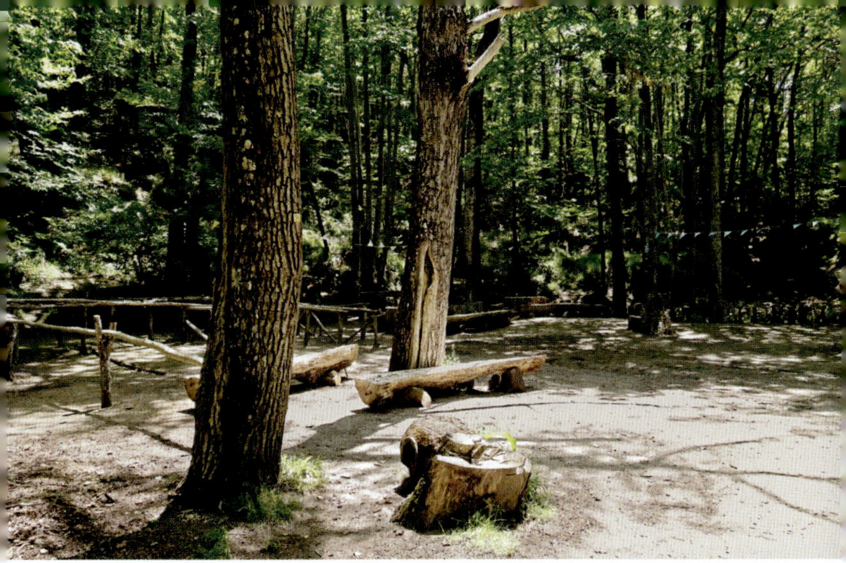

Picknickplatz auf dem Sattel Piano di S. Paolo.

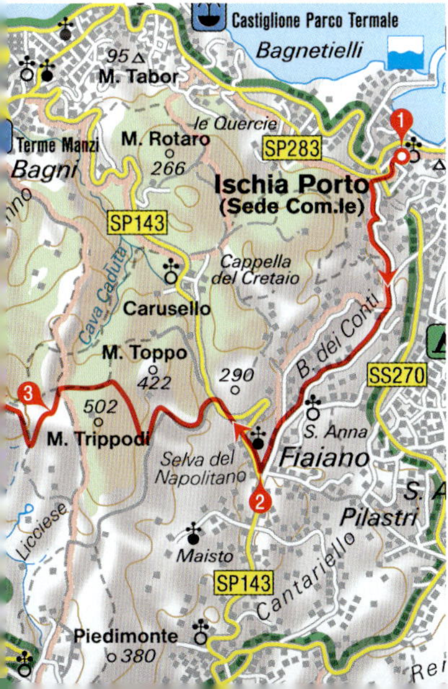

kaminförmiges Gebilde aus Ziegeln: eine alte Wasserfassung. Knapp 30 m danach, wieder im Wald, zweigt halbrechts ein fast ebener Waldweg ab (undeutlicher Anfang über eine Wasserröhre hinweg). Wir schwenken dann nach rechts in den kleinen Taleinschnitt mit wassertechnischen Bauten. In Serpentinen steigen wir an. Sobald wir die Hangkante erreicht haben, sehen wir außerhalb des Waldes eine Hütte aus Naturstein. Von dort steigen wir in etwa westlicher Richtung auf Pfaden über ehemalige Feldterrassen, die heute mit Farn und Macchia bewachsen sind, weiter an. Später queren wir immer wieder Waldpartien und erspähen zwischendurch rot-weiß gestrichene Sendemasten beim Epomeo, die bei der Orientierung helfen. Nach

einem kleinen Taleinschnitt und einer linksseitigen Wellblechhütte zweigen wir rechts auf den aufwärtsführenden Pfad ab (nicht den bequemen Pfad geradeaus weiter). Unser Weg quert eine tief ausgewaschene Tuffsteinschlucht und überquert die Asphaltstraße zur Antennenanlage. Wir nehmen den Pfad rechts diagonal gegenüber durch ein niedriges Wäldchen aufwärts. Er mündet, bei einem Feldweg links haltend, in den Hauptweg von Fontana zum Epomeo (dort befindet sich ein Restaurant). Diesen zunächst breiten, dann schmal werdenden und anschließend im Tuff eingeschnittenen Pfad folgen wir bergan. Bei einer blanken Felsplatte mit eingemeißelten Stufen und Wasserkanälen geht es, zunächst in einem Rechtsbogen, hinauf zum Aussichtsgipfel des **Monte Epomeo (4)**.
Danach wandern wir wieder ein Stück den gleichen Weg hinab, bis wir zu einer Stelle mit je einem Metalltor rechts und links kommen. Hier nehmen wir rechts den privaten Feldweg (uns wurde versichert, das Tor sei immer offen). Nach einem Abstieg folgt ein Sattel mit einer Verzweigung von Feldwegen. (Die Fortsetzung geradeaus entspricht Tour 54 über Pietra dell'Aqua nach Serrara Fontana.) Hier zweigen wir rechts auf den leicht zu übersehenden Pfad ab. Er geht zunächst sehr steil durch Macchia, dann durch Wald hinab und ist nach Regenfällen teilweise rutschig (an Geäst kann man sich festhalten). Weiter unten wird der Weg immer besser. Nun mit wesentlich weniger Gefälle, durchqueren wir die **Hochebene Falanga (5)**. Hier mündet von rechts der Weg von Maio her (Tour 54). Wenn wir diesem 70 m folgen, kommen wir zu einem Troglodytenhaus.

Die Spitze des Epomeo mit in den Fels gehauenen ehemaligen Eremiten-Zellen.

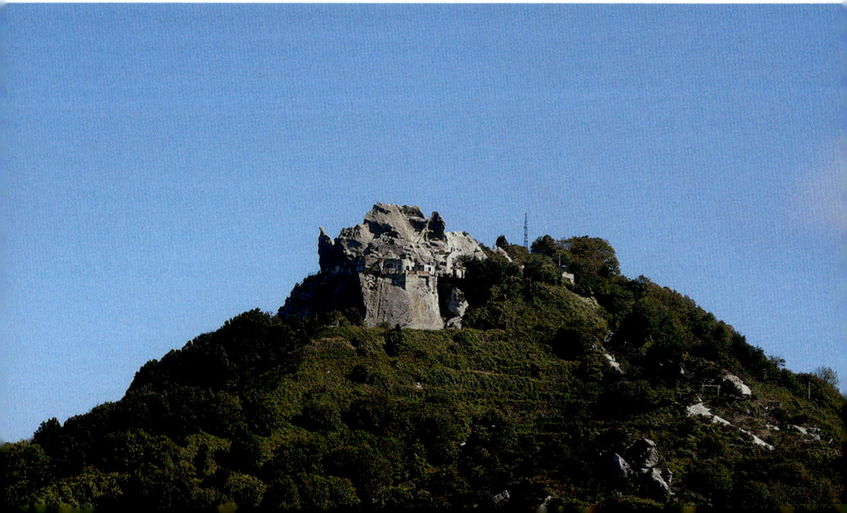

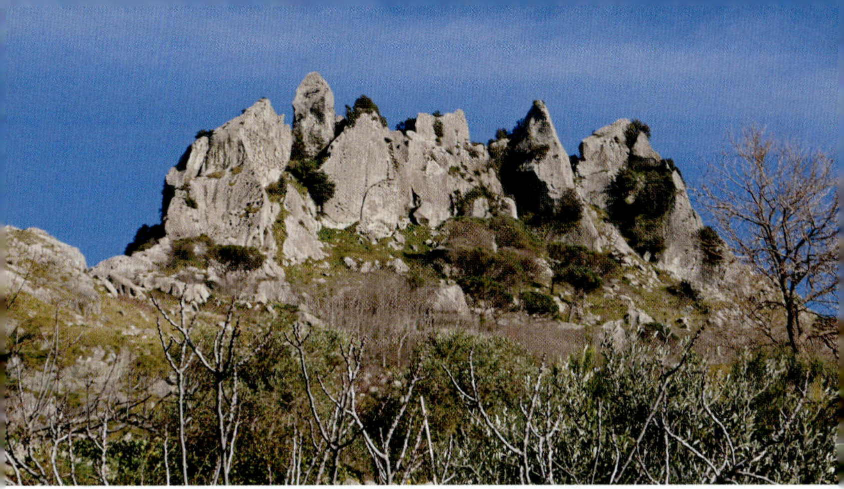

Die spitzen Felsen des Pietra dell'Acqua beim Abstieg nach Forio.

Geradeaus weiter begegnen wir bizarren, wunderschön grün bemoosten Felsbrocken in teils skurrilen Formen. (Etwa 100 m nach der Einmündung von Tour 54 kann man einen Abstecher auf einem Pfad nach links machen und noch mehr dieser Felsformationen sowie Troglodytenhäuser entdecken. Früher war die ganze Falanga-Hochebene besiedelt und landwirtschaftlich genutzt, wovon die vielen Bruchsteinmauern zeugen.)

Wir bleiben geradeaus auf dem Hauptweg mit immer wieder rot-weißen Markierungen bis zum Ende der Hochebene. Nach einem verengten Durchgang zwischen zwei Felsen liegt links eine gut erhaltene »fossa di neve«. Nun geht es nach einem Rechtsschwenk auf steinigem Weg wieder deutlicher hinab. Bei einer Verzweigung vor dem Monte Nuovo (scharf rechts zweigt ein Weg nach S. Francesco ab) wandern wir auf dem breiten Weg weiter. Zwischen Bruchsteinmauern treten wir dann aus dem Wald und gelangen auf dem alten Weg zur Kirche **S. Maria del Monte (6)**, einer ehemaligen Einsiedelei.

Hier folgen wir rechts den rot-weißen Markierungen den Hang entlang. Bei einem Gebäude biegen wir links ab und erreichen weiter unten ein Asphaltsträßchen. Dieses wendet sich nach einer Häusergruppe nach links, führt zunächst oberhalb des Felsens des Pellacchio vorbei und dann an dessen linker Flanke in Serpentinen durch ein locker besiedeltes Gebiet hinab (rot-weiße Markierungen). Nach einem längeren Abstieg bei einer T-förmigen Verzweigung nehmen wir das Sträßchen nach rechts. Dieses leitet uns, später durch einen Taleinschnitt, ins Zentrum des Forio-Ortsteiles Monterone. Bei der weiß-rot gestrichenen Kirche S. Michele Arcangelo überqueren wir diagonal die alte Strada Borbonica und gelangen später ins Zentrum von **Forio (7)** und zur Busstation.

56 Vesuvio, 1180 m

5.20 Std.

Lavafelder, Wald, Ginster und eine großartige Aussicht

Der Vulkankrater des Vesuvs bietet imposante Ein- und grandiose Ausblicke. In den Lavafeldern lassen sich die Auswirkungen der Naturgewalten und der Verlauf der Lavaflüsse sowie die durch Vulkanismus bizarr modellierten Gesteinsformationen studieren. Auf den älteren Lavafeldern gedeihen schöne Wälder und blühen Ginsterbüsche in kräftigem Gelb. Auf der Südseite windet sich die alte, heute verkehrsfreie Strada Matrone in vielen, mitunter monotonen Haarnadelkurven zum Krater hoch. Sie ist der derzeit einzige sichere Wanderweg zum Vesuv.

Ausgangspunkt: Bahnhof »Torre Annunziata-Oplonti« der Circumvesuviana-Strecke Napoli–Torre Annunziata (Achtung: Nicht alle Direktzüge nach Sorrento halten hier; Alternative: der 1 km südlich gelegene Bahnhof »Torre Annunziata Città« der Staatsbahn FS).
Endpunkt: Piazzale Quota 1000, am Ende der Vesuvstraße. Von dort Rückkehr mit dem Sammeltaxi oder EAV-Bus (letzte Abfahrt 17 Uhr).

Höhenunterschied: 1100 m im Aufstieg, 190 m im Abstieg.
Anforderungen: Überwiegend bequeme Straßen und Naturwege mit mäßiger, aber langer Steigung; letzter Teil des Aufstiegs auf Pfaden, die immer wieder durch Erosion in Mitleidenschaft gezogen werden können. Wenig Schatten. Markierungen.
Einkehr/Einkauf: Einige Ausflugs- und Eventlokale bis zur Mitte des Weges, danach wieder am Kraterrand.

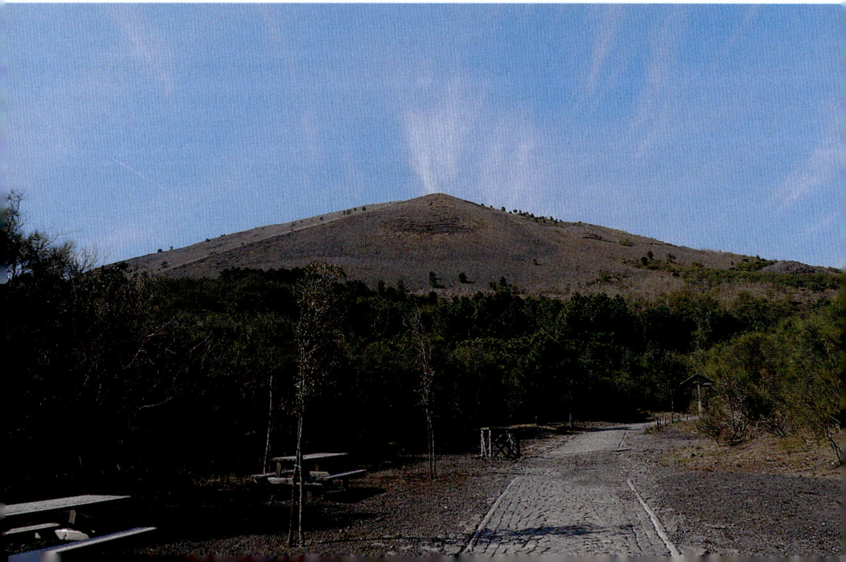

Wichtige Hinweise für Tour 56 und Tour 57: Für den Besuch des Kraters des Vesuvs benötigt man eine Zugangsberechtigung. Die 10 € teuren Tickets erhält man über die Webseite vesuviopark.vivaticket.it. Es können bis zu 10 Tickets durch eine Person gebucht werden.

Der Prozess ist langwierig und kompliziert, bisweilen schlagen auch Kreditkarten-Zahlungen fehl. Es wird dringend geraten, mehrere Tage im Voraus zu buchen, da die limitierten Zeitfenster gerade in der Hochsaison und an Wochenenden begehrt sind. Noch schwieriger erhältlich sind die wenigen vorhandenen Last-Minute-Tickets, auf eine Beschreibung wird hier deshalb verzichtet. Die Tickets müssen beim Eingang zum Kraterbereich vorgewiesen werden. Entsprechend muss die prognostizierte Wanderzeit miteinberechnet werden. Immerhin gilt für die gebuchte Zeit eine Toleranzspanne von 40 Minuten nach vorne und 100 Minuten nach hinten. Wenn Sie also eine Eingangszeit für 14 Uhr gebucht haben, werden Sie zwischen 13:20 Uhr und 15:40 Uhr zum Kraterkegel vorgelassen. Dieser touristisch erschlossene Teil des Vesuv (»Gran Cono«) öffnet morgens um 9 Uhr und schließt je nach Saison zwischen 15 Uhr und 18 Uhr.

Das eigentlich dichte Wanderwegenetz rund um den Vesuv befindet sich seit 2017 in einem umfassenden Modernisierungsprozess (Masterplan »Grande Progetto Vesuvio«). Es existieren Pläne für neue Wanderwege, Bike-Trails und touristische Infrastruktur, von denen bis Frühling 2024 aber erst ein Bruchteil realisiert wurde. Ein Abschluss des Projekts und eine Öffnung des Wandergebiets im bisher geschlossenen Teil des Nationalparks ist trotz oftmaliger Ankündigungen zum jetzigen Zeitpunkt nicht absehbar, weitere Informationen können der Nationalpark-Webseite entnommen werden (parconazionaledelvesuvio.it). Vielen dort angegebenen Wanderwegen stehen bis dato aber geschlossene Tore, schriftliche Verbote und mögliche Bußen im Wege.

Für weitere Informationen und geführte Touren empfehlen wir den Verein »Vesuvio Natura«, insbesondere den Guide Stefano Vergaglia, Telefonnummer +39 0817771132 (Adresse: »Lava Rock Gift«, Via Antonio Matrone 14, Ercolano, NA).

Am Ausgang auf der Südseite der **Bahnstation der Circumvesuviana (1)** halten wir uns links und gehen die Via P. Boselli hinab. Nach rund 100 m biegen wir links ab und unterqueren die Bahngleise. Wir folgen der Via Sepolcri länger geradeaus und überqueren dabei die Autobahn. Vor einem weißen Gebäude mit einer Bar folgen wir der Via Cola halblinks. Die Straße macht eine Linkskurve und führt an einem Krankenhaus vorbei. Kurz danach biegen wir rechts in die Via Bosco del Monaco ab. Nach rund 200 m mündet sie in zwei parallele Straßen. Wir folgen der oberen (Via Luigi Settembrini) nach rechts, bevor wir auf einem Plätzchen mit Bar und Metzgerei links abbiegen. Auf dieser Straße (Via Ugo Foscolo, später Via Cifelli) bleiben wir bis zum großen **Verkehrskreisel Via Panoramica / Via Cifelli (2)**.
Hier folgen wir weiter geradeaus der Via Cifelli. Verkehrsschilder zeigen in Richtung Vesuv. Die Straße ist weiter auch für Autos befahrbar und die Gehsteige sind nicht durchgehend. Das Sträßchen wird jedoch alsbald schmaler

Anstieg auf der verkehrsfreien Matrone-Straße mit dem Vesuv vor Augen.

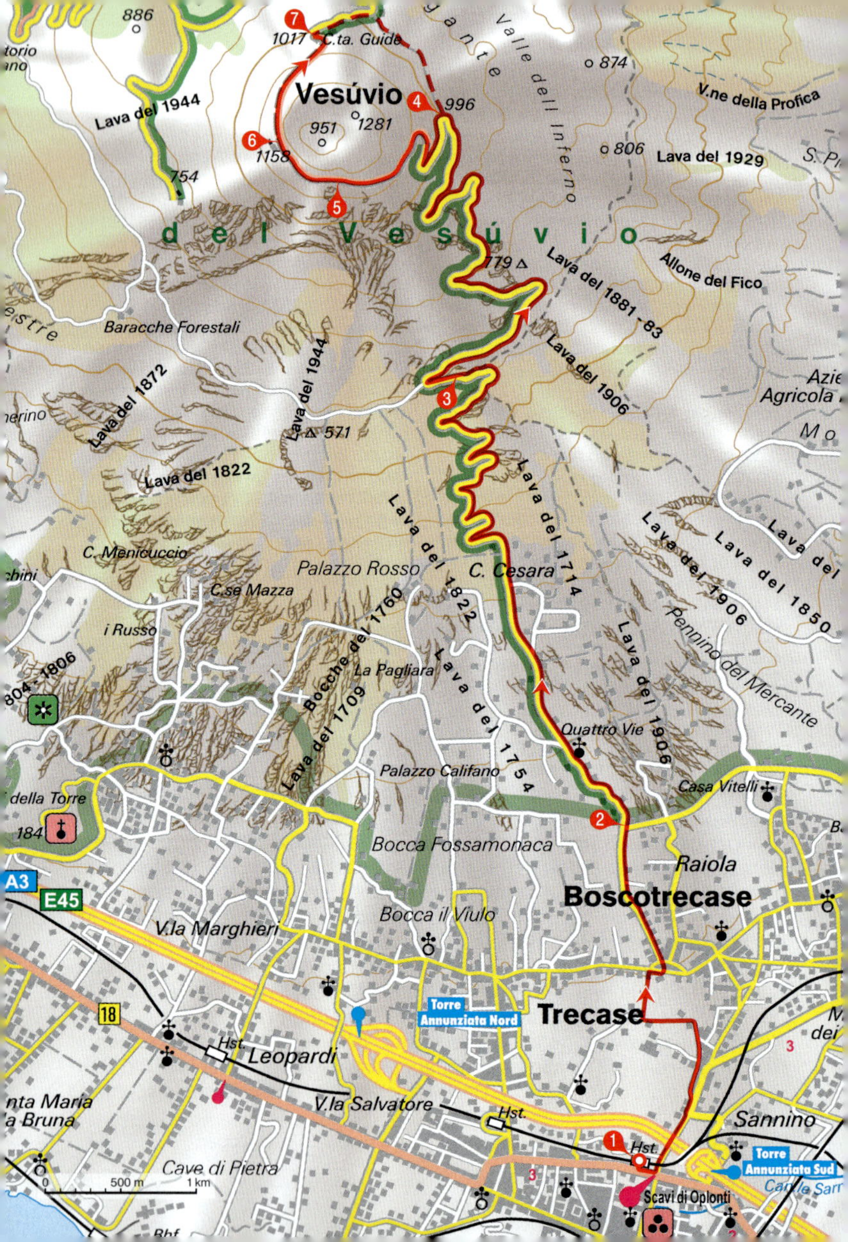

Vesúvio
1017
C.ta. Guide
996
951
1281
1158
886
874
806
754
779
571
Valle dell'Inferno
V.ne della Profica
Lava del 1944
Lava del 1929
del Vesúvio
Lava del 1881 - 83
Allone del Fico
Baracche Forestali
Lava del 1906
Lava del 1872
Lava del 1822
Azienda Agricola
C. Menicuccio
Palazzo Rosso
C. Cesara
Lava del 1714
Lava del 1850
C.se Mazza
i Russo
Bocche del 1760
La Pagliara
Lava del 1754
Pennino del Mercante
Lava del 1709
Quattro Vie
Palazzo Califano
Casa Vitelli
della Torre
184
Bocca Fossamonaca
Raiola
A3
E45
Boscotrecase
V.la Marghieri
Bocca il Viulo
18
Torre Annunziata Nord
Trecase
Hst.
Leopardi
V.la Salvatore
Sannino
Torre Annunziata Sud
Santa Maria la Bruna
Cave di Pietra
0
500 m
1 km
Scavi di Oplonti

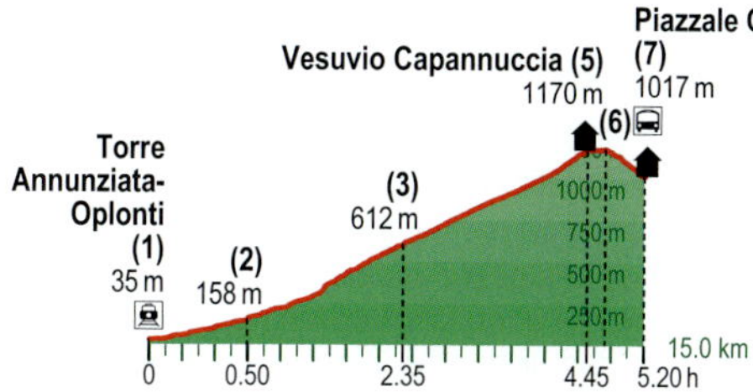

und besteht jetzt aus Kopfsteinpflaster. Endlich gerät – bei gutem Wetter – auch das Ziel, der Krater des Vesuvs, deutlich in den Blick. Nach dem letzten Hotel und nach einer Linkskurve betreten wir durch ein Tor den Nationalpark, rechter Hand ist ein Nationalpark-Verwaltungsgebäude. Die Strada Matrone (im Nationalpark-Wanderwegnetz entspricht sie Weg Nr. 6) führt nun steiler werdend in Haarnadelkurven den Hang hinauf. Beim Punkt **Tirone (3)** passieren wir die Einmündung des derzeit (noch) nicht öffentlichen Vesuv-Wanderwegs Nr. 4 durch das Tirone-Waldreservat.

Wir steigen weiter die violett markierte Betonstraße in Serpentinen an. Alsbald wird der Wald niedriger und die Sicht in den Golf von Neapel immer umfassender. Zwischendurch werden die Reste der Lavaströme der Ausbrüche 1905 und 1942 erkennbar. Von rechts mündet der gelb markierte Wanderweg Nr. 1 ein, der vom Ort Ottaviano hinaufführt. Am Schluss erreichen wir auf der gepflasterten Straße die **Verzweigung Punkt 996 (4)**. Rechts mündet hier die Tour 57 (Il Gran Cono) ein.

Wir steigen weiter links das Schottersträßchen an und erreichen nach einer Kehre die **Piazzale Ottaviano**, 1150 m – das Ende der Matrone-Straße mit einer platzartigen Ausweitung. Hier steht ein Stützpunkt der für den Vesuv-Kegel zuständigen Guides. Auf dem gut ausgebauten Wanderweg steigen wir bergan. Zunächst geht es in Serpentinen, dann westlich diagonal den Hang hinauf. Zwischendurch kann der Weg durch Runsen zerstört sein, er wird jedoch regelmäßig wieder instand gesetzt. Am Kraterrand erreichen wir die Bar **Vesuvio Capannuccia (5)**, den Endpunkt der Strada Matrone.

Nach dem Vorzeigen der zuvor erstandenen Tickets geht es auf breitem Weg den Kraterrand entlang. Der leicht auf- und abwärtsführende Weg vermittelt Blicke in den Kraterschlund und ein umfassendes Panorama des Golfs von Neapel. Sichtbar werden auch die Bauruinen einer Seilbahn, deren Realisierung von Bürgerinitiativen gestoppt wurde. Wir erreichen am höchsten Punkt dieses Weges die Touristenstation **Vesuvio Casetta Guide (6)**.

Von dort steigen wir auf breitem Weg hinab. Meist begegnet uns ein großer Touristenstrom. Nach Serpentinen erreichen wir die Busstation an der **Piazzale Quota 1000 (7)**.

TOP 57 Vesuvio-Rundweg

2.30 Std.

Rundweg auf dem Vesuv-Krater »Il Gran Cono«

Der Vesuv-Kegel zieht viele Touristen an. Einerseits kann man mit Schaudern in den Vulkanschlund schauen und die (wenigen) Rauchfahnen beobachten, andererseits lockt natürlich die fantastische Rundsicht vom Golf von Neapel bis hin zu weißen Kuppen des Apennins. Unsere Tour, welche dem Sentiero del Parco Nr. 5 entspricht, erschließt aber auch das wunderschöne und interessante Gebiet unterhalb des Kegels. Auch bietet sie Blicke in das Valle del Gigante.

Ausgangspunkt: Piazzale Quota 1000. Anfahrt mit dem Sammeltaxi von der Stazione »Ercolano/Scavi« oder mit dem EAV-Bus von Pompeji (Piazza Anfiteatro oder Stazione Pompei Scavi) aus (Warnung: Nicht einen der kommerziellen Touristenbusse nehmen, die am Vesuv-Kegel nur wenig Zeit lassen).
Höhenunterschied: Im Auf- und Abstieg je 230 m.
Anforderungen: Bequeme Natursträßchen und -wege. Evtl. Umgehungspfade bei Erosions-Runsen, markiert.
Einkehr/Einkauf: Am Kraterrand.
Wichtiger Hinweis: Für den Besuch des Kraters benötigt man eine Zugangsberechtigung, siehe Kasten bei Tour 56.

Von der **Piazzale Quota 1000 (1)** aus – ehemals Standort der Casetta Guide – steigen wir, nachdem wir unser Ticket gezeigt haben (siehe Hinweis oben), in Serpentinen das Natursträßchen aufwärts und folgen dem Touristenstrom

Bizarre Lavaformen am Rand des Kraters »Il Gran Cono«.

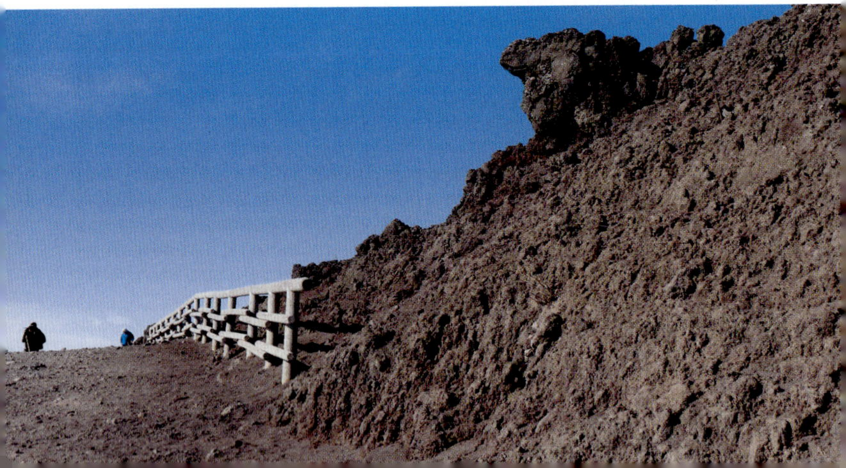

in Richtung Kegel. Entsprechendes Wetter ermöglicht uns einen Panorama-Blick auf Neapel. Oben gelangen wir bei einem Kiosk zum Punkt **Vesuvio Casetta Guide (2)**. Nun umrunden wir den Schlund des Vesuv und genießen die Aussicht. Nach einem leichten Auf und Ab in einem Halbkreis erreichen wir den Punkt **Vesuvio Capannuccia (3)**. Mit dem zuvor erstandenen Ticket können wir den Checkpoint passieren. Danach folgen wir dem gut ausgebauten Weg, auf den aber immer wieder Vulkansand rutscht und Steine kullern. Dabei passieren wir eine Runse, die man ständig wieder mit Holzkonstruktionen zu stabilisieren versucht. Danach geht es blickreich abwärts. Nach Serpentinen mündet unser Weg bei einer Hütte und einer platzartigen Ausweitung, der **Piazzale Ottaviano**, 1050 m. Hier treffen wir auf die Strada Matrone. Dieser folgen wir rechts hinab. Nach einer Kehre stoßen wir auf die **Verzweigung Punkt 996 (4)**.

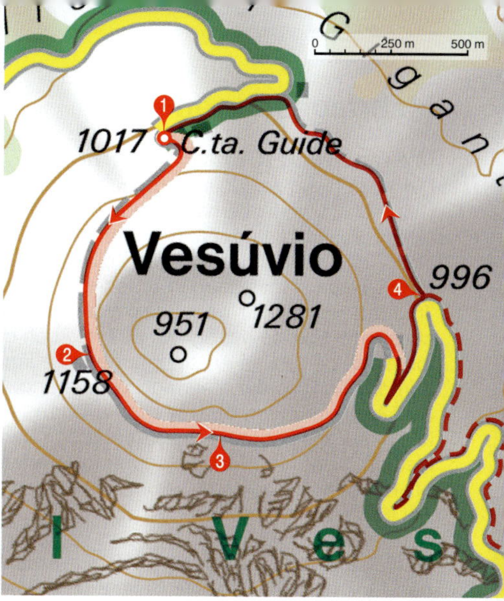

Hier im Lavagebiet eines Ausbruchs von 1906 wandern wir in Laufrichtung weiter (rechts geht die Matrone-Straße weiter hinab, auf der Tour 56 heraufkommt). Das schmale, gepflegte Natursträßchen schlängelt sich durch Buschwerk den Hang des Vesuv entlang abwärts (gelbe Markierung, Vesuv-Weg Nr. 1 »La Valle dell'Inferno«). Dabei genießen wir Blicke ins Valle del Gigante und zum Monte Somma hinüber. Beim tiefsten Punkt der Wanderung, ca. 960 m, zweigt rechts der gelb markierte Weg auf Stufen ab. Wir aber bleiben auf dem Natursträßchen, welches bei einer **Kehre der Vesuv-Straße**, ca. 970 m, mündet – dort, wo auch der Ticket-Kontrollpunkt ist (von hier aus kann der Weg gegen Vorzeigen des Tickets auch in umgekehrter Richtung begangen werden). Schließlich wandern wir links die Vesuv-Straße aufwärts zu unserem Ausgangspunkt, der **Piazzale Quota 1000 (1)**.

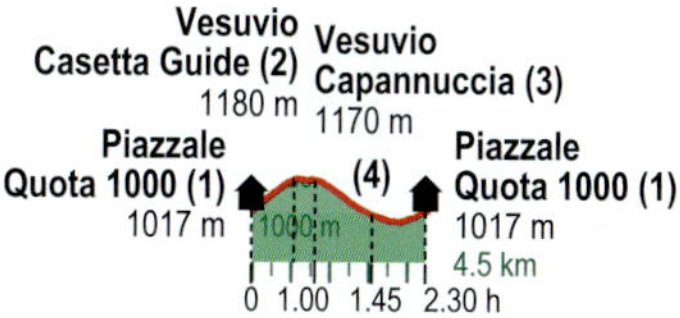

Mehrtagestouren

Küstenweg (Golf von Salerno)

Der Küstenweg zeigt die Schönheiten der Süd- und Nordseite der Halbinsel »hautnah«. Etwas oberhalb der berühmten Küstenorte Maiori, Minori, Atrani, Amalfi, Positano, Sorrento und Marina della Lobra verlaufend, bietet er meist einen mit Blick auf das Meer und die oft jäh ins Meer abfallenden Felsen.
Die in sechs Tagesetappen unterteilte Wanderung folgt gut unterhaltenen Treppenwegen oder bequemen Wald- und Feldwegen. Der maximale Anstieg einer Etappe beträgt ca. 500 m. Auch die Länge der Tagesetappen erfordert keine großen Anstrengungen. Die längste Etappe dauert ca. 6 Stunden am Schluss der Mehrtageswanderung. Fast alle Wege entsprechen in den Anforderungen der Kategorie »blau«, stellen also auch im Schwierigkeitsgrad keine hohen Anforderungen. Damit die Anstrengungen gering bleiben, sieht der Wanderweg immer wieder verbindende Fahrten mit dem öffentlichen Bus vor.
Bei der **1. Etappe** können Sie sich gut einlaufen, wird doch nur ein kurzes Pensum von höchstens 3 Stunden vorgeschlagen. Dies ermöglicht zudem einen Start der Wanderung noch am Anreisetag. Zunächst fahren wir mit dem Bus nach S. Maria de Olearia (frühmittelalterliches Kloster im Felsen). Von dort geht es in entgegengesetzter Richtung zu Tour 1 vor dem Friedhof von Maiori scharf rechts eine Steintreppe und dann auf Pfaden den Abhang hinauf. In ca. 250 m Höhe wandern wir auf fast ebenem Weg oberhalb der

Blick auf Minori und das darüber thronende Ravello (Tour 4).

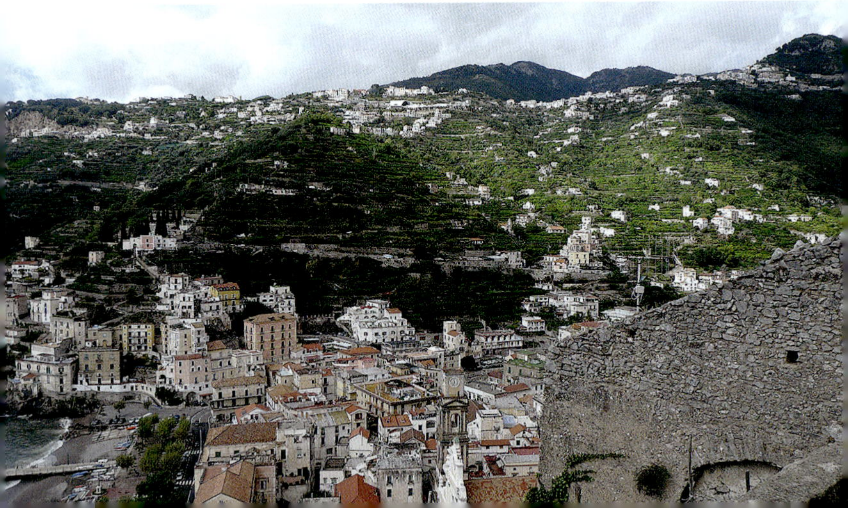

Küste weiter. Zwischendurch umkurven wir einen Taleinschnitt. Nach der rechts oben stehenden Ruine S. Vito Cappella folgt der Abstieg nach Maiori. Dabei genießen wir einen reizvollen Blick auf das Etappenziel und sein Hinterland (Tramontital) sowie auf den Höhenzug von Ravello.

Die **2. Etappe** folgt zunächst Tour 4: Von Maiori aus wandern wir einen sehr schönen Treppenweg über den Küstenfelsen nach Minori. Von Minori aus führt dann ein Treppenweg nach Torello hinauf. Von dort wandern wir durch Terrassengärten und über Treppenwege hinab nach Atrani. Dabei genießen wir einen traumhaften Blick auf die Kirche von Atrani. Weiter geht es über einen Aussichtspunkt nach Amalfi. Gehzeit knapp 4 Stunden.

Die **3. Etappe** verläuft auf alten Verbindungswegen und folgt Tour 17 von Amalfi nach Conca dei Marini (hier lohnt ein Besuch der Grotta dello Smeraldo). Gehzeit gut 3 Stunden.

Vor Beginn der **4. Etappe** fährt man mit dem öffentlichen Bus bis Agerola Bomerano, 638 m. Hier setzen wir die Wanderung auf dem »Weg der Götter« entsprechend Tour 23 fort. In Montepertuso angelangt, kann man bei hervorragender einheimischer Kost eine angemessene Pause einlegen. Von dort geht es entweder mit dem Bus »Interno Positano« oder über die Touren 29 (auch in umgekehrter Richtung) und 31 hinab nach Positano. Gehzeit inkl. Abstieg nach Positano knapp 4 Stunden.

Die **5. Etappe** beginnt im Ort Piano, den man wiederum per Bus erreicht. Von dort folgen wir küstennahen Nebenstraßen vorbei an vielen Villen (z. B. Villa Fondi) und Parkanlagen nach Sorrento (besorgen Sie sich am besten einen Stadtplan). Weiter geht es mit Tour 35 über Capo di Sorrento (lohnender Abstecher zu den Resten der römischen Villa di Pollio) nach Massa Lubrense (historisch sehr interessante Stadt mit gewaltigen Klosteranlagen). Gehzeit gut 4 Stunden.

Vor Beginn der **6. Etappe** von Massa Lubrense aus, sollte man sich entscheiden: direkter Weg nach S. Maria (Tour 38) oder über die Marina della Lobra (Tour 37; ca. 1.15 Std. länger, aber lohnend). Von S. Maria folgt man Tour 38 über Schiazzano nach Termini, von wo sich ein Abstecher auf Tour 45 zur Punta Campanella empfiehlt. Gehzeit 5–6 Stunden.

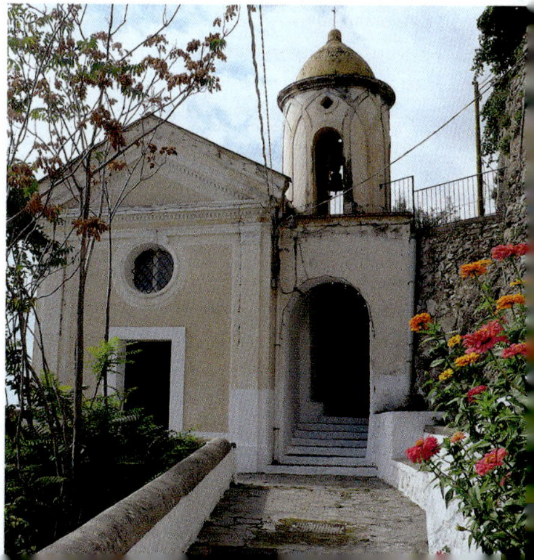

Vor der Kapelle S. Maria del Carmine (Touren 16 und 17).

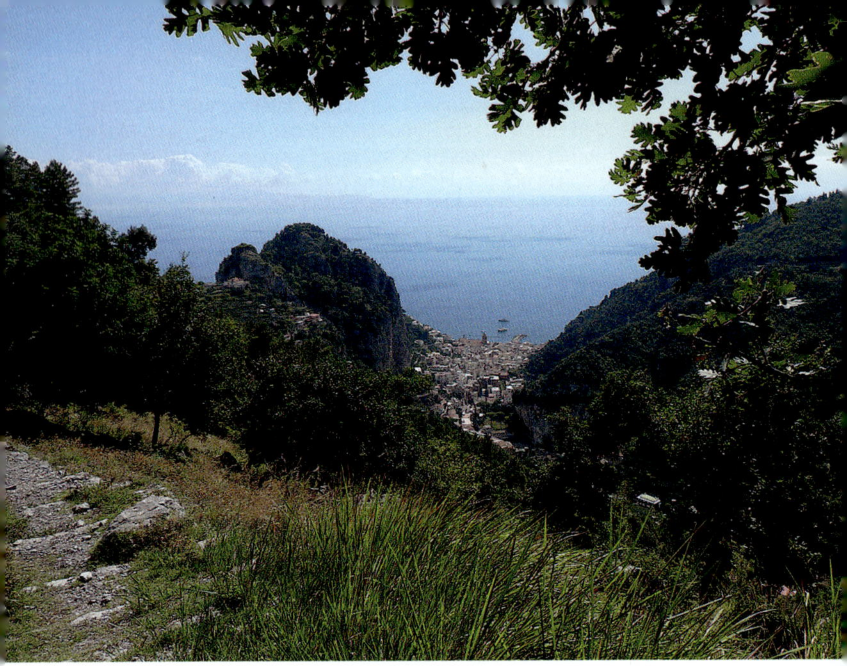

Blick auf Amalfi beim Aufstieg (Tour 13).

Panoramaweg (Corpo di Cava – Termini)

Diese Wanderung führt in sechs Tagesetappen vom äußersten Osten der Halbinsel Corpo di Cava zum äußersten Westen, der Punta Campanella. Der Panoramaweg verläuft bis in Höhen über 1000 m und berührt mehrere schöne Aussichtsberge. Teilweise führt er auch ins Hinterland der berühmten Küstenorte.

Die Wege entsprechen meist der Kategorie »rot«, bereiten also geübten Wanderern keine Probleme. Der maximale Anstieg einer Etappe beträgt ca. 900 m. Die längste Tagesetappe dauert (großzügig gerechnet) 8 Stunden.

Die **1. Etappe** beginnt in Corpo di Cava und entspricht Tour 2 in umgekehrter Richtung. Man steigt also auf landschaftlich schönem Weg zur ehemaligen Klosteranlage Santuario dell'Avvocata auf und von dort über S. Vito Cappella nach Maiori hinab. Gehzeit gut 6 Stunden.

Die **2. Etappe** führt von Maiori entsprechend Tour 5 über Sambuco nach Ravello, Piazza Fontana Moresca. Von dort geht es auf Tour 7 nach Ravello Piazza Duomo und weiter über Tour 10 (in umgekehrter Richtung) hinab nach Amalfi. Gehzeit knapp 6 Stunden.

Die **3. Etappe** erfordert einen Anstieg von fast 900 Höhenmetern, führt dafür aber häufig durch Schatten spendenden Wald. Zunächst folgen wir Tour 16 von Amalfi bis Pogerola. Es schließen sich (in Gegenrichtung) Tour 13 bis zur Verzweigung Paradiso und Tour 9 bis Agerola S. Lazzaro an. Gehzeit etwa 7 Stunden.
Für die **4. Etappe** empfiehlt es sich, mit dem Bus nach Agerola Bomerano zu fahren. Von dort wandert man auf Tour 24 (in umgekehrter Richtung) hinauf zum Capo Muro (großartiges Panorama) und über die Caserma Forestale nach Montepertuso. Weiter geht es auf Tour 29 (beide Richtungen möglich) oder 31 nach Positano hinab. Gehzeit etwa 6 Stunden.
Die **5. Etappe** führt von Positano über die Hochebene des Monte Comune zum Pass Colli di San Pietro. Auf dieser Tour genießen wir Blicke sowohl in den Golf von Neapel als auch von Salerno. Sie entspricht Tour 33. Gehzeit gut 6 Stunden.
Die **6. Etappe** erschließt die Westküste mit der Spitze der Halbinsel, der Punta Campanella. Wir starten am Pass Colli di San Pietro und folgen zunächst Tour 40 (in umgekehrter Richtung) bis S. Agata. Von dort wandern wir via Tour 39 (in Gegenrichtung) bis S. Maria della Neve und weiter auf Nebenstraßen bis Termini. Hier führt Tour 45 zur Punta Campanella und nach Termini zurück. Gehzeit gut 8 Stunden. Man kann auch bis S. Agata oder von S. Agata bis Termini mit dem Bus abkürzen.

Vor dem Capo Muro: Blick auf Positano und die Halbinsel bis Capri.

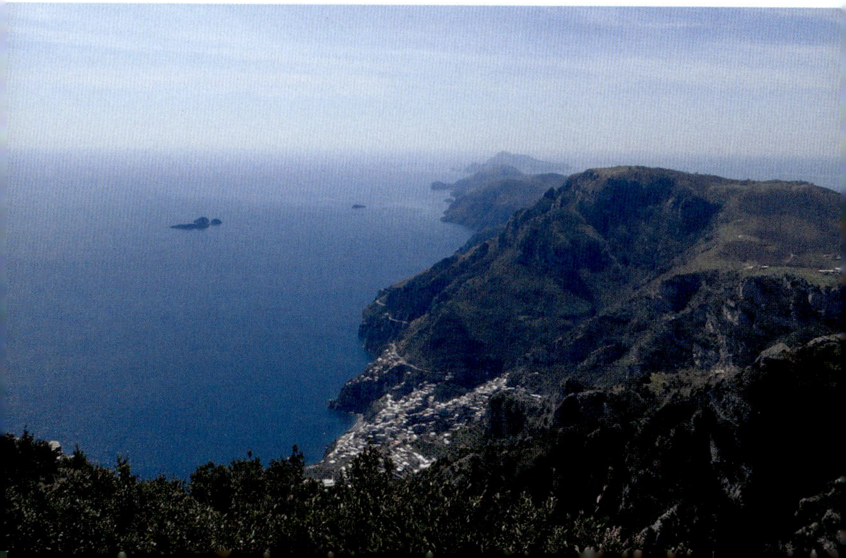

Höhenweg Alta Via dei Lattari (CAI-Weg 300)

Dieser Paradeweg des CAI ist durchgehend markiert und meist mit »00« bezeichnet – jedoch sind die Markierungen teilweise verblasst oder zerstört. Er folgt in sechs Tagesetappen dem Gebirgszug der Monti Lattari und verläuft über die höchsten Erhebungen der Halbinsel (u. a. den 1444 m hohen Monte S. Angelo), durch ausgedehnte Wälder und vorbei an Grotten, geheimnisvollen Quellen und bezaubernden Meeresbuchten. Außerdem wird der Wanderer mit einer unvergleichlichen Aussicht über die Halbinsel belohnt.

Der anstrengende Weg weist nicht nur erhebliche Höhenunterschiede auf, sondern auch teils sehr lange Tagesetappen, die (mit Pausen) über 10 Stunden dauern können. Die »Alta Via dei Lattari« verläuft überwiegend auf guten Pfaden, doch manche Wegstrecken erfordern auch ein Klettern über kleine Felswände oder das Durchqueren von unangenehmen Macchia-Gebieten mit dem Schwierigkeitsgrad »schwarz«. In den Etappenorten bzw. nahe gelegenen, per Bus erreichbaren Orten, bestehen gute Übernachtungsmöglichkeiten. Als Kartengrundlage besorge man sich die auf S. 21 genannte »Monti Lattari«. Diese ist auch auf Internet abrufbar (caimontilattari.it).

Die **1. Etappe** beginnt wie beim »Panoramaweg« in Corpo di Cava in umgekehrter Richtung von Tour 2. Nach 3 Stunden Aufstieg erreichen wir die Verzweigung Monte Damiano. Von dort können wir einen Abstecher zum ehemaligen Kloster Santuario dell'Avvocata, 866 m, machen. Zurück an der Verzweigung, folgt man dem gut markierten, aber sehr anstrengenden Weg am Grat entlang zum Monte Finestra, 1145 m, und weiter nach Torre

Weitblick von der Alta Via dei Lattari in den Golf von Neapel.

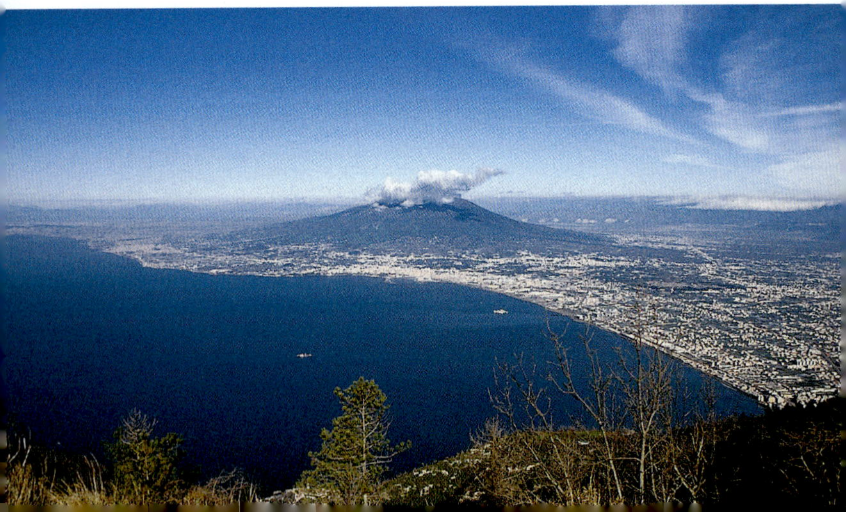

di Chiunzi, 656 m. Gehzeit gut 9 Stunden.

Die **2. Etappe** der Alta Via führt von Torre di Chiunzi entsprechend Tour 8 über den aussichtsreichen Monte Cerreto, 1316 m, bis zur Verzweigung Cerreto. Von dort geht es am nördlichen Abhang des Monte Candelitto entlang zum Punkt Monte Rotondo, 1038 m, bei der Hochebene Piano del Ceraso. Nun nimmt man den markierten Weg am nördlichen Abhang des Monte Cervigliano entlang bis zu einer Verzweigung. Hier trifft man auf Tour 19, der man bis zum Colle S. Angelo und dann hinab nach Agerola Pianillo folgt. Gehzeit fast 8 Stunden.

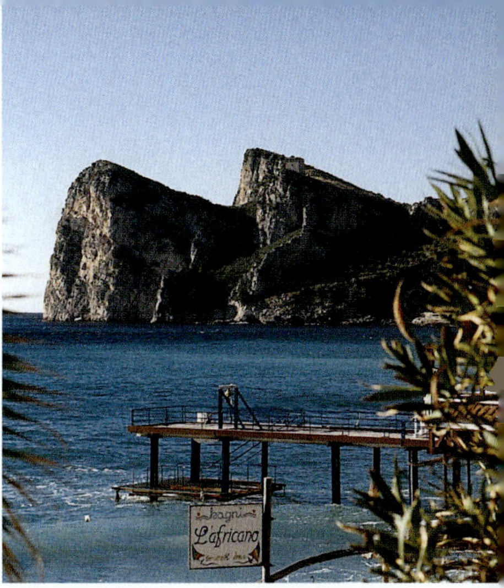

Blick von Marina del Cantone auf die Ierantofelsen im Südwesten des Golfs von Salerno.

Zur **3. Etappe** kehrt man zum Colle S. Angelo zurück. Ziel des ersten Wegabschnitts ist der höchste Berg der Halbinsel, der Monte S. Angelo. Dazu folgen wir Tour 21 bis zum Gipfel des Monte-S.-Angelo-Massivs (M. S. Michele, 1444 m). Der Weiterweg folgt Tour 25 (in umgekehrter Richtung) zur Caserma Forestale und anschließend Tour 31 (in Gegenrichtung) zum Pass S. Maria del Castello. Bei diesem Etappenort gibt es Bed-and-Breakfast-Angebote. Gehzeit gut 8 Stunden.

Die **4. Etappe** beginnt in S. Maria del Castello und folgt Tour 33 über den Monte Comune, 873 m, und den Monte Vico Alvano, 642 m, nach Colli di S. Pietro und weiter nach Fontanelle. Gehzeit knapp 6 Stunden.

Die **5. Etappe** startet in Colli di Fontanelle und entspricht bis zum Malacoccola der Tour 40 (in umgekehrter Richtung). Von dieser aussichtsreichen Felsnase aus geht es über der Steilküste entlang nach Torca (nicht immer leicht zu finden, Macchia). Hier schließt Tour 42 bis zur Marina del Cantone an. Gehzeit etwa 7 Stunden (inkl. Ausflug zur Marina Crapolla).

Die **6. Etappe** bringt den krönenden Abschluss. Von Marina del Cantone steigen wir entsprechend Tour 43 zum Monte S. Costanzo, 486 m, hinauf. Vorher empfiehlt sich von Nerano aus ein Abstecher zur schönen Marina di Ieranto. Vom Monte S. Costanzo führt Tour 44 über die westliche Spitze der Halbinsel, die Punta Campanella, nach Termini. Gehzeit ca. 6 Stunden (inkl. Abstecher zur Marina di Ieranto).

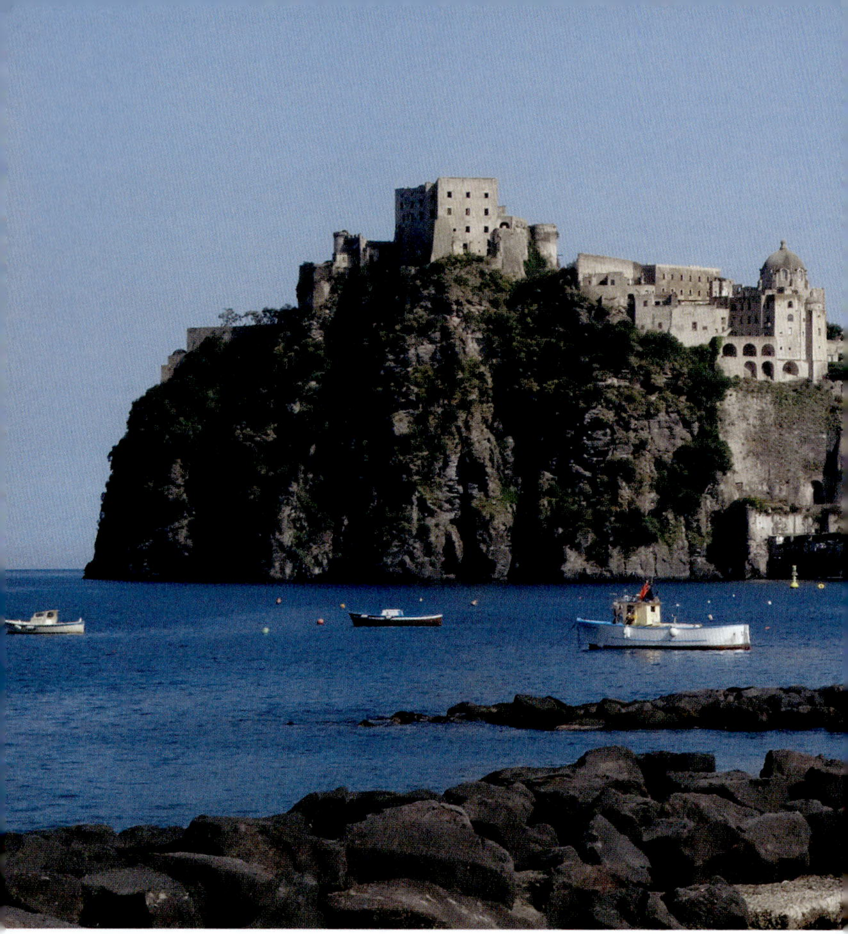

Der steile Felsen vom Castello d'Ischia.

Ischia-Umrundung

Auf diesem Rundweg lernt man in drei Etappen die ganze Küstenlinie und die erstaunliche Vielfalt der Landschaften und Orte der Insel kennen. Die Wege sind überwiegend bequem zu gehen. Die 3. Etappe erfordert am Schluss jedoch gutes Orientierungsvermögen.

Die **1. Etappe** beginnt in Ischia Porto (selbstverständlich kann man auch an

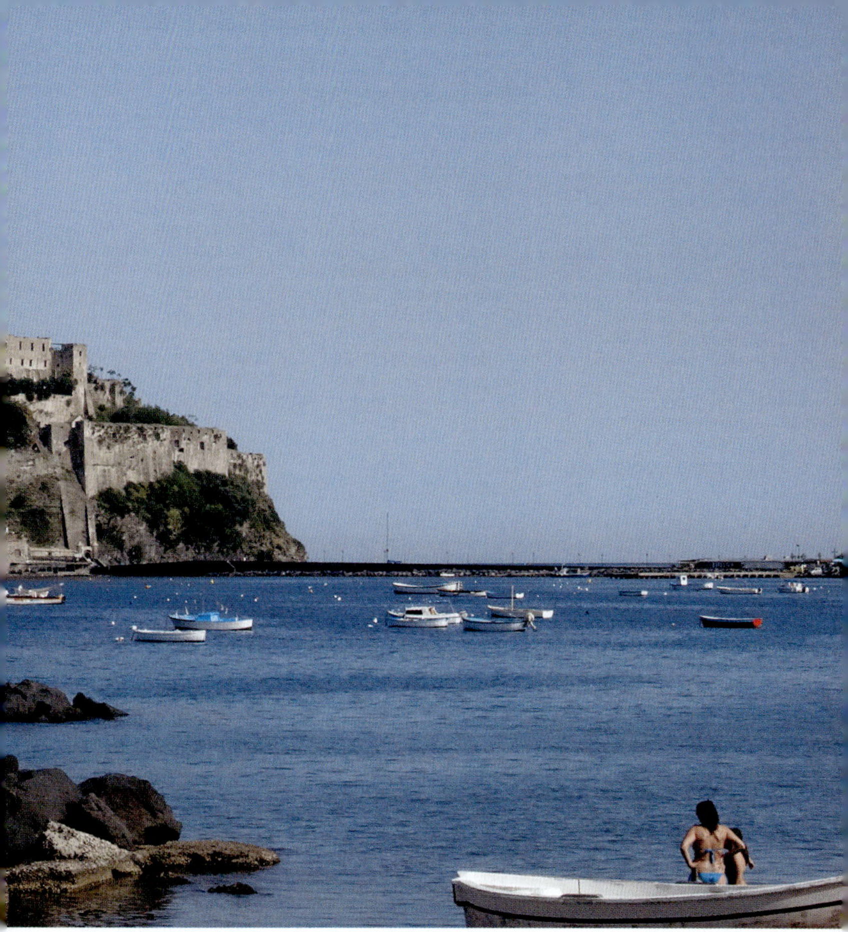

den anderen Etappenzielen starten). Sie folgt Tour 49 nach Campagnano und anschließend Tour 50 nach Barano, Ortsteil Testaccio. Gehzeit gut 5 Stunden.

Die **2. Etappe** führt von Barano entsprechend Tour 51, vorbei an ausgedehnten Stränden mit Thermalquellen, nach Forio. Gehzeit knapp 5 Stunden.

Die **3. Etappe** von Forio folgt zunächst Tour 52 nach Lacco Ameno und führt dann über Tour 53 zu den Thermen von Casamicciola. Es folgt ein Weg über Aussichtsberge nach Ischia Porto. Gehzeit gut 6 Stunden.

Stichwortverzeichnis

Kleine Sprachhilfe für Wanderer

Italienisch	Deutsch	Italienisch	Deutsch
acqua	Wasser	interrotto	unterbrochen
altitudine	Höhe (m ü.NN)	largo	breit
albero	Baum	molto	viel
alto	hoch	monastero	Kloster
aperto	offen	monte	Berg
baia	Bucht	mulattiera	Maultierweg
baracca	Baracke	municipio	Rathaus
basso	niedrig	neve	Schnee
bivio	Abzweigung	oggi	heute
bosco	Wald	passo	Pass
caduta sassi	Steinschlag	penisola	Halbinsel
cappella	Kapelle	pericoloso	gefährlich
carreggiable	befahrbar	piano	eben
casa	Haus	pizzo	Spitze
cascata	Wasserfall	poco	wenig
caserma	Kaserne, Polizei-/Feuerwache	ponte	Brücke
		porto	Hafen
chiesa	Kirche	prato	Wiese
chiuso	geschlossen	punta	Punkt, Spitze
cima	Gipfel	quercia	Eiche
cimitero	Friedhof	rifugio	Schutzhütte, Unterstand
colle	Pass		
convento	Kloster	riserva naturale	Naturschutzgebiet
cresta	Kamm, Grat		
croce	Kreuz	salita	Aufstieg
destra	rechts	sella	Sattel
difficile	schwierig	sempre	immer
discesa	Abstieg	sentiero	Fußweg
domani	morgen	sinistra	links
duomo	Dom	sopra	über
eremo	Einsiedelei	sorgente	Quelle
esposto	ausgesetzt	sotto	unter
facile	einfach	stazione superiore	Bergstation
faggio	Buche		
feriale	werktags	stazione a valle	Talstation
festivo	feiertags		
fiume	Fluss	strada	Weg, Straße
fontana	Brunnen	stretto	schmal
foresta	Forst, Wald	traversata	Querung
funivia	Seilbahn	vetta	Gipfel
giornaliero	täglich	via	Weg (allgemein)
grotta	Grotte	zaino	Rucksack

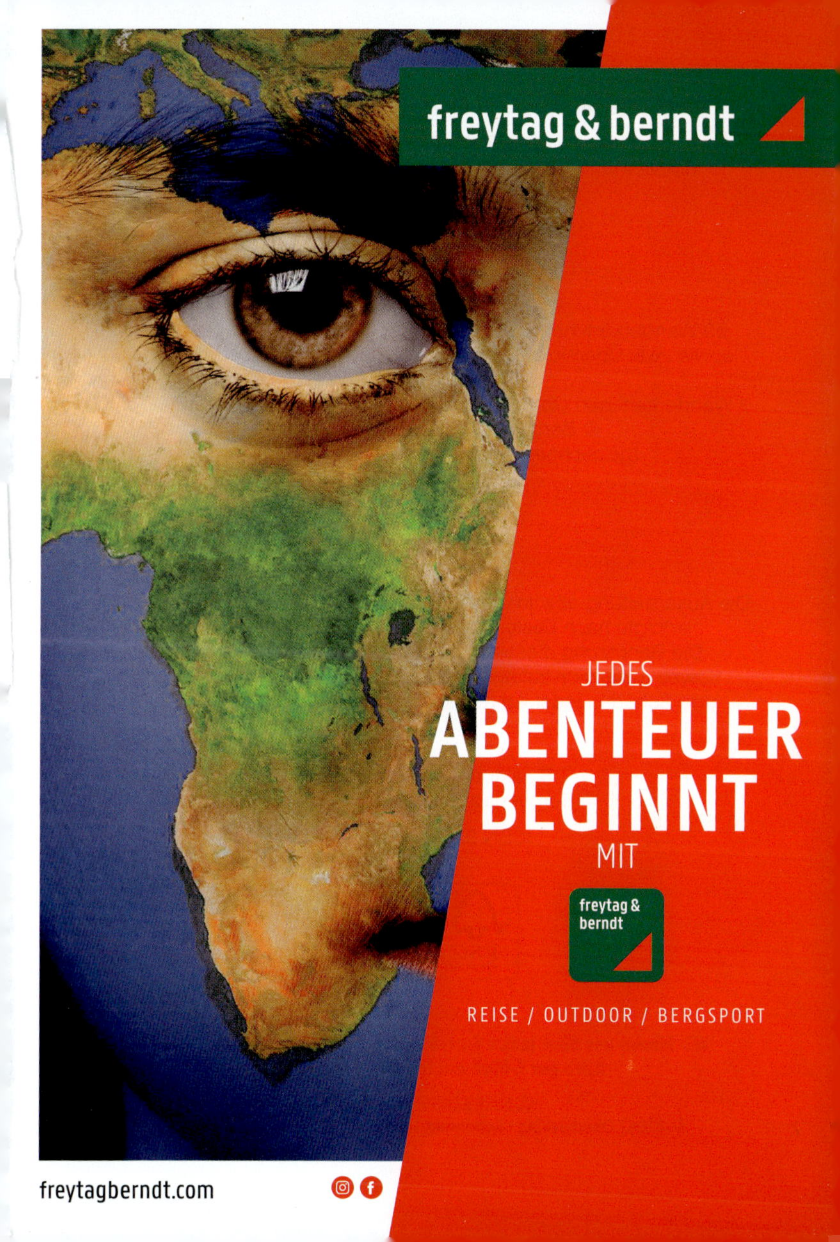
freytag & berndt
JEDES
ABENTEUER
BEGINNT
MIT
freytag & berndt
REISE / OUTDOOR / BERGSPORT
freytagberndt.com

Umschlagbild:
Kirche SS. Annunziata in Ravello und der Golf von Salerno.

Bild im Innentitel:
Tiefblick von der Kirche S. Maria Assunta in Pastena auf die Amalfiküste.

Alle Fotos von den Autoren.

Kartografie:
50 Wanderkärtchen im Maßstab 1:25.000, 1:50.000 und 1:75.000 sowie zwei Übersichtskarten im Maßstab 1:425.000 und 1:600.000
© Freytag & Berndt, Wien,
7 Wanderkärtchen (Touren 1 bis 7) im Maßstab 1:50.000 und 1:75.000
© Bergverlag Rother GmbH, München
(gezeichnet von Gerhard Tourneau, München).

Werk-Nr.: 4200

Die Ausarbeitung aller in diesem Führer beschriebenen Wanderungen erfolgte nach bestem Wissen und Gewissen der Autoren. Die Benützung dieses Führers geschieht auf eigenes Risiko. Soweit gesetzlich zulässig, wird eine Haftung für etwaige Unfälle und Schäden jeder Art aus keinem Rechtsgrund übernommen.

8., aktualisierte Auflage 2024
© Bergverlag Rother GmbH, München

ISBN 978-3-7633-4780-3

FSC www.fsc.org
MIX
Papier | Fördert gute Waldnutzung
FSC® C147178

Wir freuen uns über jeden Korrekturhinweis zu diesem Wanderführer!
Bitte per E-Mail an: leserzuschrift@rother.de

ROTHER BERGVERLAG · München
D-82041 Oberhaching · Keltenring 17 · Tel. +49 89 608669-0 · rother.de